VOCÊ É O QUE VOCÊ FAZ

BEN HOROWITZ

VOCÊ É O QUE VOCÊ FAZ

Como criar a cultura da sua empresa

Tradução
MARCELO BRANDÃO CIPOLLA

Esta obra foi publicada originalmente em inglês com o título WHAT YOU DO
IS WHO YOU ARE – HOW TO CREATE YOUR BUSINESS CULTURE
Copyright © 2019, Ben Horowitz
Copyright © 2021, Editora WMF Martins Fontes Ltda.,
São Paulo, para a presente edição.

Todos os direitos reservados. Este livro não pode ser reproduzido, no todo ou em parte, armazenado em sistemas eletrônicos recuperáveis nem transmitido por nenhuma forma ou meio eletrônico, mecânico ou outros, sem a prévia autorização por escrito do editor.

Este livro não pode ser vendido em Portugal.

1ª edição 2021
2ª tiragem 2022

Tradução
Marcelo Brandão Cipolla
Acompanhamento editorial
Richard Sanches
Preparação de texto
Maria Luiza Favret
Revisões
Mariana Favorito
Renata de Paula Truyts
Produção gráfica
Geraldo Alves
Paginação
Studio 3 Desenvolvimento Editorial
Capa
Gisleine Scandiuzzi

Dados Internacionais de Catalogação na Publicação (CIP)
(Câmara Brasileira do Livro, SP, Brasil)

Horowitz, Ben
 Você é o que você faz : como criar a cultura da sua empresa / Ben Horowitz ; tradução Marcelo Brandão Cipolla. – 1ª ed. – São Paulo : Editora WMF Martins Fontes, 2021.

 Título original: What you do is who you are: how to create your business culture
 ISBN 978-65-86016-47-5

 1. Administração 2. Cultura organizacional 3. Empreendedorismo 4. Gestão de negócios 5. Liderança I. Título.

21-54924 CDD-658.001

Índice para catálogo sistemático:
1. Cultura organizacional : Administração de empresas   658.001

Aline Graziele Benitez – Bibliotecária – CRB-1/3129

Todos os direitos desta edição reservados à
Editora WMF Martins Fontes Ltda.
Rua Prof. Laerte Ramos de Carvalho, 133 01325-030 São Paulo SP Brasil
Tel. (11) 3293.8150 e-mail: info@wmfmartinsfontes.com.br
http://www.wmfmartinsfontes.com.br

Este livro é dedicado a todos aqueles que estão na cadeia, e que fizeram o que fizeram, mas agora estão fazendo algo positivo. Sei o que vocês estão fazendo e sei quem vocês são.

* * *

Cem por cento da minha parte da renda deste livro será direcionado a ajudar pessoas que estão saindo da cadeia a mudar sua cultura e permanecer livres, assim como a apoiar o povo do Haiti, que está tentando reconstruir sua sociedade e recuperar a glória do passado.

SUMÁRIO

PREFÁCIO DE HENRY LOUIS GATES JR. ix
INTRODUÇÃO: VOCÊ É O QUE VOCÊ FAZ 3
CAPÍTULO 1 Cultura e revolução: a história de Toussaint Louverture 19
CAPÍTULO 2 Aplicação do caso de Toussaint Louverture 41
CAPÍTULO 3 O caminho do guerreiro 79
CAPÍTULO 4 O guerreiro de um caminho diferente: a história de Shaka Senghor 93
CAPÍTULO 5 Aplicação do caso de Shaka Senghor 109
CAPÍTULO 6 Gengis Khan, mestre da inclusão 119
CAPÍTULO 7 A inclusão no mundo moderno 133
CAPÍTULO 8 Seja você mesmo e crie sua cultura 151
CAPÍTULO 9 Casos limítrofes e lições práticas 169
CAPÍTULO 10 Últimos pensamentos 197

NOTA DO AUTOR 211
AGRADECIMENTOS 213
CRÉDITOS 215
ÍNDICE REMISSIVO 221
SOBRE O AUTOR 243

PREFÁCIO

No livro *The New Negro: An Interpretation* [O novo negro: uma interpretação], a bíblia laica que deu origem à Renascença do Harlem, o incansável bibliófilo negro Arturo Schomburg defendia, no ensaio "The Negro Digs up His Past" ["O negro desenterra seu passado"], a ideia de que "há muito tempo o negro é um homem sem história, pois é considerado um homem que não tem uma cultura de valor". Schomburg, nascido em Porto Rico, não se limitou a escrever sobre a recuperação dessa cultura engolida pela América branca: ele mesmo tratou de recolocá-la num lugar central, reunindo uma das maiores coleções de manuscritos, objetos de arte e artefatos raros de toda a história, que acabou servindo de base para um dos grandes tesouros do sistema de bibliotecas públicas de Nova York: o Schomburg Center for Research in Black Culture do Harlem, uma fortaleza de cultura e esclarecimento intelectual situada no número 515 do Bulevar Malcolm X, no coração do Harlem histórico.

Quase um século depois, outro visionário – o empresário de tecnologia Ben Horowitz, do Vale do Silício – escreveu um livro fascinante, situado na fronteira entre os estudos dos negócios, da liderança e da cultura, que repousa sobre os mesmos alicerces intelectuais que serviram de base para o grande Schomburg. Estas páginas trazem uma lição dentro de outra lição. Em vez de escrever mais um livro sobre casos reais de sucesso que reafirmam a importância de promover uma cultura viva e de apoio mútuo no ambiente de trabalho, Horowitz inova nas escolhas deliberadas que faz. Apresenta histórias de liderança de negros do presente, do passado recente e do passado remoto que aconteceram bem longe das diretorias e das plantas abertas das atuais gigantes da tecnologia. Esses líderes foram Toussaint Louverture, o gênio por trás da única rebelião de escravos bem-sucedida na história do hemisfério ocidental, a Revolução Haitiana do final do século XVIII e começo do século XIX; os samurais do Japão, cujo código de honra, o *bushidô*, exaltava mais a virtude do que os valores; Gengis Khan, o maior dentre os excluídos, comandante de um dos exércitos que obtiveram mais vitórias em toda a história, e que incorporava a suas linhas os melhores e mais inteligentes indivíduos dos povos que derrotava; e, talvez o caso mais comovente, James White, também conhecido como Shaka Senghor: condenado à prisão por homicídio, ele se viu nas entranhas do sistema prisional do estado de Michigan, Estados Unidos, e se tornou líder de uma violenta gangue chamada Melânicos, que, pouco a pouco, foi sendo conduzida por ele rumo a uma revolução cultural que promoveu a sua recuperação e reintegração à comunidade após sair da prisão.

Ao colocar essas figuras dinâmicas no centro do seu estudo, Horowitz ratifica sua reputação de ser um dos empreendedores do ramo da tecnologia mais comprometidos com uma filosofia, uma pessoa para quem a criação não tem tanto a ver com a execução de uma ideia tida como boa, mas com a concretização de uma ideia tão inovadora que, na melhor das hipóteses, iria contra o bom senso. Ele busca persuadir os leitores a abraçarem as teses que sua própria experiência o levou a adotar: as culturas mais robustas e sustentáveis são aquelas baseadas na ação, e não nas palavras; harmonia entre a personalidade e a estratégia; consciência e avaliação objetiva das normas absorvidas não por veteranos, mas por novos funcionários, no primeiro dia de trabalho, quando procuram identificar o que terão de fazer para serem bem-sucedidos; abertura aos talentos e às perspectivas vindos de fora; compromisso com uma ética explícita e com virtudes baseadas em princípios que se destacam e fazem sentido; e, não menos importante, a disposição de inventar "regras impactantes", dentro da organização, que sempre, em todas as circunstâncias, levam as pessoas a se perguntar: "Por quê?"

Para justificar o que o move, Horowitz não lança mão do recurso mais comum – a lista dos primeiros colocados na *Fortune 500* –, mas vai às margens da história, onde descobre líderes cujas trajetórias revelam lições e ideias que, na verdade, estão no âmago da criação de uma cultura.

Em sua essência, *Você é o que você faz* é um livro cujo conteúdo e cuja estrutura, incluindo as epígrafes que Horowitz vai buscar no cânone das lendas do hip-hop, refletem com perfeição a tese apresentada nas suas páginas. Além disso, trata-se de um livro revigorante, que aplica de maneira surpreendente e esclarecedora as lições de Louverture, Senghor e outros à atual cena empresarial e política da qual ele próprio, Horowitz, na qualidade de ex-CEO da LoudCloud e fundador da Andreessen Horowitz, é um dos líderes mais talentosos e originais. Ele recorre, assim, a um aspecto essencial da tradição afro-americana de *signifying* – ato de improvisar um discurso como forma de prestar uma homenagem, um gesto que denota admiração e respeito –, e o faz com grande intuição, produzindo efeitos memoráveis. O livro também faz um aceno inspirador a uma tradição histórica que antepassados intelectuais, como Arturo Schomburg, pego nas garras dos Estados Unidos segregacionistas da era Jim Crow, tanto fizeram para canonizar, na esperança de que as gerações seguintes pudessem ver "além do véu", como disse W. E. B. Du Bois, a fim de prospectar lições que conduzissem a uma nova cultura mundial verdadeiramente cosmopolita, na qual o florescimento da comunidade negra ainda era apenas um sonho. Centrando seu livro transformador em criadores de culturas cuja sabedoria se encontra às margens da história, Horowitz produziu um clássico instantâneo que tem o potencial de redefinir "o que fazemos" e, portanto, "quem somos".

Henry Louis Gates Jr.

VOCÊ É O QUE VOCÊ FAZ

INTRODUÇÃO
VOCÊ É O QUE VOCÊ FAZ

"Alegra-te por seres posto de lado ou por exaurires em vão todas as tuas energias; somente aqueles que sofrerem privações serão úteis. Os samurais que nunca erraram jamais estarão à altura do que é necessário."

YAMAMOTO TSUNETOMO, *HAGAKURE*

Quando fundei a empresa LoudCloud, busquei conselhos junto a CEOs e líderes do setor. Todos eles me orientaram: "Preste atenção na cultura da empresa. A cultura é o mais importante." Porém, quando eu perguntava a esses líderes, "O que é a cultura, exatamente? Como posso criar a cultura da minha empresa?", todos eles davam respostas muito vagas. Ao longo dos dezoito anos seguintes, continuei procurando uma resposta para essa questão. Seria a cultura a possibilidade de levar o seu cão para o trabalho ou praticar ioga na sala de descanso? Não, essas coisas são regalias. Seriam os valores da empresa? Não, os valores são aspirações. Seria a personalidade e as prioridades do CEO? Não, elas ajudam a dar forma à cultura, mas estão longe de ser a cultura em si.

Quando era CEO da LoudCloud, eu pensava que a cultura da empresa seria somente um reflexo dos meus valores, do meu comportamento, da minha personalidade. Assim, concentrei toda a minha energia em "liderar pelo exemplo". Para minha perplexidade, essa maneira de agir não conseguiu acompanhar o crescimento e a diversificação da empresa. Nossa cultura se tornou uma miscelânea de variadas culturas promovidas por diferentes gerentes, e a maioria delas de modo não intencional. Alguns supervisores gritavam com os funcionários e os intimidavam, outros se esqueciam de dar *feedback* sobre o trabalho, outros ainda não se preocupavam em responder a e-mails – era tudo muito confuso.

Havia na empresa um gerente de nível médio – vamos chamá-lo de Thorston – que me parecia muito bom. Ele trabalhava com marketing e era um grande contador de histórias, uma habilidade essencial para essa área. Ouvindo conversas informais aqui e ali, fiquei perplexo ao perceber que ele estava levando essa habilidade a um novo patamar: mentia constantemente sobre tudo. Não demorou muito para Thorston ser dispensado, mas eu sabia que precisaria lidar com um problema muito mais sério: como levei anos para descobrir que ele era um mentiroso compulsivo e o promovi ao longo desse tempo, a mentira tornou-se uma coisa normal na cultura da LoudCloud. A lição foi aprendida na prática. Pouco importava que eu mesmo jamais tivesse endossado esse comportamento: o fato de Thorston nunca ter sofrido as consequências do seu modo de agir fez que parecesse inócuo. Como eu poderia desfazer essa lição equivocada e reparar a cultura da empresa? Eu não tinha a mínima ideia.

Para compreender de fato como isso funciona, eu sabia que precisaria ir mais fundo. Perguntei a mim mesmo: quantas destas questões podem ser respondidas com base nas metas da empresa ou na sua declaração de missão?

- Este telefonema é tão importante que preciso dar retorno hoje mesmo, ou posso esperar até amanhã?
- Posso pedir aumento antes da revisão anual?
- A qualidade deste documento está boa o suficiente, ou devo continuar trabalhando nele?
- Devo ser pontual naquela reunião?
- Devo me hospedar no Four Seasons ou no Red Roof Inn?
- Ao negociar este contrato, o que é mais importante: o preço ou a parceria?
- Devo apontar os erros ou os acertos dos meus colegas?

- Devo sair do trabalho às cinco da tarde ou às oito da noite?
- Quanto da concorrência eu preciso conhecer?
- A cor deste novo produto deve ser discutida ao longo de cinco minutos ou de trinta horas?
- Se eu souber que algo na empresa está funcionando muito mal, devo tomar alguma atitude? Com quem devo falar?
- O que é mais importante: vencer ou ter ética?

A resposta é zero: nenhuma dessas questões tem uma "resposta correta". As respostas corretas para a sua empresa dependem do tipo de empresa que ela é, do que faz e do que quer ser. Na verdade, o modo como seus funcionários respondem a essas perguntas é o que constitui a cultura da sua empresa. Isso porque a cultura é o modo como a empresa toma decisões quando você não está lá. São os pressupostos que os funcionários usam para resolver os problemas que enfrentam todos os dias. É o modo como se comportam quando ninguém está olhando. Se você não criar a cultura da sua empresa de modo metódico, pelo menos dois terços dela acabarão sendo acidentais, e o restante sairá errado.

Como, então, desenhar e dar forma a esses comportamentos quase imperceptíveis? Fiz essa pergunta a Shaka Senghor, que liderou uma poderosa gangue no sistema penitenciário de Michigan nas décadas de 1990 e 2000. Senghor sabia que a vida dos seus subordinados dependia da cultura da gangue. Ele me disse: "É algo complexo. Digamos que alguém roube uma escova de dentes de um dos seus homens. O que você faz?" Respondi: "Isso me parece pouco grave. Talvez o ladrão só quisesse escovar os dentes." Ele me corrigiu: "Ninguém corre esse risco só para escovar os dentes. Esse é um sintoma. Se não reagirmos, ele poderá roubar algo de maior valor, ou estuprar alguém, ou matá-lo e assumir o negócio dele. Ou seja, se eu não fizer nada, estarei pondo todos os outros em risco. Matar o ladrão seria uma medida extrema de prevenção e também criaria uma cultura excessivamente violenta." Ele abriu os braços, com as palmas das mãos para cima: "Como eu disse, é algo complexo."

É difícil descobrir o tipo de cultura que queremos para a nossa empresa. Precisamos saber não só para onde a empresa deve seguir, mas também qual o caminho a tomar para chegar lá. Para muitas *startups*, uma cultura de simplicidade é essencial, e para elas faz sentido que os funcionários se hospedem no Red Roof Inn. Porém, se o Google paga 500 mil dólares por ano a uma vendedora e quer mantê-la em seus quadros, provavelmente vai preferir que ela tenha uma boa noite de sono no Four Seasons antes da esperada reunião com a Procter & Gamble.

Do mesmo modo, ficar no trabalho até tarde é a norma no mundo das *startups*, que correm contra o tempo. Na Slack, entretanto, o CEO Stewart Butterfield está convicto de que, se você conseguir trabalhar duro no horário normal, conseguirá fazer muita coisa com eficiência. Ele sai cedo do trabalho e incentiva seus funcionários a fazerem o mesmo.

A cultura que funciona para a Apple jamais funcionaria para a Amazon. Na Apple, o grande objetivo é criar os designs mais espetaculares do mundo. Para reforçar essa mensagem, a empresa gastou cinco bilhões de dólares em sua nova sede, elegante, sofisticada e moderna. Já na Amazon, vale o dito de Jeff Bezos: "Suas margens gordas são a minha oportunidade." Para reforçar essa mensagem, ele fez que a empresa fosse simples em tudo, até nas escrivaninhas dos funcionários, que custam dez dólares cada. Tanto uma cultura como a outra funcionam. A Apple cria produtos muito mais bonitos do que a Amazon, mas os produtos da Amazon são muito mais baratos do que os da Apple.

A cultura não é uma declaração de missão, não se pode estabelecê-la e esperar que dure para sempre. No exército, costuma-se dizer que, se você percebe algo que foge ao padrão e não faz nada, estabelece um novo padrão. Isso também vale para a cultura: se você notar algo que a contraria e ficar de braços cruzados, cria uma nova cultura. À medida que as condições dos negócios mudam e a sua estratégia se aperfeiçoa, a cultura também precisa mudar. O alvo está sempre em movimento.

A CULTURA É UMA FORÇA PODEROSA

No mundo dos negócios, quem tem uma empresa com uma cultura forte, mas oferece um produto que ninguém quer, acaba fracassando. A cultura pode dar a impressão de ser mais fraca do que o produto, mas quem olha mais a fundo percebe que, no decorrer do tempo, ela permite superar os obstáculos estruturais aparentemente invencíveis de toda uma época e transformar o comportamento de setores econômicos e sociais inteiros. Sob essa perspectiva mais ampla, a cultura é a força mais poderosa do universo.

Na década de 1970, um grupo de garotos pobres do Bronx criou uma nova forma de arte, o *hip-hop*. Numa única geração, superaram a pobreza, o racismo e a oposição maciça da indústria musical para criar o gênero musical mais popular do mundo. Mudaram a cultura global ao inventarem uma cultura que tinha como premissas a sinceridade e uma mentalidade perspicaz. Essa perspicácia era percebida na maneira como os DJs de hip-hop criavam o elemento básico da música: as *breakbeats*, aqueles trechos das músicas que faziam todo mundo dançar, as seções ritmadas, pesadas, tocadas com bateria e baixo ou apenas com bateria. As *breakbeats* mais inovadoras, que ninguém ainda tinha ouvido, costumavam ser encontradas em discos pouco conhecidos. Por esse motivo, as gravadoras não faziam novas tiragens caso eles se esgotassem de repente, criando assim um problema na cadeia de oferta. A cultura empresarial do hip-hop contornou esse problema. Ralph McDaniels, que pôs os primeiros vídeos de rap na televisão e cunhou o termo *"shout-out"* (um agradecimento público feito pelo DJ ou outra pessoa durante o show), me contou:

> Um cara chamado Lenny Roberts fornecia esses discos às lojas e sabia exatamente quais vendiam mais, pois ele era do Bronx, e era lá que tudo estava acontecendo. Para divulgar suas *breakbeats*, dava-as a Afrika Bambaata ou Grandmaster Flash e, quando Flash as tocava, todos os DJs diziam, "Ah, tenho de arranjar esse disco",

e rapidamente os discos se esgotavam. Assim, Lenny conseguiu produzir seus próprios discos, que tinham somente *breakbeats*: *Breakbeats Volume 1*, *Breakbeats Volume 2* etc. É claro que ele não recebia os direitos autorais das músicas, mas ninguém ligava para isso.

Muita gente me pergunta por que uso citações do hip-hop como epígrafes em muitos textos que escrevo. Em parte, isso tem a ver com o meu fracasso na carreira de rapper – e é verdadeira esta história. Mas, muitas vezes, faço isso porque a maioria das minhas ideias sobre empreendedorismo, negócios e cultura vem à minha mente quando estou ouvindo hip-hop. Então, esse é o meu jeito de dar crédito a quem o merece. Sempre achei que certas músicas antigas do hip-hop, como "Follow the Leader", de Eric B. & Rakim, ou "King of Rock", do Run-DMC, falavam sobre aquilo que eu fazia como empreendedor. Elas são a cultura que adoto no meu trabalho.

Embora a perspicácia constituísse a força motriz dos negócios que envolviam o hip-hop, o que atraía os fãs era a sinceridade. O grande rapper Nas me contou sobre a sua infância:

> O que me atraía era a crueza da música. As pessoas achavam que o mundo deveria ser um lugar perfeito, como a vida da Família Sol-Lá-Si-Dó. Todos nós tentávamos ser como a Família Sol-Lá-Si-Dó, mas na realidade éramos Os Batutinhas. O rap falava sobre o que realmente acontecia: os crimes, a pobreza, a corrupção policial. O rap se purificou do estilo cafetão, do estilo gospel, do som funk, do som hippie. Extraiu de si todas essas coisas e se desnudou até alcançar a sinceridade absoluta.

Do outro lado do continente, na Califórnia, um grupo de engenheiros criou uma série de inovações culturais que acabaram mudando o modo de operar de praticamente todas as empresas. Na década de 1960, Bob Noyce, coinventor do circuito integrado ou microchip, dirigia a Fairchild Semiconductor, uma unidade da Fairchild Camera and Instrument Corporation. A Fairchild Camera, sediada em Nova York, fazia negócios no estilo Costa Leste, que era o modo como se conduziam as grandes empresas em todos os Estados Unidos. Sherman Fairchild, dono da Fairchild, morava numa mansão de mármore e vidro em Manhattan. Seus executivos de primeiro escalão tinham carros com motorista e vagas reservadas no estacionamento. Como observou Tom Wolfe na reportagem "The Tinkerings of Robert Noyce", que escreveu em 1983 para a *Esquire*: "As corporações do Leste dos Estados Unidos eram, sem saber, organizações em estilo feudal. Havia reis e barões, e havia vassalos, soldados, pequenos agricultores livres e servos."

Bob Noyce não acreditava que essas coisas fizessem sentido, pois eram seus engenheiros – os pequenos agricultores livres – que faziam o negócio dar certo. Por isso, a Fairchild Semiconductors adotou outra maneira de agir. Esperava-se que todos chegassem ao trabalho às oito da manhã, e quem chegasse primeiro pegava a melhor vaga no estacionamento. O edifício da empresa, em San Jose, era um armazém cheio de cubículos e ninguém precisava usar terno.

Noyce não contratou gerentes profissionais. Ele declarou: "Hoje em dia, a principal qualidade da liderança é o *coaching*, a orientação pessoal, e não a direção. É preciso tirar os obstáculos do caminho para deixar as pessoas fazerem o que sabem fazer." Criou-se assim uma nova cultura, em que cada um era dono de si: todos eram responsáveis, e Noyce estava lá apenas para ajudar. Se um pesquisador tivesse uma ideia, poderia estudá-la e desenvolvê-la ao longo de um ano antes que alguém começasse a lhe perguntar sobre os resultados.

Funcionários que conheceram em primeira mão a cultura de independência de Noyce saíram da companhia e fundaram suas próprias empresas, entre elas: a Raytheon Semiconductor, a Signetics, a General Microelectronics, a Intersil, a Advanced Micro Devices (AMD) e a Qualidyne. Sem ter a intenção, Noyce criou a cultura do Vale do Silício.

Em 1968, ele mesmo saiu da organização para fundar uma nova empresa, renunciando ao seu posto na Fairchild Semiconductor depois de ter sido preterido para o cargo de CEO da

Fairchild Camera. Ele e seu colega Gordon Moore – que formulou a Lei de Moore, segundo a qual a capacidade do microchip duplica a cada dezoito meses, ao passo que seu preço cai pela metade –, junto com um jovem físico chamado Andy Grove, fundaram a Intel para entrar no campo então nascente do armazenamento de dados.

Na Intel, Noyce levou suas ideias igualitárias a um novo patamar. Todos trabalhavam em uma única sala, separados apenas por divisórias. O próprio Noyce sentava-se numa escrivaninha de metal de segunda mão. O almoço eram sanduíches e refrigerante. Não havia advogados nem vice-presidentes na empresa. Noyce e Moore supervisionavam segmentos empresariais dirigidos por gerentes de nível médio que tinham imenso poder decisório. Nas reuniões, o líder definia a pauta, mas todos eram iguais.

O essencial é que Noyce oferecia opções substanciais de ações aos engenheiros e à maioria dos funcionários administrativos. Acreditava que, num ramo em que a pesquisa e os produtos eram o carro-chefe, os engenheiros se comportariam mais como proprietários se fossem de fato donos da empresa. Wolfe observou:

> Na Intel, esperava-se que todo mundo – inclusive o próprio Noyce – assistisse a palestras sobre "a cultura da Intel". A cultura era martelada na cabeça dos novos funcionários por Andy Grove (que depois se tornou CEO da empresa e um famoso inovador cultural). Ele perguntava: "Como você diria, em poucas palavras, qual é a abordagem da Intel?" Alguém respondia, por exemplo: "Na Intel, você não fica esperando outra pessoa fazer alguma coisa, você mesmo pega a bola e corre com ela." Grove respondia: "Errado. Na Intel, você pega a bola, esvazia, dobra e põe no bolso. Depois, pega outra bola e corre com ela, e quando cruza a linha de fundo tira a primeira bola do bolso, enche e marca doze pontos, em vez de seis."

Nessa atmosfera, as ideias prosperavam. Se há algo que define o Vale do Silício, é a primazia da ideia. Tradicionalmente, as ideias inovadoras são difíceis de administrar por dois motivos: primeiro, porque o número de ideias inovadoras que dão errado é muito maior do que o número das que dão certo; segundo, porque as ideias inovadoras são sempre controversas antes de darem certo. Se todos fossem capazes de compreendê-las de imediato, elas não seriam inovadoras.

Imagine uma cultura de responsabilização rigorosa, que pune o fracasso – uma cultura muito comum na Costa Leste dos Estados Unidos, onde os executivos procuravam manter seu status e o fracasso era algo a ser evitado a qualquer preço. Pense agora numa ideia que tem noventa por cento de chance de dar errado, mas que, se desse certo, pagaria a aposta numa proporção de mil para um. Apesar de ser uma aposta extraordinariamente boa, a empresa que pune o fracasso jamais a financiará.

A hierarquia empresarial ajuda a isolar as ideias evidentemente ruins. Quando uma ideia chega à chefia, ela já foi comparada com todas as outras ideias no sistema, e as ideias evidentemente boas estarão em primeiro lugar. Essa parece uma simples questão de bom senso. O problema, no entanto, é que as ideias evidentemente boas nem sempre são de fato inovadoras, e as ideias de fato inovadoras muitas vezes parecem péssimas quando apresentadas pela primeira vez. Sabe-se que a Western Union perdeu a oportunidade de comprar as patentes e a tecnologia do telefone desenvolvida por Alexander Graham Bell. Na época, as ligações telefônicas eram muito barulhentas, era difícil entender o que se dizia e as linhas não alcançavam grandes distâncias. A Western Union, que transmitia telegramas, sabia que uma comunicação lucrativa dependia da precisão e do alcance. A própria Wikipédia era considerada uma piada quando foi lançada: como algo escrito pelo público em geral poderia ter o mesmo valor que o trabalho dos maiores eruditos do mundo? Hoje em dia, é mais abrangente do que qualquer outra coisa surgida antes dela, a tal ponto que muitos a consideram a única enciclopédia que existe.

A cultura da Intel, ao privilegiar o indivíduo e dar uma chance a ideias revolucionárias, inaugurou um jeito melhor de fazer negócios. Marc Andreessen, meu sócio, escreveu há alguns anos um ensaio chamado "Software is Eating the World" ("O *software* está comendo o mundo"). Nele, descreve o modo como a tecnologia se espalhou para além do setor tecnológico e invadiu todos os setores econômicos tradicionais, das livrarias aos hotéis, passando pelas frotas de táxi. As empresas já estabelecidas foram obrigadas a adotar alguns aspectos da cultura de Noyce, sob pena de expor-se a uma avalanche de ameaças à sua existência. A General Motors ofereceu opções de ações quando adquiriu a Cruise Automation e entrou no ramo dos veículos autônomos, e a Walmart adotou abordagem semelhante ao comprar a Jet.com.

Depois que a tecnologia se tornou um fenômeno de consumo, milhares de pessoas de outros ramos pensaram em excelentes maneiras de usar a tecnologia. Quando essas *startups* terceirizam o desenvolvimento técnico, entretanto, quase sempre fracassam. Por quê? Porque é fácil construir um aplicativo ou um website que atenda às especificações de uma ideia inicial, mas é muito mais difícil construir algo que possa evoluir, aumentar de tamanho, lidar de modo elegante com os casos limite, entre outros aspectos. Um excelente engenheiro só investirá o tempo e o esforço necessários para fazer essas coisas, para construir um produto que cresça junto com a empresa, se tiver alguma participação na propriedade da empresa, e não só no sentido figurado, mas no literal. Bob Noyce compreendeu isso, criou uma cultura adequada para apoiar essa ideia, e essa cultura mudou o mundo.

O QUE FAZ QUE UMA CULTURA FUNCIONE?

Está claro que a cultura tem um efeito poderoso. Como, então, moldá-la, como inseri-la na cabeça das pessoas e fazê-la voltar ao rumo quando se desviar?

Essas perguntas me levaram a refletir sobre questões mais abrangentes, num quadro de referências mais amplo: Como funciona a cultura em contextos diferentes? O que faz que dure apenas alguns anos?

Há muito tempo me interesso por história e, em particular, pelo modo como as pessoas, em razão das circunstâncias, às vezes se comportam de maneira diferente daquela que poderia parecer normal. Por exemplo: nunca imaginei que um homem nascido escravo, e que um dia viria a libertar os escravos do Haiti, seria ele próprio, em algum momento, dono de escravos, mas isso aconteceu. Compreender como as culturas, ao longo da história, moldaram o modo de pensar das pessoas fez que eu começasse a refletir sobre o que essas pessoas precisaram fazer para mudar a si mesmas e à sua cultura. Entender essa questão me parecia a chave para criar o tipo de cultura que eu queria.

Escolhi quatro casos específicos, e uma das pessoas ainda está viva. Eu não estava em busca de soluções finais e ideais de cultura – em alguns desses casos foram produzidas culturas extremamente violentas ou que apresentavam outros problemas –, mas de pessoas com extraordinária capacidade de construir a cultura que desejavam. Cada um desses casos levou-me a um intenso questionamento:

- Por que, ao longo de toda a história da humanidade, apenas uma única rebelião de escravos teve sucesso? E como Toussaint Louverture, do Haiti, reformulou a cultura dos escravos para orquestrar essa rebelião?

- Como o bushidô, o código de honra dos samurais, habilitou a classe guerreira a governar o Japão por setecentos anos e a moldar a moderna cultura japonesa? Quais eram as virtudes culturais que lhes davam tamanho poder? Os samurais chamavam seus princípios de "virtudes", não de "valores". As virtudes são algo que fazemos, ao passo que os valores são algo em que acreditamos. Como veremos, o que importa é o fazer. (No livro, usarei a palavra "virtudes" para me referir à ação ideal, e a palavra "valores" para me referir àquilo que a maioria das empresas adota hoje em dia.) De que modo os samurais conseguiam centrar sua cultura nas ações?

- Como Gengis Khan construiu o maior império do mundo? Foi excluído do seu grupo e aprisionado na juventude pela sua própria tribo nômade. Parece evidente que isso o moveu a extinguir as hierarquias então existentes. Mas como ele foi capaz de criar uma meritocracia inovadora e inclusiva, que lhe permitiu crescer e melhorar constantemente, enquanto seus inimigos não conseguiam seguir adiante?

- Como Shaka Senghor, condenado a dezenove anos de prisão por homicídio no estado de Michigan, conseguiu que sua gangue se tornasse a mais organizada e violenta do presídio e, depois, mudou completamente? Como a cultura levou-o a se transformar num assassino? Como ele se reergueu e dominou essa cultura? Como transformou um grupo de excluídos numa equipe coesa? Como, por fim, reconheceu o que o desagradava e, mudando a si mesmo, acabou mudando toda a cultura da prisão?

As empresas, assim como as gangues, os exércitos e as nações, são grandes organizações que se erguem ou caem em razão dos comportamentos, no dia a dia, das pessoas que as compõem. No entanto, não é fácil determinar se a causa principal do sucesso de uma empresa é a sua cultura ou outro fator. A maioria dos livros de administração não enfoca a cultura a partir de uma perspectiva sociológica mais ampla, e procura dissecar as culturas das empresas depois que já alcançaram sucesso. Essa abordagem confunde causas e efeitos. Muitas empresas extremamente bem-sucedidas possuem cultura fraca, incoerente e até nociva. Um produto desejável é capaz de superar um ambiente muito ruim, pelo menos por certo tempo. Se não acredita em mim, procure saber o que aconteceu com a Enron.

Para evitar o viés de sobrevivência – o erro de focar apenas as empresas que deram certo e concluir, equivocadamente, que foi a cultura que as tornou grandes –, procuro não fazer nenhum tipo de engenharia reversa. Em vez disso, examino as técnicas culturais adotadas por líderes que tentavam fortalecer sua cultura de determinadas maneiras e apresento os resultados desses esforços. Ou seja, você não encontrará neste livro um apanhado das "melhores culturas" de diferentes empresas, mas apenas técnicas para transformar a sua cultura naquilo que você deseja.

COMO LER ESTE LIVRO

Para começar, examino os quatro casos mencionados anteriormente, depois analiso exemplos atuais de uso das mesmas técnicas culturais do passado. Ao ler os primeiros sete capítulos, pense no modo como os líderes enfocados, entre eles, Toussaint Louverture e Gengis Khan, concebiam a cultura e nos instrumentos que usaram para modificá-la, mesmo sob circunstâncias de extrema dificuldade, quando tudo parecia conspirar contra eles. Atente às práticas que você poderia aproveitar e entenda de que modo perspectivas completamente diferentes da sua podem mostrar-se surpreendentemente pertinentes. Como os samurais criaram uma cultura em que todos os elementos se encaixavam com perfeição? Como a experiência de Shaka Senghor, que foi para a cadeia na juventude e precisou entender como tudo funcionava naquele ambiente, se aplica aos novos funcionários da sua empresa?

Criar uma cultura é algo mais complexo do que fazer o seu pessoal se comportar do jeito que você quer quando ninguém está olhando. Lembre-se de que os funcionários não são todos iguais. O país de origem, a raça, o gênero, o passado, até a geração deles são diferentes. Cada um ingressa na organização com um ponto de vista diferente sobre a cultura. Fazer que todos se moldem a um conjunto comum de normas e se satisfaçam com elas é algo bem complexo.

Para que se comportem como você quer, primeiro você precisará conhecê-los. Gostaria de oferecer uma sequência de etapas simples para você fazer isso, mas não existe uma fórmula pronta. Vamos então considerar todas essas questões a partir de diferentes perspectivas. Para tanto, nesses capítulos também são apresentados estudos de casos contemporâneos, retirados, em geral, de minhas conversas com líderes que procuraram mudar suas empresas. Examino, por exemplo, como as técnicas culturais de Toussaint Louverture foram aplicadas, ou deveriam ter sido aplicadas, por Reed Hastings na Netflix, por Travis Kalanick na Uber e por Hillary Clinton, e como a visão de inclusão cultural de

Gengis Khan encontra paralelo no trabalho de Don Thompson, o primeiro CEO afro-americano do McDonald's, e de Maggie Wilderotter, a CEO que comandou a Frontier Communications.

Começo a segunda parte do livro orientando você sobre como entender a sua própria personalidade e a estratégia da sua empresa e sobre como usar essa compreensão para construir a cultura que deseja para dar certo. A cultura só funciona quando o líder a abraça de modo visível e a defende em alto e bom som. No entanto, a maioria das pessoas não possui uma ideia muito precisa de seus valores culturais pessoais. Então, como tomar consciência de quem você é e quais aspectos do seu modo de ser devem fazer parte ou não da cultura da organização? Como se tornar um líder que você mesmo gostaria de seguir?

Examino também alguns casos limítrofes que podem colocar sua cultura em conflito com ela mesma ou com suas prioridades comerciais. Por fim, discuto alguns elementos que devem fazer parte de todas as culturas e apresento uma série de princípios que são essenciais.

A cultura não é um conjunto mágico de regras que faz que todos se comportem como você gostaria. É um sistema de comportamentos que você espera que a maioria das pessoas adote a maior parte do tempo na maioria das situações. Os críticos adoram atacar empresas pela sua "cultura falida" ou por serem "moralmente corruptas", mas é quase um milagre que uma cultura não seja disfuncional. Nenhuma grande organização consegue cem por cento de observância de todos os seus valores, nem de longe, mas algumas saem-se bem melhor que outras. O objetivo aqui é que nos tornemos melhores, não perfeitos.

Uma última palavra de desestímulo: uma grande cultura não é garantia de uma grande empresa. Se o produto não for de qualidade superior ou o mercado não o desejar, a empresa fracassará, por melhor que seja a sua cultura. A cultura está para a empresa como a nutrição e o treinamento estão para um aspirante a atleta profissional. Se o atleta for talentoso, terá sucesso mesmo com uma nutrição relativamente pobre e treinamento abaixo da média. Se não tiver talento, uma nutrição perfeita e um ótimo treinamento não serão suficientes para qualificá-lo para as Olimpíadas. Porém, uma boa nutrição e um bom treinamento melhoram a performance de qualquer atleta.

Se uma boa cultura não é garantia de sucesso, por que se preocupar com isso? No fim das contas, as pessoas que trabalham para você não vão se lembrar dos comunicados para a imprensa nem dos prêmios. Vão perder de vista os altos e baixos trimestrais, e mesmo a memória que guardam dos produtos acabará se apagando. No entanto, elas jamais esquecerão como se sentiam trabalhando na sua empresa e o tipo de ser humano que, em razão disso, se tornaram. O caráter e o etos da empresa serão a única coisa que essas pessoas guardarão para sempre. Serão também o elo que as manterá ligadas umas às outras quando as coisas não derem certo e servirão como orientação para as pequenas decisões que tomam no dia a dia, que vão se somando e fazendo que tenham a sensação de possuir um propósito sincero.

Este livro não apresenta um conjunto completo de técnicas para criar uma cultura que poderia ser considerada perfeita. Não existe um único ideal. Os pontos fortes de uma cultura também podem ser os seus pontos fracos e às vezes, para sobreviver, é preciso ir contra um princípio fundamental dela. A cultura é crucial, no entanto, se a sua empresa fracassar em razão da sua insistência na pureza cultural, você estará agindo de modo equivocado.

Em vez disso, este livro o levará a uma viagem em que conhecerá mais sobre culturas antigas e modernas. Ao longo do caminho, você poderá responder a uma pergunta fundamental para qualquer organização: Quem somos nós? Uma pergunta aparentemente simples, mas que na realidade é bem complexa, pois você é aquilo que as pessoas dizem que é quando não está junto com elas. Como você trata seus clientes? Atende as pessoas com rapidez? É digno de confiança?

O que você é não são os valores listados no quadro na parede nem o que você diz numa assembleia geral, não é a sua campanha de marketing nem as crenças que você tem, mas sim o que você faz. Você é o que você faz. Este livro pretende ajudar você a fazer o que é preciso para que você seja quem quer ser.

CAPÍTULO 1

CULTURA E REVOLUÇÃO: A HISTÓRIA DE TOUSSAINT LOUVERTURE

"Sangue de escravo, coração de rei."

NAS

Quando, em 2007, vendi minha empresa Opsware à Hewlett-Packard, ajudei na transição, e não tinha mais nada para fazer. Como empreendedor, treinei meu cérebro para pensar de maneira anticonvencional. Como diz Peter Thiel, o segredo para encontrar uma ideia revolucionária é crer em alguma coisa na qual ninguém mais acredita. Então, tentei pensar em ideias em que todos acreditassem, e a primeira que me veio à mente foi: "A escravidão é algo tão terrível que é difícil imaginar que tenha existido em tão grande escala." Qual seria o ponto de vista contrário a essa ideia? E se o fim da escravidão fosse mais impactante do que a sua existência? Por mais absurdo que possa parecer, quando comecei a estudar o assunto, percebi que estava na pista de alguma coisa. A escravidão existe desde os primórdios da história da humanidade. Foi endossada por todas as grandes religiões, e a ela são dedicados longos e detalhados trechos da Bíblia e do Alcorão. No século XVII, mais da metade da população do mundo era formada por escravos. Como acabou a escravidão? Esta é uma das grandes histórias da humanidade, e a melhor história dentro dessa história é a da Revolução Haitiana.

Na longa história da humanidade, uma única rebelião de escravos foi bem-sucedida, e resultou no estabelecimento de um

Estado independente. Houve, sem dúvida, rebeliões de escravos na Dinastia Han, de escravos cristãos no Império Otomano; também são numerosos os relatos de rebeliões de africanos escravizados (cerca de 10 milhões) na época do tráfico de escravos, que se estendeu do século XV ao século XIX. No entanto, somente uma entre todas essas revoltas deu resultado. Sem dúvida, todas as tentativas foram alimentadas por uma forte motivação: não há causa mais inspiradora do que a liberdade. Mas por que apenas uma foi vitoriosa?

A escravidão sufoca a cultura, desumaniza os que estão sujeitos a ela, e nessa situação torna-se impossível vencer uma guerra. Na escravidão que se estendeu até o século XIX, o escravo nada recebia pelo seu trabalho. Não tinha motivos para agir de maneira ponderada, nem de modo sistemático, pois tanto ele quanto seus familiares podiam ser vendidos ou mortos a qualquer momento. Para que não conhecesse outros modos de vida, não se comunicasse com outros escravos, nem soubesse os planos dos seus senhores, ele era proibido de aprender a ler e não dispunha de instrumentos para acumular e armazenar conhecimento. Podia ser estuprado, chicoteado ou esquartejado ao bel-prazer do seu senhor. Essa constelação de atrocidades produz uma cultura em que o nível de educação e de confiança é baixo, e o foco volta-se para a sobrevivência de curto prazo – e nada disso ajuda a construir uma força coesa de combate.

De que modo, então, um homem nascido escravo pôde transformar a cultura dos escravos? Como Toussaint Louverture conseguiu organizar um exército de escravos em Saint-Domingue (o nome do Haiti antes da revolução) e fez dele uma força de combate tão formidável que conseguiu derrotar a Espanha, a Inglaterra e a França, países que detinham o maior poderio militar da Europa? Como esse exército de escravos impôs a Napoleão mais baixas do que ele viria a sofrer em Waterloo?

Talvez você imagine que a escravidão era menos brutal em Saint-Domingue do que em outros lugares, e neste caso Louverture deparou com um problema fácil de resolver. Mas não é isso. Na época em que o tráfico ainda existia, menos de 500 mil escravos entraram nos Estados Unidos, enquanto 900 mil foram introduzidos em Saint-Domingue. Em 1789, no entanto, havia 700 mil escravos nos Estados Unidos e somente 465 mil em Saint-Domingue. Isso aconteceu porque a taxa de mortalidade em Saint-Domingue era maior do que a de natalidade. A ilha era um verdadeiro matadouro e, nela, os escravos eram tratados com uma brutalidade quase inconcebível. C. L. R. James relata em sua obra-prima *The Black Jacobins*:

> A flagelação era interrompida para que se passasse um pedaço de madeira em brasa nas nádegas da vítima. Sal, pimenta, limão, aloés e cinzas quentes eram despejados sobre as feridas sanguinolentas. Eram comuns as mutilações de membros, orelhas e, às vezes, dos órgãos genitais, para privá-los dos prazeres a que podiam ter acesso sem custo algum. Os senhores despejavam cera derretida sobre seus braços, mãos e ombros, jogavam calda fervente de açúcar sobre a cabeça deles, queimavam-nos vivos, assavam-nos em fogo lento, enchiam-nos de pólvora e faziam-nos explodir usando um fósforo, enterravam-nos até o pescoço e lambuzavam a cabeça deles com açúcar para que as moscas os devorassem.

Esse ambiente de tortura produziu, como era de esperar, uma cultura de abjeção e suspeita. Os escravos negros e os mulatos odiavam uns aos outros. O mulato quase branco desprezava o meio branco, que por sua vez desprezava o que tinha um quarto de brancura, e assim por diante.

Mais ainda: o poderio militar a postos para esmagar qualquer rebelião era enorme. Saint-Domingue produzia, na época, um terço do açúcar consumido no mundo inteiro e metade do café. Era a colônia mais lucrativa do mundo, tinha enorme interesse estratégico e todos os impérios queriam controlá-la.

Como fica evidente, o ambiente na ilha estava longe de ser ideal para uma rebelião.

A rebelião comandada por Louverture não foi uma simples revolta de escravos, mas algo muito mais complexo, que teve como premissa uma estratégia militar meticulosa e visou uma mudança duradoura. Tido como um gênio até por seus inimigos, ele conseguiu fundir os melhores e mais úteis elementos da cultura dos escravos e da cultura colonial europeia que os escravizara, inserindo também na mistura suas brilhantes ideias culturais. A cultura híbrida resultante inspirou um exército implacável, uma diplomacia sagaz e uma perspectiva clarividente acerca da economia e do modo de governar.

Quem foi Toussaint Louverture?

Louverture nasceu escravo em Saint-Domingue, na fazenda Bréda, produtora de açúcar, no ano de 1743. Boa parte de sua história pessoal é ignorada, só se conhecem fragmentos dela, pois não havia a preocupação em registrar os detalhes da vida dos escravos. Os historiadores também discordam acerca de boa parte das reviravoltas na Revolução do Haiti, mas concordam que seu líder era um homem extraordinário.

Na infância, Louverture era tão fraco que seus pais diziam que ele parecia um "pauzinho doente" e não acreditavam que ele sobreviveria. Aos doze anos, no entanto, ele já superava todos os meninos da fazenda com suas façanhas atléticas. Com o tempo, ficou famoso por ser considerado o melhor cavaleiro da colônia. Mesmo com quase sessenta anos, chegava a cavalgar até duzentos quilômetros num só dia.

Louverture tinha apenas 1,58 metro de altura e não era considerado bonito. Lacônico, com um olhar severo e inquisitivo, concentrado, era cheio de energia. Dormia somente duas horas por noite e era capaz de passar dias à base de bananas e água. Sua educação, seu posicionamento e seu caráter garantiram-lhe grande prestígio junto aos outros escravos, e isso desde muito antes da revolução. Ele sempre acreditou que estava destinado a ser o líder deles.

Ainda na adolescência, foi encarregado de cuidar das mulas e do gado do engenho, função geralmente exercida por um branco. Louverture aproveitou essa rara oportunidade e o seu tempo livre para estudar e ler todos os livros da biblioteca do seu senhor, entre eles, os *Comentários* de Júlio César e a *História das duas Índias* do Abade Raynal, um relato enciclopédico sobre o comércio entre a Europa e o Extremo Oriente. A obra de César ajudou-o a compreender a política, e a de Raynal proporcionou-lhe amplos conhecimentos sobre a economia da sua região e da Europa.

No entanto, nem a educação nem a função exercida livraram-no da indignidade pelo fato de ser negro. Um dia, ao voltar da missa carregando seu livro de orações, um branco reparou nele. Louverture relatou: ele "quebrou uma bengala de madeira na minha cabeça, enquanto me dizia: 'Você não sabe que um negro não deve ler?'". Louverture pediu desculpas e voltou para casa aos tropeções. Guardou o terno manchado de sangue como lembrete daquele episódio. Anos depois, quando a rebelião começou, Louverture encontrou o homem que o maltratara e, como observa com satisfação o biógrafo Philippe Girard, "matou-o na mesma hora".

François Bayon de Libertat, procurador do Estado, reconheceu a capacidade de Louverture e tornou-o seu cocheiro. Por volta de 1776, libertou-o, e ele passou a ser remunerado para conduzir o coche. Naquela época, menos de um em cada mil negros era libertado. O pai da Revolução Haitiana conquistou a liberdade criando um laço especial com um homem branco.

Louverture aproveitava cada viagem com Libertat para expandir sua rede de relações, fazendo contato com quase todos os seus futuros aliados. As viagens também lhe permitiram primeiro compreender e depois adotar os hábitos dos colonizadores franceses. Aos poucos ele percebeu algo de que ninguém tinha se dado conta: na Saint-Domingue colonial, o que determinava o comportamento não era a cor, mas a cultura.

Uma das mais espantosas demonstrações dessa verdade é o fato de que, depois de libertado, o próprio Louverture passou a comprar escravos, que depois em geral libertava, mas também se esforçou para fazer a vida à maneira colonial, a única que tinha na época à sua disposição: explorando o trabalho escravo. Em 1779, numa breve e fracassada tentativa de ganhar algum dinheiro, ele arrendou uma fazenda de café manejada por treze escravos. Um deles era Jean-Jacques Dessalines, que depois viria a ser seu braço direito, mas, no fim, o traiu.

Se houve um gatilho motivacional para que Louverture trocasse o comércio pela política, isso pode ter acontecido em 1784, quando ele leu uma famosa passagem escrita pelo abade Raynal, um defensor da liberdade que tinha a esperança de que os escravos se revoltassem: "Tudo o que se precisa é de um chefe corajoso. Onde está ele, esse grande homem que a natureza deve oferecer a seus filhos angustiados, oprimidos e atormentados? Onde está ele?" Segundo um relato, Louverture lia e relia esse trecho, e sonhava ser esse corajoso chefe.

A ascensão de Louverture

Quando a notícia da Revolução Francesa de 1789 chegou à ilha, a ideia da insurreição havia se espalhado. A rebelião inicial na fazenda Manquets, em 1791, pôs em alvoroço os escravos nas fazendas vizinhas. Em poucos anos, a força da insurreição cresceu e chegou a reunir 50 mil homens, cem vezes mais do que conseguiu a maior rebelião de escravos na história dos Estados Unidos.

Louverture já conhecia os planos da rebelião, e talvez tenha ajudado a dar-lhes forma, mas esperou para ver o que aconteceria e só se uniu aos revoltosos depois de ela ter começado. A situação política da colônia era extremamente complicada. Havia numerosas facções e partidos, e as alianças eram sempre mutáveis. Ficava muito difícil prever o que aconteceria em determinada fazenda na semana seguinte, quanto mais na ilha inteira num período maior de tempo.

Quanto se juntou aos rebeldes, Louverture tinha cerca de 47 anos e já era conhecido como o "Velho Toussaint". Em poucos meses, nomeou a si próprio para o posto de brigadeiro-general e assumiu o comandando de um dos três principais grupos de revoltosos. Para ganhar apoio, dava a entender que agia em nome de Luís XVI, o rei da França. Dizia que o rei havia escrito um documento prometendo aos rebeldes três dias de descanso na semana em troca da sua ajuda. Esse ardil só deu certo porque quase nenhum dos seus seguidores sabia ler e escrever.

Entre 1791 e 1793, Louverture e os rebeldes tinham avançado tanto que a França mandou para a região 11 mil soldados para contê-los, número maior do que o de soldados enviados ao exterior durante a Guerra de Independência dos Estados Unidos. Em 1793, Luís XVI foi guilhotinado, e os britânicos e espanhóis invadiram Saint-Domingue, com a esperança de ganhar o grande prêmio enquanto a França estava ocupada com outros assuntos. Quando a Espanha declarou guerra à França, Louverture procurou o comandante espanhol e propôs-lhe integrar seus seiscentos homens ao exército espanhol, ao qual já tinham se unido outros grupos de escravos rebeldes. Desse modo, tornou-se coronel do exército espanhol na luta contra os franceses.

No ano seguinte, vendo nisto uma vantagem para ele e para as suas tropas, desertou e uniu-se ao exército francês. Em um ano, Louverture e seus homens, que já eram 5 mil, recuperaram quase todas as cidades francesas que ele havia conquistado para a Espanha e subjugaram diversos grupos rebeldes ainda aliados aos espanhóis. Essas vitórias, somadas aos reveses militares na Europa, obrigaram a Espanha a pedir a paz. Essa foi a primeira vitória de Louverture sobre uma superpotência europeia.

Em seguida ele enfrentou os ingleses, que haviam enviado dois grandes batalhões a Saint-Domingue. Como não estava preparado para enfrentar um grande exército profissional, começou a recuar em 1795, e por dois anos manteve uma postura defensiva. Enquanto isso, os negros que ainda estavam na ilha (cerca de 500 mil homens, ao todo) uniram-se a ele. O tempo, as táticas de guerrilha e a febre amarela corroeram o moral dos inimigos de Louverture. Dos 20 mil soldados britânicos enviados à ilha, 12 mil foram enterrados ali mesmo, e em 1798 ele negociou a retirada das forças que restavam. Pela segunda vez ele havia derrotado uma superpotência europeia.

Em 1801, Luverture invadiu Santo Domingo, a parte espanhola da ilha, hoje República Dominicana, e derrotou os espanhóis de uma vez por todas. Em 7 de julho de 1801, tornou-se o governador de toda a ilha onde antes fora escravo. Promulgou de imediato uma nova Constituição. Saint-Domingue continuaria sendo, nominalmente, uma colônia francesa, mas a Constituição abolia a escravidão, permitia acesso aos empregos a pessoas de todas as raças e tornava o território independente em seu funcionamento. Em apenas dez anos, Louverture e seu exército realizaram algo inimaginável.

Como Louverture transformou a cultura dos escravos

Em 1797, no meio da longa revolta, Louverture mostrou-se capaz não só de comandar soldados, mas também de persuadir e inspirar os civis, com sua visão de um novo modo de vida. Vincent de Vaublanc, um deputado branco de Saint-Domingue, alertou o Parlamento francês para o fato de que a colônia estava sob o domínio de "negros brutos e ignorantes". O discurso de Vaublanc teve grande impacto e circularam rumores de que uma contrarrevolução estava sendo tramada em Paris.

A resposta de Louverture consistiu em publicar uma justificativa para a Revolução Haitiana, na qual expunha sua teoria sobre as raças e a cultura. Philippe Girard escreveu: "Listou uma a uma as acusações de Vaublanc, e refutou-as uma a uma. Os negros não eram selvagens preguiçosos e ignorantes, a escravidão é que os tornou assim. A Revolução Haitiana foi marcada pela violência, mas o mesmo se poderia dizer da Revolução Francesa – lembrava ele a seus leitores. Na realidade, os escravos tinham sido extraordinariamente misericordiosos com os fazendeiros que os oprimiram de forma tão cruel." Louverture demonstrou que esses ex-escravos haviam elevado sua cultura de tal modo que isso lhe permitia, com toda justiça, concluir a carta reafirmando o direito dos negros libertos de "serem considerados cidadãos franceses".

Em 1798, depois de Louverture negociar a paz e estabelecer relações diplomáticas com os ingleses, a *London Gazette* publicou:

> Toussaint Louverture é um negro e, no jargão da guerra, foi chamado de rebelde e bandoleiro. Segundo todos os relatos, no en-

tanto, é um negro nascido para provar o valor da espécie humana e mostrar que o caráter do homem independe da cor da sua pele.

Esse jornal, de um país que traficava mais escravos africanos do que qualquer outro, publicou esse elogio 35 anos antes de a Inglaterra abolir a escravidão. Como Louverture havia previsto, os europeus estavam começando a perceber que o que moldava o modo de ser dos escravos não era a natureza deles, mas a cultura da escravidão.

Alguns americanos começaram a ter a mesma visão. Em 1798, numa época de conflitos com a França, o Congresso dos Estados Unidos proibiu todo o comércio com esse país e suas colônias. O comércio entre os Estados Unidos e Saint-Domingue foi interrompido. Louverture enviou Joseph Bunel para conversar com o secretário de Estado norte-americano, Thomas Pickering, sobre a suspensão do embargo. Astuto, ele escolheu um branco como embaixador, fazendo apelo à sensibilidade daquele país escravocrata. Funcionou. Em 1799, o Congresso autorizou o presidente John Adams a isentar do embargo comercial qualquer território francês que não prejudicasse o comércio norte-americano. Era tão evidente que a lei visava especificamente Saint-Domingue que foi apelidada de "cláusula Louverture".

Pickering escreveu a Louverture para informar-lhe que os Estados Unidos voltariam a fazer comércio com Saint-Domingue. Philippe Girard fala da carta com bela eloquência em sua obra-prima *Toussaint Louverture*:

> Terminou a carta com um surpreendente floreio: "Com a devida consideração, seu criado obediente." Para um ex-escravo, as delicadezas da linguagem diplomática deviam ressoar de modo muito peculiar: Louverture não estava acostumado a ouvir homens brancos importantes referirem-se a si mesmos como "seus criados".

Mais de 65 anos antes de a Décima Terceira Emenda pôr fim à escravidão nos Estados Unidos, o Congresso adotou uma lei especial para um negro. O país não negociou com ele pela lente da cor da sua pele, mas pela lente da cultura que havia criado.

Louverture usou sete táticas fundamentais, examinadas a seguir, para transformar uma cultura escrava numa cultura respeitada em todo o mundo. Elas podem ser utilizadas para mudar a cultura de qualquer organização.

Manter o que funciona

Ao organizar o seu exército, Louverture de início reuniu quinhentos homens escolhidos a dedo. Treinava-os com assiduidade, e eles aprenderam a arte da guerra com ele. Assim, conseguiu criar uma nova cultura com o mínimo de conflito. Sabia que precisava aperfeiçoar a cultura desses homens para que o exército fosse eficaz, mas também tinha consciência de que a cultura dos escravos possuía pontos fortes e de que não seria possível criar uma nova cultura a partir do nada, como Lênin, mais tarde, tentaria fazer, mas não conseguiu. Não é fácil para as pessoas adotar novas normas culturais, elas não conseguem absorver de uma só vez um sistema totalmente novo.

Louverture aproveitou dois aspectos fortes da cultura que já existia. Um deles eram os cantos que os escravos entoavam em suas cerimônias de vudu, realizadas à noite. Católico devoto, depois acabou proibindo o vudu, mas era também um homem pragmático, que usava as ferramentas que tinha à mão. Assim, converteu essas vocalizações simples e memoráveis em um avançado meio de comunicação. Os europeus não possuíam meios de comunicar-se à distância e em código, mas o exército de Louverture conseguia fazer isso. Seus soldados posicionavam-se em pequenos grupos nas florestas, em torno do inimigo. Começavam a enunciar os cânticos do vudu – incompreensíveis para as tropas europeias – e, ao cantarem certo verso, atacavam todos juntos.

O outro aspecto que Louverture aproveitou foram as habilidades militares de muitos dos seus soldados. Entre os guerreiros havia veteranos das guerras travadas nos litorais do Congo e de Angola. Ele aplicou as táticas de guerrilha desses homens, sobretudo aquela que preferiam: cair em cima do inimigo nas florestas, envolvendo-o e esmagando-o graças à sua simples força numérica.

Como veremos adiante, aliou esse estratagema às mais avançadas táticas europeias e criou uma força híbrida diferente de todas aquelas que seus inimigos já haviam enfrentado.

Criar regras chocantes

O escravo nada possui e não tem como acumular riqueza. Além disso, o pouco que tem, inclusive sua vida e sua família, pode ser tirado dele a qualquer momento. Nessa situação, pensa-se apenas no curtíssimo prazo e perde-se a confiança. Para que uma pessoa cumpra a palavra que deu a outra pessoa, em vez de buscar seus interesses imediatos, precisa acreditar que as vantagens desse relacionamento no futuro serão maiores do que aquelas que poderá obter no momento, se não cumprir o combinado. Se acreditar que o amanhã não existe, não poderá ter confiança.

Num exército, essa dinâmica é problemática, pois a confiança é fundamental para o comando de qualquer organização de grande porte. Sem confiança, a comunicação entra em colapso, e explico por quê: em qualquer interação entre pessoas, a quantidade de comunicação necessária é inversamente proporcional ao nível de confiança. Se tenho total confiança em você, não preciso que me explique nem me comunique suas ações, pois sei que em tudo que fizer você levará em conta os meus melhores interesses. Se, ao contrário, não tenho nenhuma confiança em você, nada do que você disser, nenhuma das suas explicações ou dos seus raciocínios produzirão efeito sobre mim, pois nunca acreditarei que você está falando a verdade e levando em conta, ao agir, os meus melhores interesses.

À medida que uma organização cresce, a comunicação se torna o seu maior desafio. Quando os soldados têm confiança no general, a comunicação é muito mais eficiente do que quando ela não existe.

Para alimentar a confiança no seu exército, Louverture criou uma regra tão polêmica que as pessoas se perguntavam: "Para que serve essa regra?" A regra proibia os oficiais casados de ter concubinas. Como o estupro e a pilhagem eram algo comum entre os militares, exigir que respeitassem os votos de matrimônio talvez parecesse absurdo. Podemos imaginar os oficiais dizendo: "Só pode ser brincadeira!" Com certeza eles devem ter perguntado a razão dessa determinação.

Numa organização, quando todos querem saber o porquê, a resposta se inserirá na cultura, pois todos se lembrarão dela. A explicação será repetida a todos os novos membros da organização e acabará integrada à tessitura cultural. Os novos oficiais perguntavam: "Por que não posso ter uma concubina?", e ouviam como resposta: "Porque neste exército nada é mais importante do que a palavra. Se não podemos confiar que você cumpra a palavra que deu à sua esposa, ficará ainda mais difícil confiar que manterá a palavra que der a nós." (A questão não é tão simples, pois Louverture tinha filhos ilegítimos, mas nenhum líder é perfeito.)

Vestir-se para arrasar

Quando Toussaint Louverture ingressou no exército dos rebeldes, a maioria dos soldados não usava roupas. Na lavoura, estavam acostumados a trabalhar nus. Para ajudar a transformar esse grupo improvisado num exército e fazer que se sentissem uma força de combate de elite, Louverture e seus correvolucionários usavam os mais sofisticados uniformes militares a que tinham acesso. A roupa era uma lembrança constante de quem eram e do que poderiam alcançar.

Philippe Girard escreve:

> Ansiosos para demonstrar que não eram um mero bando de saqueadores, os rebeldes tomaram para si todos os adereços de um exército europeu do Antigo Regime, com seus ajudantes de ordens, "laissez-passer" e patentes ornamentadas para os oficiais.

Muitos biógrafos de Toussaint veem esse comportamento como imitativo e fora de propósito. Questionam: por acaso os rebeldes não estavam tentando destruir os europeus e tudo o que representavam? É claro que não. Os rebeldes estavam tentando construir um exército que os libertasse e uma cultura que lhes permitisse sustentar sua independência. Por isso, adotaram as melhores práticas dos exércitos que os precederam. Como veremos no próximo capítulo, algo tão simples como uma vestimenta é capaz de mudar os comportamentos e, portanto, a cultura, e isso não somente na guerra, mas também nos negócios.

Incorporar a liderança de fora

Um líder pode transformar a sua cultura levando para ela líderes de outra cultura e adaptando seus costumes. Júlio César fez isso com grande sucesso quando construiu o Império Romano. Em vez de mandar executar os líderes dos povos vencidos, muitas vezes mantinha-os no cargo que ocupavam para que governassem a região usando o seu amplo conhecimento da cultura local. Louverture provavelmente aproveitou essa ideia depois de ler os *Comentários* de César.

Ao contrário de César, a situação que Louverture enfrentou era outra: os opressores e os oprimidos identificavam uns aos outros pela cor da pele. Mesmo assim, incorporou ao seu exército mulatos e oficiais franceses desertores, cujos conhecimentos usou para organizar uma equipe eficiente e treinar seu exército nas artes militares ortodoxas. Não foi uma tarefa simples – houve consternação quando Louverture apareceu acompanhado de brancos –, mas ele insistiu. Quando os negros lhe diziam que se recusavam a obedecer a um branco ou a um mulato, ele pegava um copo de vinho e um copo de água, misturava-os e dizia: "Como você pode saber qual é qual? Precisamos viver todos juntos."

A cultura empresarial se organiza em torno de uma meta simples: criar um produto ou oferecer um serviço que as pessoas queiram. Quando vencem as batalhas iniciais, entretanto, as empresas precisam evoluir para enfrentar novos desafios. Para derrotar os franceses, Louverture precisava compreender e dominar a cultura e a tática militar deles. Para isso, incorporou ao seu exército líderes que tinham esse conhecimento.

Muitas vezes vejo empresas que desejam entrar numa nova área, mas não querem fazer as mudanças necessárias na sua cultura. Muitas empresas voltadas para o consumidor final, ambicionam passar a vender para grandes empresas, porém não querem funcionários usando ternos caros. Acham que a sua cultura, como é, deve ser suficiente para alcançarem o seu objetivo. Os resultados, no entanto, provam o contrário.

Para construir uma cultura eficaz, é preciso adaptá-la às circunstâncias, e isso muitas vezes significa buscar líderes fora da empresa, na cultura em que você quer penetrar ou que deseja dominar.

Tomar decisões que ressaltem as prioridades culturais

Quanto mais contraintuitiva a decisão de um líder, maior o seu impacto sobre a cultura. E Louverture consolidou a sua cultura tomando uma das decisões mais contraintuitivas de toda a revolução.

Quando os rebeldes conseguiram o controle sobre a ilha, muitos soldados de Louverture queriam vingar-se dos donos de fazendas. O caminho mais fácil, para ele, teria sido mandar executar imediatamente os fazendeiros. Com certeza, essas pessoas teriam feito o mesmo com ele. Mas Louverture abominava o espírito de vingança e acreditava que, em vez de elevar a cultura, isso a destruiria. Além disso, precisava financiar sua guerra contra a França: se o país fosse à falência, a revolução fracassaria. Toda a economia de Saint-Domingue era agrária e, sem os produtos agrícolas, a ilha jamais poderia tornar-se uma nação importante. Louverture declarou: "A garantia da liberdade dos negros é a prosperidade da agricultura." Ele sabia que as fazendas deveriam permanecer grandes para serem economicamente viáveis, e sabia também que seus proprietários tinham o conhecimento, a educação e a experiência de que a colônia precisava para manter a produção em andamento. Por isso, não apenas se opôs à excecução dos fazendeiros como ainda permitiu que estes continuassem donos das suas terras. Em contrapartida, eles deveriam ceder aos trabalhadores um quarto dos seus lucros e continuar morando nas suas fazendas, encarregando-se eles mesmos de fazer o pagamento diretamente aos trabalhadores e garantir que fossem bem tratados Caso desobedecessem, suas terras seriam confiscadas.

Com essa decisão, Louverture garantiu algo que nem mil discursos conseguiriam: o objetivo da revolução não era a vingança, e a sua maior prioridade era a prosperidade econômica. Muito positivo ele ter declarado: "nada de represálias", mas o que definiu a cultura foram os seus atos.

Fazer o que se prega

Nenhuma cultura pode florescer sem a participação entusiástica do líder. Por mais que os elementos que a constituem estejam bem definidos, cuidadosamente programados e sejam insistentemente exigidos, um modo de se comportar incoerente ou dissimulado da parte de quem está no comando mina todos esses esforços.

Imagine uma CEO que considera a pontualidade um aspecto crítico da cultura da empresa. Ela faz discursos eloquentes, nos quais afirma que chegar na hora é um ato de respeito. Ressalta que o tempo dos funcionários é o ativo mais valioso da empresa, de modo que o funcionário que se atrasa está, na prática, roubando seus colegas. Essa CEO, porém, chega atrasada a todas as reuniões. Quantos funcionários ela vai conseguir convencer a não se atrasar?

Louverture entendia perfeitamente isso. Exigia muito de seus soldados, mas estava mais do que disposto a ser um exemplo do que cobrava deles. Vivia com os homens no exército e participava do trabalho. Quando era preciso mudar um canhão de lugar, ele ajudava a arrastá-lo, e chegou a ter a mão esmagada. Avançava à frente das tropas nos ataques, algo que a Europa poucas vezes tinha visto desde Alexandre, o Grande, e foi ferido dezessete vezes.

Começou a construir a confiança dos seus homens sendo ele próprio confiável. Como observou C. L. R. James: "Agindo incessantemente para o bem deles, ganhou a sua confiança. No meio de um povo ignorante, faminto, assustado, nervoso, a palavra de

Louverture, em 1796, era lei. Era a única pessoa no norte que se poderia ter certeza de que obedeceriam."

Como a cultura que almejava era reflexo imediato de seus próprios valores, Louverture unia palavra e ação em grau superior ao da maioria dos líderes. A sua autoridade foi posta à prova quando ele derrotou seu rival André Rigaud, um comandante mulato do sul, na sangrenta Guerra das Facas, e ordenou que não fosse feita a vingança. Rigaud não somente tinha se rebelado contra Louverture, como também zombara dos fundamentos da sua autoridade, declarando que era correto o sistema de castas que colocava os mulatos logo abaixo dos brancos, e os negros, no grau mais baixo. Diante dos apoiadores de Rigaud, ele declarou: "Perdoai as nossas ofensas, assim como nós perdoamos a quem nos tem ofendido. Voltem para seus deveres, já esqueci tudo."

Para que uma cultura se consolide, ela precisa refletir os valores reais do líder, não somente aqueles que para ele soam inspiradores. Isso porque o líder cria a cultura principalmente através dos seus atos, do seu exemplo.

Explicitar a ética

Toda empresa acredita na sua integridade, mas dos funcionários ouve-se uma história diferente. O problema da integridade é que se trata de um conceito abstrato, e que exige um trabalho de longo prazo. Será que ela garantirá o fechamento de um contrato a mais neste trimestre para você? Improvável. Na verdade, pode ser até que aconteça o contrário. A integridade garantirá que seus produtos sejam enviados com uma semana de antecedência? De jeito nenhum. Por que, então, devemos nos preocupar com ela?

A integridade, a honestidade e a decência demandam longo prazo para serem integradas à cultura. São valores que não garantem os lucros do trimestre, nem que se ganhe de um concorrente ou atraia um novo funcionário, mas proporcionam um lugar melhor para trabalhar e tornam a empresa, no longo prazo, uma parceira melhor para fazer negócios. E isso tem um preço, não vem de graça. No curto prazo, pode custar contratos, funcionários e investidores, e é por isso que a maioria das empresas não chega a exigi-las de fato e de verdade. Como veremos, no entanto, não cobrar uma boa conduta muitas vezes leva as empresas modernas a pedirem arrego.

Uma das dificuldades de implementação da integridade é que se trata de um conceito sem fronteiras. Se você for ético com os funcionários, mas ao mesmo tempo mentir para os consumidores, os primeiros perceberão a discrepância e começarão a mentir uns para os outros. Os bons comportamentos devem ser amplamente adotados e implementados em todos os contextos.

Ciente desse fato, Louverture pouco a pouco foi conduzindo seu exército, de modo meticuloso, sistemático e incansável, a um nível cada vez mais elevado de conduta. Não estava interessado em um jogo rápido, mas sim em criar primeiro um exército, depois uma nação de que as pessoas se orgulhassem. Por estar determinado não somente a vencer a revolução, mas também a construir um grande país, sabia que precisava ter uma perspectiva mais ampla.

O novo Estado de Louverture seria baseado na diligência pessoal, na moralidade social, na educação pública, na tolerância religiosa, no livre-comércio, no orgulho cívico e na igualdade racial, e cada pessoa tinha a sua parte de responsabilidade para que esses objetivos fossem alcançados. Ele dizia: "Aprendam, cidadãos, a apreciar a glória de seu novo estatuto político. Ao gozar os direitos que a Constituição garante a todos os cidadãos franceses, não se esqueçam dos deveres que ela também lhes impõe." Dirigia-se particularmente ao exército: "Não me decepcionem... não permitam que o desejo do butim faça que se desviem... teremos tempo suficiente para pensar em coisas materiais depois de expulsar o inimigo das nossas praias. Estamos lutando para que a liberdade – o bem terreno mais precioso – não pereça."

O essencial é que as orientações de Louverture sobre como agir eticamente eram explícitas. Muitas vezes, os CEOs são bastante explícitos ao falar de objetivos como o prazo de entrega dos produtos, mas silenciam sobre questões como a obediência às leis. Isso pode ter um efeito perverso. É pelo fato de estar tantas vezes em contradição com outros propósitos que a integridade deve ser inserida na cultura de modo claro e objetivo. Quando uma empresa espera que seus funcionários se comportem de forma ética, mas não lhes diz especificamente como deve ser tal comportamento e como devem agir, não alcançará seu objetivo, quaisquer que sejam os funcionários que venha a contratar.

É por isso que Louverture exigia que suas orientações fosse seguidas com rigor. Pamphile de Lacroix, um general francês que lutou contra ele, escreveu: "Nenhum exército europeu era sujeito a uma disciplina tão severa quanto as tropas de Louverture." O contraste com relação aos franceses era imenso. C. L. R. James observou: "Os soldados *emigrés*, Dessources e alguns outros, *vicomtes* e *chevaliers*, violaram os termos da anistia, destruíram canhões e munições, mataram todos os animais e atearam fogo às plantações. Os africanos de Louverture, por outro lado, famintos e seminus, entravam marchando nas cidades, e sua disciplina era tamanha que não se cometeu um único ato de violência ou pilhagem."

Quando o exército de Louverture estava morrendo de fome durante o conflito contra os ingleses, dava comida às mulheres brancas indigentes. Ele escreveu: "Meu coração se parte ao ver o que aconteceu com algumas mulheres brancas, infelizes vítimas de tudo isto." As mulheres falavam da ajuda que tinham recebido desse "homem extraordinário" e chamavam o ex-escravo de pai. Se você parar de ler agora e sair correndo para contar a seus amigos que o escravo que comandou a Revolução Haitiana foi chamado de "pai" pelas mulheres brancas da colônia, pode ser que eles não acreditem, pois realmente parece inacreditável, mas é verdade. Esse é o poder da ética.

Em 1801, o imenso investimento de Louverture na cultura começou a dar frutos. Com os negros e mulatos dirigindo o país, o cultivo alcançou dois terços da extensão máxima que havia atingido na época dos franceses. A integridade provou seu valor.

O que aconteceu com Louverture?

O final da história desse líder é triste. Depois de promulgar sua Constituição, em 1801, Napoleão se enfureceu com essa manifestação de independência e decidiu derrubá-lo. No ano seguinte, o braço direito de Louverture, o feroz general Jean-Jacques Dessalines, junto com o principal general de Napoleão em Saint-Domingue, coordenou um complô contra ele. Louverture preso numa reunião diplomática e enviado de navio para a França, onde passou os breves dias que lhe restavam de vida maltratado numa prisão francesa. Morreu de derrame e pneumonia em 7 de abril de 1803. Enquanto isso, Napoleão começou a reinstituir a escravidão em todo o Caribe. Esse foi um dos principais motivos que levaram Dessalines a rebelar-se contra o imperador francês. Ele uniu sob seu comando todas as facções rebeldes, derrotou o exército napoleônico e declarou independência em janeiro de 1804. Mudou o nome do país para Haiti e, nesse mesmo ano, proclamou-se imperador.

Dessalines completou a revolução que Louverture por tanto tempo liderou, mas tomou de imediato duas decisões que ele teria abominado: ordenou que a maioria dos brancos franceses do Haiti fossem executados e nacionalizou todas as terras particulares, revertendo abruptamente boa parte dos avanços culturais e econômicos que Louverture conquistara. Embora os franceses tenham acabado por reconhecer a independência do Haiti em 1825, também conseguiram arrancar do país uma reparação pelas decisões imprudentes de Dessalines: o Haiti foi obrigado a pagar o equivalente a 21 bilhões de dólares atuais pelos escravos e pelas fazendas que a França perdeu. Esses acontecimentos continuam assombrando o país, que ainda é o mais pobre do hemisfério ocidental.

Triste, mas por que isso aconteceu? Como Louverture, profundo conhecedor da cultura e da natureza humana, não percebeu a traição que se urdia? Em certo sentido, ele se assemelha ao herói grego Édipo, que solucionou o enigma da Esfinge mas não conseguia ver com clareza quem eram as pessoas mais próximas dele. A sua visão otimista sobre o potencial humano cegou-o para certas verdades mais simples.

Pelo fato de acreditar na Revolução Francesa e nas liberdades que ela buscava incorporar, Louverture via Napoleão como um produto esclarecido da revolução, não como o racista que ele realmente era. Certa vez, numa explosão de raiva, Napoleão disse: "Não descansarei enquanto não arrancar as insígnias militares de todos os negros das colônias."

Por lealdade à França, Louverture não declarou a independência quando a ilha foi invadida pelo exército francês. Esse ato teria unido a ilha inteira sob a sua liderança, mas ele vacilou. Além disso, por confiar, e demais, que seu exército acreditava que ele tinha sempre seus melhores interesses em vista, não percebeu que os soldados estavam incomodados com muitas coisas: com as suas ideias sobre a agricultura, com os seus constantes esforços para pactuar uma solução diplomática com a França, com a sua proibição de vingança. Louverture, ao contrário de Dessalines, não compreendeu o poder emocional da retaliação.

C. L. R. James disse bem: "Se Dessalines era capaz de uma visão tão clara e simples, foi porque os laços que ligavam esse soldado inculto à civilização francesa eram tênues demais. Ele via o que tinha bem embaixo do seu nariz porque não conseguia ver mais longe. O fracasso de Louverture foi o fracasso do esclarecimento, e não da escuridão."

No entanto, por mais que o subordinado de Louverture tenha tido dificuldades para absorver sua cultura e os acontecimentos tenham terminado em tragédia, ela permaneceu. Depois de capturá-lo, Napoleão procurou reinstituir a escravidão na ilha, mas foi vencido pelo exército que ele tinha organizado. Louverture derrotou assim, pela terceira vez, uma superpotência europeia. Napoleão sofreu mais baixas em Saint-Domingue do que viria a sofrer em Waterloo, e esses reveses obrigaram-no a vender a Louisiana e partes de quatorze outros estados aos Estados Unidos por 15 milhões de dólares. Mais tarde, o imperador francês confessou que deveria ter governado a ilha por meio de Louverture.

Impacto histórico

A revolução dos escravos de Saint-Domingue entrou na corrente sanguínea da região e se espalhou de ilha em ilha pelo Caribe.

Rebeliões posteriores no Brasil, na Colômbia, na Venezuela, em Curaçao, Guadalupe, Porto Rico, Cuba e Louisiana podem ser atribuídas, pelo menos em parte, a agentes haitianos e seus seguidores. Essas rebeliões colaboraram para que os impérios francês, britânico e espanhol acabassem por se retirar da região.

Nos Estados Unidos, Louverture inspirou o abolicionista John Brown a lançar seu ataque contra o arsenal de Harpers Ferry, o que, esperava, inspiraria os escravos locais a se rebelar. O ataque fracassou e Brown foi enforcado, mas o evento de Harpers Ferry intensificou as tensões e, um ano depois, ocorreu a secessão do Sul e a Guerra Civil norte-americana.

Um dos maiores gênios da humanidade foi, assim, incapaz de estabelecer de maneira permanente o modo de vida que vislumbrava para seu país, mesmo assim ajudou a transformar a cultura de escravidão do mundo ocidental numa cultura de liberdade.

Toussaint Louverture cometeu erros que acabaram levando-o à prisão, mas ele ajudou a libertar a todos nós.

CAPÍTULO 2
APLICAÇÃO DO CASO DE TOUSSAINT LOUVERTURE

"Sou assassino, crioulo, mas não incito a violência."

GUCCI MANE

As técnicas que Louverture usou com rara engenhosidade e habilidade funcionam muito bem nas empresas modernas.

Manter o que funciona

Quando Steve Jobs voltou à Apple em 1997, para dirigi-la, a empresa estava nas últimas, mesmo. Sua participação no mercado havia caído de 13%, quando Jobs foi demitido, em 1985, para 3,3%, e o dinheiro que a empresa tinha em caixa era suficiente apenas para um trimestre, depois disso ficaria insolvente. Ao perguntarem ao rival Michael Dell o que deveria ser feito com a Apple, a resposta foi: "Eu fecharia a empresa e devolveria o dinheiro aos acionistas."

Mesmo dentro da Apple, quase todos acreditavam que a espiral de decadência da empresa era resultado da chamada economia do computador pessoal. Segundo essa teoria, como o setor tinha mercantilizado o hardware dos PCs – em toda parte eram encontradas cópias da IBM –, ninguém conseguiria ganhar dinheiro como fornecedor verticalmente integrado, que oferecesse ao usuário tanto a máquina quanto o sistema operacional; seria preciso, ao contrário, focar a integração horizontal: vender um sistema operacional que funcionasse no hardware de outra empresa.

Quase todos os analistas recomendavam que a Apple transformasse o sistema operacional Mac OS no principal produto da empresa. Em 1997, a *Wired* proclamou: "Admitam: vocês estão fora do jogo do hardware." O próprio Steve Wozniak, cofundador da Apple, pensava assim: "Oferecíamos um belo sistema operacional, mas para tê-lo era preciso comprar o nosso hardware, que custava o dobro. Esse foi um grande erro."

Steve Jobs ignorou por completo esse conselho. Com efeito, um de seus primeiros atos como CEO foi parar de licenciar o Mac OS a outros fornecedores de hardware.

Todos no setor também acreditavam que as empresas precisavam maximizar sua participação no mercado, marcando presença em todos os elos da cadeia da informática – servidores, impressoras, PCs, laptops. Além disso, deveriam fazer PCs de todos os tipos e tamanhos, para todos os usuários possíveis. Mas Jobs extinguiu imediatamente a maioria dos produtos da Apple, incluindo-se entre eles a maioria de seus modelos de PC, bem como todos os seus servidores e impressoras e o palmtop Newton.

Por quê? A visão que Jobs tinha da situação era completamente diferente. Numa das primeiras reuniões com todos os funcionários, ele questionou: "Pois bem, me digam o que há de errado aqui", e ele mesmo respondeu: "São os produtos!" Prosseguiu: "E o que há de errado com os produtos?", e mais uma vez ele mesmo deu a resposta: "Os produtos são uma droga!"

Para Jobs, a questão não era a estrutura econômica do setor de computadores pessoais, bastava que a Apple fizesse produtos melhores. Para isso, ele precisaria mudar a cultura da empresa, mas aproveitando os pontos fortes da própria Apple, não os da Microsoft.

O ponto mais forte da Apple sempre foi a integração entre hardware e software. No auge, a empresa não havia dado muita atenção a critérios comuns ao setor, como velocidade de processamento e capacidade de armazenamento, mas tinha se preocupado em construir produtos como o MacIntosh, que incentivavam a criatividade das pessoas. Em matéria de integração, a Apple era melhor do que qualquer outra empresa. Isso se devia em parte a sua capacidade de controlar o produto inteiro, desde a interface do usuário até a cor do hardware. Jobs fez tudo o que pôde para manter na empresa os funcionários que compreendiam esse fato e que, como ele, buscavam a perfeição na experiência do usuário. Sobre um desses funcionários, Jony Ive, grande designer, Jobs disse: "Ele compreende melhor do que ninguém o fundamento daquilo que fazemos."

A famosa campanha publicitária "Pense diferente", lançada em 1997, mostrava gênios da criatividade como Gandhi, John Lennon e Albert Einstein. Jobs explicou: "Na Apple, tínhamos esquecido quem éramos. Uma das maneiras de nos lembrar de quem somos é nos lembrar de quem são os nossos heróis." Para que a Apple recuperasse sua grandeza, precisava basear-se no aspecto da sua cultura que a distinguira no passado.

Jobs diminuiu a linha de produtos, para garantir que a empresa focasse em fornecer uma incrível experiência a seres humanos, não se preocupando com um conjunto impessoal de especificações, velocidades e transferências de dados. Com o tempo, ele expandiu a linha, incluindo nela o iPod, o iPad e o iPhone, mas nunca a "horizontalizou", sempre manteve a integração do software e do hardware. Para ter ainda mais controle sobre a experiência do cliente, Jobs abriu as Apple Stores, que se tornaram uma das redes de venda a varejo mais bem-sucedidas do mundo.

Na época em que Steve Jobs voltou à Apple, faltavam noventa dias para que a empresa quebrasse. Neste momento em que escrevo este livro, é a empresa mais valiosa do mundo.

Quando a Apple era motivo de piada no setor, deve ter sido tentador dissolver por completo a antiga cultura. Gil Amelio, predecessor de Jobs, tentou fazer exatamente isso. Mas, assim como Louverture, o ex-escravo que preservou em seu exército o que havia de melhor na cultura dos escravos, Jobs, o antigo fundador, sabia que os pontos fortes originais da empresa deveriam ser os fundamentos da sua nova missão.

Criar regras impactantes

Estas são as orientações para criar uma regra poderosa que possa dar rumo à cultura por muitos anos:

- A regra deve ser fácil de memorizar. Se as pessoas se esquecem dela, se esquecem da cultura.

- Deve suscitar a pergunta: "Por quê?" A regra deve ser tão incomum e impactante que todos devem se sentir impelidos a perguntar: "Isso é sério?"

- Seu impacto cultural deve ser simples e direto. A resposta à pergunta "Por quê?" deve explicar com clareza o conceito cultural.

- A regra deve ser cumprida pelas pessoas praticamente todos os dias. Se uma regra só se aplica a situações que as pessoas enfrentam uma vez por ano, não serve para nada.

Quando Tom Coughlin era técnico dos New York Giants, de 2004 a 2015, a mídia enlouqueceu por causa de uma regra que ele estabeleceu: "Se você chega na hora, está atrasado." Começava todas as reuniões com cinco minutos de antecedência e cobrava mil dólares de multa de cada jogador que chegasse atrasado, melhor, que chegasse na hora. Espere um pouco, como assim?

No começo, a regra do "horário de Coughlin" não deu muito certo. Vários jogadores registraram queixa junto à Liga Nacional de Futebol Americano, e o *New York Times* publicou uma crítica ácida:

> No departamento das relações com os jogadores, o reinado do técnico Tom Coughlin, dos Giants, começou mal e já dá sinais de desgaste depois de apenas um jogo.
>
> Com a derrota por 31 a 17 para os Eagles, no domingo, a Associação dos Jogadores da NFL confirmou que três membros da equipe dos Giants registraram queixa contra Coughlin pelo fato de ter cobrado deles uma multa porque não chegaram adiantados o suficiente para uma reunião.

Há algumas semanas, os *linebackers* Carlos Emmons e Barrett Green e o *cornerback* Terry Cousin, contratados fora da temporada, foram punidos com multas de mil dólares cada um por terem chegado alguns minutos antes da hora marcada para uma reunião, mas ficaram sabendo que deveriam ter chegado ainda mais cedo.

A resposta de Coughlin ao repórter não o fez parecer nem um pouco mais simpático, mas consolidou a regra: "Os jogadores têm de chegar na hora, e ponto final. Se chegam na hora, chegam na hora. As reuniões começam com cinco minutos de antecedência." A regra era fácil de memorizar? Era. Suscitava a pergunta "Por quê?" Ora, seus jogadores estavam perguntando o porquê a todos que tinham relação com o futebol americano, desde as autoridades da liga até o *New York Times*. Então, suscitava. Os jogadores precisavam se lembrar da regra todos os dias? Com certeza, ela valia sempre que eles precisavam se encontrar em algum lugar. Mas o que o treinador estava querendo com isso?

Onze anos depois, com dois campeonatos do Super Bowl no bolso, o *backup quarterback* Ryan Nassib explicou a intenção de Coughlin ao *Wall Street Journal*:

> O "horário de Coughlin" é mais um tipo de estratégia, uma maneira de os jogadores se disciplinarem, de garantir que vão chegar na hora, que vão prestar atenção e estarão prontos para trabalhar na hora de começar as reuniões. Na verdade é positiva, pois, quando voltamos para o mundo real, chegamos cinco minutos adiantados a todos os nossos compromissos.

Nos negócios, criar parcerias que funcionem é uma arte que poucos dominam. Histórias de sucesso, como a parceria da Microsoft com a Intel ou da Siebel Systems com a Accenture, tornam-se legendárias, mas, para cada uma que dá certo, cem dão errado. Já é difícil alinhar os interesses dentro da organização, onde todos trabalham para o mesmo chefe. Conseguir isso entre duas empresas diferentes é quase impossível.

Na década de 1980, nos livros de administração defendia-se a ideia de parcerias em que os dois lados saem ganhando, a chamada parceria "ganha-ganha". Infelizmente, era algo muito abstrato. Como saber se os dois lados saíram ganhando num negócio? Como determinar se tiveram os mesmos ganhos? Tampouco se falava nesses livros sobre os ajustes necessários na cultura: se a cultura de uma empresa está totalmente voltada para ganhar, quais mudanças de comportamento são necessárias para instituir uma cultura de ganha-ganha? Por fim, é fácil distorcer o significado dessa ideia. Era comum os negociadores mal-intencionados dizerem: "Queremos que todos saiam ganhando com isto."

Em 1998, Diane Greene e outras pessoas fundaram a VMware, uma empresa que faz softwares de máquinas virtuais, e o seu sucesso depende da sua estratégia de formação de parcerias. No entanto, a empresa estava entrando numa área que já tinha testemunhado a parceria mais desequilibrada da história: a Microsoft havia dominado completamente o mercado depois de fazer uma "parceria" com a IBM para desenvolver um sistema operacional para desktop. Os potenciais parceiros da VMware ficariam muito desconfiados se uma empresa que fabricasse um sistema operacional independente propusesse a eles outro "ganha-ganha" desse tipo.

Greene então inventou uma regra inusitada: as parcerias deveriam ser em 49/51, e a VMware deveria ficar com 49. Espere um pouco: ela mandou a equipe sair perdendo? Em definitivo, isso motiva a pergunta: "Por quê?"

Greene justificou: "Eu tinha de permitir à equipe que faria a negociação que fosse gentil com os parceiros, pois parcerias unilaterais não funcionam." Na verdade, a regra não encontrou resistência. Pelo contrário, foi um alívio. A equipe queria criar parcerias vantajosas para os dois lados, e a regra de Greene permitia isso. É claro que avaliar uma proporção de 49 para 51 é bem mais complicado do que uma proporção de 50 para 50 num teórico "ganha-ganha", mas os funcionários dela compreenderam o que estava por trás da regra: "Na hora de negociar algo a mais, não há problema em ceder ao parceiro." A VMware criou excelentes parcerias com a Intel, a Dell, a HP e a IBM, que acabaram garantindo à empresa um valor de mercado de mais de 60 bilhões de dólares.

Uma das grandes empresas que têm uma cultura bem característica é a Amazon. Os seus quatorze valores culturais são promulgados de diversas maneiras, e entre eles incluem-se algumas regras impactantes, e talvez de máxima eficácia. Um dos valores, a frugalidade, é assim definido: realizar mais com menos. As restrições promovem a versatilidade, a autossuficiência e a inventividade. Ninguém ganha pontos extras por aumentar o número de funcionários, o orçamento ou as despesas fixas.

Bela definição. Mas como fazer as pessoas entenderem o que isso significa? Simples: na Amazon, o tampo das escrivaninhas era feito com portas baratas da Home Depot nas quais eram afixadas as pernas. Essas escrivaninhas não eram grande coisa em termos de conforto, e quando um novo funcionário, incomodado, perguntava por que era obrigado a trabalhar numa escrivaninha improvisada, a resposta, bastante clara, era sempre a mesma: "Não perdemos nenhuma oportunidade de economizar dinheiro para conseguir entregar os melhores produtos com o menor custo." (A Amazon não trabalha mais com escrivaninhas feitas com portas, pois a cultura da empresa já se consolidou, e existem alternativas mais baratas.)

Alguns valores da Amazon parecem bastante abstratos. "Mergulhe fundo", por exemplo, visa encorajar os líderes a estarem presentes em todos os níveis, a atentarem sempre aos detalhes, a fazerem auditorias com frequência e a aprofundarem as investigações quando os números não batem com o que se diz.

Ótimo, mas como infundir na cultura esse tipo de ações? A regra surpreendente nesse caso é: "Nada de apresentações de PowerPoint nas reuniões." Num setor em que as apresentações são tudo, não há dúvida de que essa regra é desconcertante. A pessoa que deseja convocar uma reunião na Amazon precisa preparar um breve documento escrito explicando as questões a discutir e o seu posicionamento com relação a elas. Quando a reunião começa, todos leem o documento em silêncio e, portanto, recebem as mesmas informações, depois passam a discutir.

Ariel Kelman, executivo da Amazon, explica que a regra torna as reuniões muito mais eficientes:

Quando temos de falar sobre um assunto complicado, o melhor é transmitir os dados para os cérebros dos interlocutores o mais rápido possível, para podermos ter uma conversa inteligente e baseada em fatos acerca da decisão que estamos tentando tomar.

Imagine que tenhamos nos reunido para precificar um novo produto. O apresentador precisa falar sobre a estrutura de custos, qual é o custo fixo, qual é o custo variável, e podem ser propostos então três modelos diferentes de precificação, cada um com seus prós e contras. É muita informação. Uma opção seria nos sentarmos e ouvirmos de alguém todas essas informações, mas a maioria das pessoas não tem paciência para prestar atenção o tempo suficiente para absorver todos os dados, e em geral isso leva muito tempo. Já foram feitas muitas pesquisas que mostram que o cérebro da maioria das pessoas absorve novas informações com muito mais rapidez quando são apresentadas por escrito. Além disso, quando se pede que os planos sejam apresentados por escrito, as pessoas são obrigadas a expressar suas ideias com maior detalhamento.

A cultura é um conjunto de ações. Ao exigir uma ação ponderada antes de cada reunião, a Amazon encaminha sua cultura na direção correta todos os dias.

Mark Zuckerberg, nos primeiros tempos do Facebook, tinha consciência de que, quanto mais gente entrasse na sua rede, melhor seria o seu produto. Como o MySpace tinha um número muito maior de usuários, o Facebook precisaria construir um software melhor para poder ultrapassá-lo – um software com características melhores, com uma interface mais amistosa e que se destacasse pela alta capacidade de identificar potenciais novos usuários. Zuckerberg sabia que não tinha muito tempo: se o MySpace crescesse, poderia deixar de ser um aplicativo divertido e tornar-se um produto utilitário invencível.

A velocidade era aquilo de que ele mais precisava. Por isso, criou uma regra impactante: "Ande rápido e quebre tudo" [Move fast and break things]. Imagine que você é um engenheiro e ouve essa frase pela primeira vez. Pode questionar: Quebre tudo? Achei que deveríamos criar coisas, não quebrá-las. Por que Mark nos diz isso? Ele diz isso porque, quando você descobrir um produto inovador e não tiver certeza se vale a pena correr o risco de desestabilizar a base de código a fim de introduzi-lo no site, já terá a resposta. A virtude é avançar com rapidez; quebrar alguma coisa é o subproduto aceitável. Mais tarde, Zuckerberg percebeu por que essa regra era tão poderosa: ela não se limitava a declarar o que o Facebook queria, mas deixava claro também a que estava disposto a renunciar para obter o que queria.

Depois que o Facebook "pegou" e ultrapassou o MySpace, tinha novas missões a desempenhar, como a de transformar a rede social numa plataforma. Àquela altura, a virtude de andar rápido se tornou mais uma desvantagem do que uma vantagem. Quando desenvolvedores externos procuravam construir aplicativos no Facebook, a plataforma subjacente falhava o tempo todo, prejudicando os negócios dos parceiros da empresa. Assim, em 2014, Zuckerberg substituiu sua conhecida regra por um lema tedioso, mas apropriado: "Ande rápido com uma infraestrutura estável. A cultura precisa evoluir junto com a missão."

Quando Marissa Mayer tornou-se CEO do Yahoo!, em 2012, a reputação da empresa era de que os funcionários dela não davam tudo de si. Ela sabia que, para competir com o Google, a empresa da qual vinha, a equipe toda teria de se esforçar mais. Mayer começou tentando liderar pelo exemplo, trabalhando até bem tarde. Mas todo dia, ao chegar ao trabalho, via o estacionamento vazio.

Em 2013, ela criou uma regra tão impactante que foi mal recebida não só dentro da empresa, como também fora dela: os funcionários deviam estar trabalhando no horário de trabalho, ninguém podia trabalhar em *home office*. Ora, mas aquele era o setor da tecnologia, que tinha criado as ferramentas que permitiam às pessoas trabalhar de casa. Enquanto o mundo explodia de raiva, Mayer explicou, com calma, a sua posição. Ela havia consultado os diários de rede dos funcionários que trabalhavam em casa e que deveriam usar o VPN para acessar com segurança seus arquivos de trabalho. Os diários mostravam que a maioria das pessoas que "trabalhavam de casa" na verdade não estava trabalhando de modo algum.

Mayer chocou as pessoas ao fazer uma mudança cultural drástica. Vale a pena observar que, embora tenha conseguido reintroduzir a diligência na cultura do Yahoo!, não conseguiu reerguer a empresa por completo. A cultura é assim: ela nos ajuda a fazer de maneira melhor o que estamos fazendo, mas não é capaz de reformular uma estratégia errada ou vencer um concorrente.

Vestir-se para arrasar

Quando Mary Barra assumiu a presidência da General Motors, em 2014, ela queria desmantelar a poderosa burocracia da empresa, que sufocava os funcionários e tirava o poder dos gerentes: em vez de se comunicar com os funcionários e orientá-los, os gerentes esperavam que o extenso sistema de regras fizesse isso por eles. O pior exemplo disso era o código de vestimenta, que tinha dez páginas. Para bater de frente com o sistema e mudar a cultura, Barra reduziu as dez páginas a duas palavras: "Vista-se adequadamente."

Na Wharton People Analytics Conference, ela contou como tudo aconteceu:

> O departamento de RH começou a discutir comigo, argumentando: "Tudo bem que a norma explícita seja 'Vista-se adequadamente', mas, no manual do funcionário, as normas terão de ser bem mais detalhadas." Sugeriram detalhes específicos, como: "Não use uma camiseta com dizeres inadequados ou declarações que possam ser mal interpretadas."

Barra ficou perplexa. Meio brincando, perguntou ao público da conferência: "O que significa o adjetivo 'inadequado' quando estamos falando de uma camiseta?"

> Então, tive de dizer, por fim: "Não, apenas duas palavras, é isso que eu quero." O que aconteceu depois me permitiu ver como realmente era a empresa.
> Em pouco tempo, recebi um e-mail de um diretor sênior. Ele escreveu: "Você precisa estipular uma regra de vestuário melhor, isto não basta." Então, telefonei para ele – e é claro que ficou um

pouco abalado. Pedi que me ajudasse a compreender por que minha regra não era boa o suficiente.

O diretor explicou que certos membros da sua equipe às vezes tinham reuniões com autoridades do governo marcadas de repente e precisavam estar vestidos adequadamente.

"Tudo bem. Por que você não conversa com sua equipe?", sugeri. Ora, ele era um líder reconhecido na GM, responsável por um departamento importante da empresa, com orçamento multimilionário. Daí a alguns minutos, ele me ligou de volta e disse: "Conversei com a equipe, fizemos um *brainstorm* e chegamos à conclusão de que as quatro pessoas que de vez em quando precisam se reunir com autoridades do governo terão sempre um par de calças sociais no armário." Problema resolvido.

A mudança levava uma mensagem a toda a equipe de direção da GM. Toda vez que um gerente visse um funcionário, deveria pensar: está vestido adequadamente? E, se não estivesse, precisaria pensar: qual a melhor maneira de resolver esse problema? Será que minha relação com ele permite que tratemos de modo objetivo essa questão sensível? O novo código dava aos gerentes o poder de gerir, e exigia que fizessem isso.

Quando Michael Ovitz era presidente da Creative Artists Agency, a principal agência de talentos de Hollywood, também não tinha um código de vestimenta explícito, mas possuía um código implícito e rígido. "Em meados da década de 1970, éramos fruto da cultura da década de 1960 e todos usavam jeans e camiseta", lembra Ovitz. "Era isso que eu precisava reprogramar." O código de vestimenta que ele adotou provinha da cultura de autoridade que buscava: "Quando você entra numa sala usando um terno escuro, elegante, adquire um incrível poder de posicionamento. Quem quer respeito deve se comportar e se vestir de um modo que imponha respeito."

Ovitz usava ternos escuros e elegantes todos os dias, liderando pelo exemplo. Nunca pediu explicitamente a quem quer que fosse que fizesse o mesmo, mas isso não significava que não houvesse consequências para quem não fizesse. "Caiu uma tempestade em Los Angeles e alguns funcionários chegaram de jeans e botas de borracha. Falei para um agente: 'Bela roupa. Vai trabalhar como extra hoje?' Isso reverberou pela empresa." Ovitz estava dando ao funcionário o ultimato do hip-hop: Você é um vencedor ou um perdedor? É um agente de primeira linha ou um aspirante a ator? Essa abordagem rígida, mas silenciosa, logo induziu na CAA uma observância quase completa do código de vestuário. "A única exceção era o departamento de música, pois os músicos não gostam de quem usa terno."

O código teve um impacto profundo na cultura:

> Tornou-se parte do nosso etos: éramos homens e mulheres de negócios cheios de classe, elegantes, conservadores. Isso resumia tudo o que queríamos ser, sem que tivéssemos de declarar em voz alta. Chegamos a um ponto em que as pessoas nos respeitavam exatamente por causa da nossa cultura.

O modo de se vestir, que é nosso ato mais visível, pode ser a força invisível mais importante para determinar o comportamento da organização. Ovitz resume a questão: "As culturas são mais determinadas pelo invisível do que pelo visível. São estabelecidas pela vontade."

Incorporar a liderança de fora – Ei, seu idiota!

Na época em que eu era CEO da LoudCloud, precisei transformá-la de fornecedora de serviços de nuvem em uma empresa de software, para podermos sobreviver. Depois do estouro da bolha de empresas telecom e pontocom no começo dos anos 2000, o mercado de serviços em nuvem tinha ido do infinito a praticamente zero da noite para o dia. Quando conseguimos, a duras penas, fazer a transição e adotamos o nome de Opsware, passamos a ser massacrados no mercado de software por uma concorrente chamada BladeLogic. Eu sabia que, para competir com ela, precisávamos de uma profunda mudança cultural.

Na LoudCloud, tínhamos previsto uma demanda ilimitada e construímos uma cultura que nos permitisse atender a essa demanda. Assim, focamos em dar poder aos funcionários, eliminar os gargalos que impediam o crescimento e tornar a empresa um lugar bom para trabalhar. Para dar certo como empresa de software, vendendo nossa plataforma para grandes empresas, precisávamos de uma cultura marcada por urgência, competitividade e exatidão. Era preciso um líder que tivesse essas características.

Contratei Mark Cranney como chefe do setor de vendas, mas ele não tinha uma cultura igual à nossa; na verdade, era completamente diferente da nossa. A maioria dos nossos funcionários era de democratas da Costa Oeste que não tinham uma religião, usavam traje esporte e eram cordiais e tranquilos. Acreditávamos que todos tivessem a melhor das intenções. Cranney era um republicano mórmon de Boston que usava terno e gravata, desconfiava de todos, e é um dos seres humanos mais competitivos que já conheci. Ao longo dos quatro anos que se seguiram, no entanto, ele não só salvou a empresa como também conseguiu resultados que ninguém poderia imaginar.

Eu sabia por que havia contratado Mark: quando o entrevistei, detectei nele a urgência, o *know-how* e a disciplina de que precisávamos. Mas não compreendia por que tinha aceitado o emprego. Ele sabia que estávamos perdendo e que, com fama de comedores de granola, provavelmente éramos perdedores por natureza. O que o levou a correr o risco? Fiz-lhe essa pergunta há pouco tempo, e a resposta me surpreendeu:

> Eu tinha subido o máximo possível na hierarquia de uma empresa chamada PTC, da Costa Leste. Não avancei mais porque eles tinham uma política de nepotismo no primeiro escalão. Devo ter examinado umas quarenta vagas no setor de vendas em Boston e não encontrei nada que me interessasse.
>
> O recrutador da Opsware me ligou várias vezes. Por fim, liguei de volta e disse: "Não vou para a Califórnia. Na Califórnia, as casas são ruins, a cultura é ruim e ninguém gosta muito do pessoal das vendas. Além disso, não é essa empresa que o pessoal da BladeLogic chama de 'Oopsware'*? Acha que sou imbecil?"

---

* Trocadilho que dá a entender que o pessoal da Opsware cometia uma gafe atrás da outra. (N. do T.)

Mesmo assim, ele continuou ligando, até que eu disse: "Tudo bem, vou me reunir com Marc e Ben, mas é só isso." (Marc Andreessen era o cofundador da empresa.) Mas, quando aterrissei em São Francisco, olhei para o meu BlackBerry e vi que precisaria fazer entrevistas com um monte de gente.

Então, fui. Você saiu do seu escritório e eu pensei: "Que porcaria de empresa, com esses escritórios tão pequenos." Isso confirmou minha suspeita inicial: garotos moles, surfistas, consenso, todos com direito a dar sua opinião... Nada de errado com esse tipo de coisa no setor de engenharia, mas o pessoal de vendas e marketing tem de ir à guerra todo dia, e por isso quem faz parte desses grupos precisa entrar na linha. Foi então que vi os nomes das salas de reunião: Salt-N-Pepa, Notorious B.I.G. e me perguntei: "O que é isto?" Quando me dei conta de que eram os nomes de rappers famosos, pensei: "Meu Deus, isto não vai dar certo."

Sentamo-nos, e eu falei: "Ben, antes de começarmos, preciso saber como é o seu processo e quais são os seus critérios de decisão. Vou ter de conversar com um monte de gente e, se cada um tiver direito a voto, isso explica por que você está nessa situação." Você levantou da cadeira e disse: "Ei, seu idiota! Eu sou o CEO. Sou eu que tomo as decisões." Quando você disse: "Ei, seu idiota!", pensei comigo mesmo: "Espere um pouco, talvez eu consiga me dar bem aqui."

Fiquei boquiaberto. Foi isso? Ei, seu idiota? Foi estranho, mas profundo. Naquele momento, consegui ver quem Mark realmente era e encontrá-lo na sua própria cultura. Assim, deixei-o à vontade para nos dar uma chance.

E não foi sem tempo. Não somente nos faltava uma cultura empresarial de vendas, mas também todas as bases de tal cultura: uma filosofia, uma metodologia, uma atitude de vendas. Precisávamos de uma abordagem que nos permitisse ganhar negociações, um método confiável que nos desse destaque e uma atitude de não aceitação da derrota. Cranney tinha tudo isso, a começar pela sua filosofia. Ele acreditava que ou vendíamos algo a alguém, ou alguém nos vendia algo, e que, se não conseguíssemos vender o produto ao cliente, era porque ele nos vendeu o motivo para não comprá-lo.

Craney instilou em nossa equipe de vendas, formada por oito pessoas, os cruciais "quatro Cs". Para vender, é preciso ter: (1) a competência – o conhecimento especializado do produto que se quer vender e uma maneira de demonstrar esse conhecimento, que envolve qualificar o comprador, validando sua necessidade e seu orçamento; ajudá-lo a definir seus critérios de compra e ao mesmo tempo preparar armadilhas para a concorrência; conseguir que o gerente técnico e o gerente financeiro da empresa para a qual se quer vender aprovem o produto, e assim por diante, que nos garanta (2) a confiança necessária para expor nosso ponto de vista, o que nos dará (3) a coragem de ter (4) a convicção, que não nos permitirá aceitar que o cliente nos venda a sua justificativa para não comprar nosso produto. Cranney treinava obsessivamente todos os vendedores, testava-os, cobrava-os para que todos buscassem os quatro Cs.

As vendas, para ele, eram um esporte coletivo. Dizer isso pode dar a impressão de que as considerava algo divertido e amigável, mas não era isso. Gostava de dizer que a maioria dos representantes de vendas é como os personagens de *O Mágico de Oz*: ou lhes falta a coragem, ou a inteligência, ou a empatia para alcançarem sozinhos o sucesso. É aí que entravam em jogo o processo e a equipe. Cada membro da equipe de vendas tinha um papel específico a desempenhar – esclarecer os aspectos técnicos do produto, navegar pela organização, fechar o negócio – e, caso não o desempenhasse com perfeição, a venda ficaria ameaçada. O sistema de Cranney começou a funcionar rapidamente. Nos primeiros nove meses, nossa equipe de vendas aumentou para trinta pessoas e nossa taxa de fechamento passou de pouco mais de 40% para mais de 80%.

Por perceber uma analogia entre as vendas e o futebol americano, Cranney estava sempre atento ao cronômetro e ao placar. Seu senso de urgência e sua absoluta intolerância com quem minasse nossos esforços provocaram vários conflitos em sua equipe. Bem no começo, ele foi a Memphis para assistir a uma das provas de conceito que realizamos na FedEx: instalamos nosso software no ambiente virtual da empresa para demonstrar que seríamos capazes de administrar seus servidores, como havíamos prometido. As provas de conceito são complexas e estressantes, em razão da extrema variedade de tipos de equipamento, de servidores e de softwares em cada rede. Chip Starkey, um dos nossos melhores engenheiros de campo, estava no comando da prova, e Cranney perguntou-lhe onde andava Mike, o representante de vendas. Chip respondeu: "Ele nunca assiste às provas de conceito." Cranney tirou o telefone do bolso:

> Mark: Mike, você se exercitou bastante hoje?
> Mike: Sim, corri oito quilômetros.
> Mark: Ótimo. A partir de agora você vai ter muito mais tempo para se exercitar, pois está demitido.

Dois meses depois de Cranney assumir o cargo, recebi um telefonema de Sy Lorne, membro do conselho que presidia o comitê de governança e tinha ajudado a elaborar nossa política de denúncia de irregularidades. Sy era um advogado brilhante e já tinha presidido a seção jurídica da Comissão de Valores Mobiliários.

> Sy: Ben, recebi uma carta meio assustadora.
> Ben (muito assustado): O que dizia?
> Sy: "Prezado senhor Lorne, escrevo-lhe por ser o senhor o responsável por dar prosseguimento às denúncias de irregularidades na Opsware. Fui entrevistado há pouco tempo nessa empresa e gostaria de relatar o que aconteceu. Todo o pessoal da Opsware foi extremamente profissional, bem-educado e cortês ao longo de todo o processo. Todos, exceto Mark Cranney. Em toda a minha carreira, jamais testemunhei tamanha falta de profissionalismo e decência. Solicito que o senhor Cranney seja imediatamente demitido. Atenciosamente [nome removido para proteger um inocente]."
> Ben: Ele explicou o que aconteceu?
> Sy: Não, a carta é isso aí.
> Ben: O que você acha que devo fazer?
> Sy: Você deve investigar, depois conversamos de novo.

Chamei Shannon Schiltz, chefe de recursos humanos. Ao contrário de muitos profissionais de RH, Shannon não fazia política.

Movimentava-se em silêncio, com uma intenção precisa, como uma ninja. Falei para ela: "Shannon, preciso que investigue esse incidente envolvendo Mark, mas procure não alimentar a paranoia dele. Só vamos falar com ele no final, e apenas se for necessário." Ela respondeu: "Pode deixar."

Três dias depois, Shannon fez seu relatório. Havia conversado com todos os envolvidos no incidente, mas o incrível é que mais ninguém na empresa, inclusive o próprio Cranney, havia tomado ciência da investigação. Falei para ela: "Me dê todas as más notícias. Não esconda nada." Sua resposta: "A boa notícia é que os testemunhos são cem por cento condizentes, por isso nem precisei conversar com Cranney para saber o que aconteceu." Fiquei surpreso. Em todas as investigações que eu já tinha visto, a única certeza era que haveria conflito entre as versões. Perguntei-lhe o que ocorreu, e ela relatou:

> O candidato tinha experiência como representante interno, mas não como representante externo. [No ramo de software para empresas, o vendedor externo é mais graduado.] Fez entrevistas com várias pessoas e, por último, com Cranney. Cinco minutos depois de começar a entrevista, Mark disse: "Tudo bem, já terminamos." Em seguida, antes que o candidato saísse do escritório, Mark amassou seu currículo e atirou-o na lata de lixo. Depois, enquanto ele ainda estava próximo e conseguia ouvir, Mark botou a cabeça para fora da porta e gritou para o gerente de contratações: "Como esse pedaço de merda conseguiu passar por todos vocês e chegar até mim?!"

Hesitei. Eu queria uma cultura intensamente competitiva, mas será que tinha ido longe demais? Talvez, mas estávamos em guerra e tínhamos pouco tempo para atacar. Liguei para Sy para ouvir sua opinião. Ele ouviu tudo e disse: "Que loucura!" Perguntei: "Devo demiti-lo?" Ele respondeu: "Não, não. Mas talvez valha a pena conversar com ele e colocá-lo numa sala à prova de som."

Tínhamos uma cultura de igualdade entre todos emprestada da Intel dos primeiros tempos: todos os funcionários, eu inclusive, trabalhávamos em escritórios pequenos. Com base no conselho de Sy, repassei com Mark todo o incidente e expliquei que estava criando complicações para a empresa e para ele mesmo. Mark compreendeu o problema, mas ele era como era. Então, contrariamente à regra cultural que valia para todos, coloquei-o num escritório com paredes de alvenaria. Assim, se ele escorregasse – e certamente isso aconteceria –, não o faria em público. A igualdade era menos importante do que as virtudes culturais de que precisávamos para sobreviver.

Nosso valor de mercado aumentou de 50 milhões de dólares, quando contratamos Mark, para 1,65 bilhão quatro anos depois, quando a Opsware foi adquirida pela Hewlett-Packard. O preço foi aproximadamente o dobro do que pagaram pela BladeLogic. Os elementos culturais acrescidos por Cranney fizeram uma enorme diferença.

Não temos registros sobre como os soldados do exército de escravos de Louverture reagiram quando ele incorporou oficiais franceses e espanhóis brancos, mas sabemos que a tensão foi grande. Quando se trazem lideranças de fora para a empresa, todos se sentem bem pouco à vontade. É essa a sensação provocada pela mudança cultural.

Tomar decisões que revelem as prioridades culturais

Em 1985, Reed Hastings era um professor de matemática do ensino médio, de 24 anos, que tinha muita vontade de trabalhar com computadores. Aceitou um emprego de servir café numa empresa chamada Symbolics Inc. só para pôr o pé no setor.

A Symbolics registrou a primeira de todas as empresas pontocom, a Symbolics.com, e criou a linguagem de programação Lisp, elegante e mais fácil de usar do que suas concorrentes, como a C. Para conseguir tal elegância, uma das coisas que fazia era evitar que o programador precisasse usar a memória do computador, pois, na época, essa tarefa era insuportavelmente lenta. A Symbolics teve de construir um hardware especial somente para que a linguagem pudesse funcionar. Mas, enquanto não estava servindo café, Hastings aproveitava para aprender a programar as máquinas da Symbolics.

Mais tarde, quando completou seu mestrado em Ciências da Computação pela Universidade de Stanford, teve de voltar a usar a C. Frustrado, começou a pesquisar esquemas que permitissem utilizar a memória de forma mais inteligente, para melhorar a Lisp e voltar a usá-la o tempo todo, e descobriu técnicas que tornaram muito mais fácil resolver os problemas da C.

Naquela época, o pior problema de software era o "vazamento de memória". Isso acontecia quando um programador destinava a memória do computador para uso temporário e depois se esquecia de devolvê-la à máquina. Como os vazamentos só aconteciam quando o usuário seguia um caminho aleatório e imprevisível, era extremamente difícil recriá-los e consertá-los e, nesse meio tempo, a máquina ficava sem uso.

Hastings descobriu um modo de detectar vazamentos de memória em laboratório, antes de o programa ser vendido, e em 1991 fundou uma empresa chamada Pure Software para capitalizar em cima da sua descoberta. Seu produto, o Purify, melhorava radicalmente as possibilidades de desenvolvimento de software e teve grande sucesso.

No entanto, Hastings nunca prestou atenção à gestão e à cultura. Conforme o número de funcionários foi aumentando, a moral foi caindo, a ponto de ele pedir ao conselho que o substituísse no cargo de CEO (o conselho recusou). Toda vez que a Pure tinha algum problema relacionado à cultura da empresa, era iniciado um processo agressivo para resolvê-lo, como se ela buscasse maximizar o rendimento de subcondutores. O efeito colateral de criar um amontoado imenso de regras para orientar o comportamento, de otimizar o processo para remover todos os erros, em vez de encorajar a exploração e a liberdade de pensamento, foi sufocar a criatividade. Hastings jurou nunca mais cometer o mesmo erro.

A Pure abriu seu capital em 1995 e foi vendida à Rational Software em 1997 por cerca de 500 milhões de dólares. Hastings conseguiu assim o capital para abrir uma empresa chamada Netflix.

Por que esse gênio dos computadores quis abrir uma empresa de mídia?

Em Stanford, Hastings havia feito um curso em que precisava calcular a largura de banda para uma rede de computadores. Essa rede era uma caminhonete com a caçamba lotada de discos de backup que viajava pelo país. Esse exemplo esdrúxulo o obrigou a ver as redes de uma outra maneira.

Em 1997, quando um amigo lhe mostrou um dos primeiros DVDs, Hastings pensou: "Meu Deus! Esta é a caminhonete!" Essa ideia o inspirou a criar algo que ele concebia como uma rede de computadores de alta latência e banda larga que entregava cargas de 5 GB em troca de um selo postal de 32 centavos. Em outras palavras, criou uma empresa que entregava filmes pelo correio.

Hastings sabia que a rede acabaria se transformando em outra equivalente, mas de baixa latência e banda larga, que entregaria o conteúdo por *streaming* pela internet, por isso deu à empresa o nome de Netflix, não de DVD By Mail. Em 1997, no entanto, a internet ainda estava longe de oferecer isso. As imagens de vídeo transmitidas *on-line* eram pequenas, fragmentadas e praticamente não dava para vê-las. Por isso, a Netflix se tornou uma empresa de DVD pelo correio que competia com a Blockbuster e a Walmart.

Em 2005, Hastings e sua equipe viram o YouTube pela primeira vez. A qualidade não era a ideal, mas era possível escolher um vídeo de um menu, clicar nele e assistir de imediato. Dois anos depois, a Netflix lançou seu serviço de *streaming*. Mais tarde, Hastings observou que o desafio não era entrar num ramo novo – quase todas as empresas seriam capazes de fazer isso – mas entrar num ramo novo com a intenção de transformá-lo no ramo principal, ou único, da empresa. Quase nenhuma empresa fazia isso. Toda a cultura da Netflix – lucrativa e com alto índice de satisfação dos consumidores – estava construída em torno do envio de DVDs pelo correio.

Em 2010, Hastings achou que já tinha conteúdo suficiente de *streaming* para fazer um experimento no Canadá, onde não havia serviço de entrega de DVDs pelo correio. Em três dias, a empresa conseguiu o número de assinantes que esperava obter em três meses. A era do *streaming* estava começando, sem dúvida. Mas como Hastings poderia dar um salto e transformar a Netflix numa empresa global construída toda em torno do *streaming*? É claro que, no começo, teria de fazer as duas coisas, o *streaming* e o DVD, mas e depois? Toda vez que tratava essa questão com a equipe, procurando dar um salto para o futuro, a conversa voltava para a otimização do serviço de DVDs.

Hastings tomou uma decisão difícil para demonstrar suas prioridades. Todos os executivos que dirigiam o negócio dos DVDs foram excluídos da reunião semanal da diretoria. "Foi um dos momentos mais dolorosos da construção da empresa", ele disse depois. "Gostávamos deles, havíamos crescido juntos, e eles estavam administrando tudo o que tínhamos de importante. Mas não estavam acrescentando nada à discussão sobre o *streaming*." Havia muito tempo Hastings tinha medo de que outra empresa, dedicada somente ao *streaming*, deixasse a Netflix para trás em definitivo nesse ramo. Ele sabia que, nessa possível concorrente, nenhum executivo de DVD participaria das reuniões. Por que eles tinham de participar das reuniões da Netflix, se ela queria ser essa empresa?

É muito difícil encontrar um livro sobre gestão que recomende recompensar a equipe fiel que gera toda a receita da empresa excluindo-a da principal reunião de gestão. Mas Hastings sabia que direcionar a cultura para a direção certa era uma prioridade à frente de todas as outras. A cultura precisava mudar, tinha de deixar de priorizar o conteúdo e a logística e passar a privilegiar o conteúdo e a tecnologia. Essa mudança afetaria tudo, desde a quantidade de horas de trabalho até a estratégia de compensação salarial. Porém, se ele não mudasse, a Netflix seria hoje a Blockbuster, que faliu em 2010.

Louverture sabia que não bastava dizer a todos que a agricultura era essencial para que se tornasse de fato essencial. Seria preciso fazer algo drástico, de que todos se lembrassem, para demonstrar que ela era a prioridade máxima. Assim, perdoou os senhores de escravos e deixou que ficassem com suas terras. Não poderia ter sido mais claro. Do mesmo modo, não bastava a Hastings dizer que o *streaming* era sua prioridade, era preciso demonstrar isso.

Para a Netflix, os resultados foram espetaculares. Em 2010, a empresa era ridicularizada pelos gigantes da mídia. "É mais ou menos como se o exército da Albânia quisesse conquistar o mundo", disse Jeffrey Bewkes, CEO da Time Warner. "Será que ele vai conseguir? Acho que não." Hoje em dia, com uma capitalização de mercado de mais de 150 bilhões de dólares, a Netflix vale quase o dobro do que a AT&T pagou, não faz muito tempo, pela Time Warner.

Fazer o que se prega

A eleição presidencial norte-americana de 2016 foi marcada por várias revelações chocantes. A imprensa escancarou as várias falências de Donald Trump, o modo como ele maltratava seus empregados e os comentários obscenos e misóginos que fez ao se preparar para gravar um quadro para o programa Access Hollywood. O pior ataque que ele fez, e que teve as mais graves consequências, foi ao modo como Hillary Clinton lidou com certos e-mails confidenciais. Essa acusação realmente "pegou" e culminou com gritos de "Clinton na cadeia" na Convenção Nacional Republicana, exigindo que Hillary fosse condenada por espionagem e outros crimes. A promotoria nem sequer chegou perto de denunciá-la, mas os danos políticos foram significativos.

No cargo de secretária de Estado do presidente Obama, ela usou um servidor de e-mails pessoais, em vez do sistema do governo, para enviar e receber e-mails. Seus inimigos concluíram que ela estaria encaminhando documentos secretos aos inimigos da América. Tanto Hillary quanto seus aliados disseram que se tratou de mera questão de conveniência. Afinal de contas, antes de John Kerry, nenhum secretário de Estado havia usado um endereço de e-mail state.gov. Colin Powell usava uma conta da AOL.

Quem já teve de lidar com várias contas de e-mail em diversos dispositivos móveis é capaz de entender a justificativa de Hillary. Os investigadores do FBI aceitaram a explicação dela, e reconheceram que nenhum dos e-mails que ela enviara ou recebera em seu servidor público estava marcado como confidencial. Na época, no entanto, os problemas dela com e-mails estavam apenas começando.

Mais perto das eleições, os russos roubaram um conjunto valiosíssimo de e-mails do Partido Democrata, hackeando a conta de John Podesta, diretor da campanha de Hillary. Esse roubo e o lento desenrolar de suas consequências podem ter entregue a presidência a Donald Trump. Como os russos conseguiram isso? Por acaso se tratou de um crime cibernético complexo e audacioso?

A Cyberscoop, uma empresa de notícias sobre o mundo cibernético, explicou o que aconteceu:

> Podesta não foi hackeado por usar uma senha ruim. Seu e-mail foi invadido porque os hackers enviaram para ele um e-mail de *phishing*, fingindo ser o Google e pedindo suas credenciais, com a justificativa de que, segundo esse falso e-mail, ele já tinha sido hackeado. Uma das táticas usadas pelos hackers consiste em provocar uma sensação de urgência durante o ataque. Por mais paradoxal que possa parecer, fingir que a pessoa já foi hackeada é uma tática comum, pois ela pode clicar em links suspeitos sem refletir nem pensar nas consequências.

Ou seja, Podesta foi hackeado da maneira mais simples e mais comum possível: através de um e-mail que mandava clicar num link para se proteger. Qualquer pessoa que saiba o mais básico sobre segurança na internet conhece a regra número um: "Não clique num link desconhecido nem use sua senha em páginas suspeitas." Uma empresa séria jamais pedirá a você que faça isso. Nesse caso, como pôde acontecer?

Segundo a história oficial, Podesta encaminhou o e-mail suspeito ao especialista em TI da campanha, perguntando se era legítimo. Essa pessoa disse a Charles Delavan, auxiliar de campanha, que se tratava de um ataque de *phishing*. Ao escrever para

Podesta, Delavan "enganou-se", disse tratar-se de "um e-mail legítimo" e orientou-o a "mudar imediatamente a sua senha". Podemos acreditar nessa explicação? Comparando com um *chat* de prevenção ao suicídio, seria o mesmo que o representante da associação de prevenção "se enganar", mandar a pessoa em risco de suicídio engolir todas as pílulas e depois tomar uma dose dupla de tequila para completar.

Assim, a culpa do episódio caiu nas costas de um mero auxiliar de campanha que não seria atacado nem pela imprensa, nem dentro do Partido Democrata. Sei... Por outro lado, pouco importa que essa história tenha sido inventada ou não. O que importa é que os russos hackearam o e-mail de Podesta e revelaram vários episódios constrangedores que, somados, prejudicaram muito a candidatura de Hillary. Funcionários da campanha receberam algumas perguntas que seriam feitas em debates antes da hora, obtiveram informações do Ministério da Justiça sobre o problema dos e-mails dela e fizeram piadas sobre as audiências a respeito do ataque de Benghazi, de 2012, entre outras coisas.

No livro que escreveu sobra a campanha, *What Happened*, Hillary reconheceu que os questionamentos sobre o modo como lidava com os e-mails – mencionados por James Comey, ex-diretor do FBI, na carta incendiária que escreveu ao Congresso apenas dez dias antes da eleição – foram agravados pelo hackeamento do e-mail de Podesta: "Juntos, os efeitos da carta de Comey e do ataque russo formaram uma combinação devastadora."

Como as pessoas que trabalhavam na campanha puderam ser tão negligentes?

Quer você estivesse a favor de Hillary (como eu) ou contra ela, a maioria das pessoas concordaria que ela era uma administradora experiente e competente. Na campanha, todos foram orientados a levar a segurança muito a sério. No final de março de 2015, agentes do FBI alertaram os chefes da campanha de que governos estrangeiros estavam tentando invadir o seu sistema. Foi exigido que todos usassem dois fatores de autenticação nas suas contas de e-mail, e todos os que trabalharam na campanha receberam treinamento para aprender a se defender de ataques de *phishing*. Se Podesta tivesse usado qualquer um desses protocolos, teria neutralizado o ataque. Juntos, os dois protocolos formavam um primeiro nível de proteção – como o cinto e os suspensórios para segurar as calças no lugar.

Mas o plano tinha uma falha: exigiam-se dois fatores de autenticação no e-mail de trabalho dos funcionários, porém o ataque de *phishing* foi enviado ao e-mail pessoal de Podesta. Hummm... o que teria acontecido no passado que poderia ter feito Podesta pensar que não haveria problema em enviar e receber toneladas de e-mails de campanha, altamente confidenciais, pela sua conta de e-mail pessoal? Ah... já sei.

Hillary Clinton jamais disse a John Podesta que não levasse a sério a segurança dos e-mails, e jamais faria isso. Mas os atos dela atropelaram as suas intenções. Pouco importava que na campanha tivessem sido tomadas todas as medidas necessárias para prevenir o ataque, pois John Podesta imitou os atos de Hillary, e não as suas palavras. As palavras diziam: "Tomem cuidado com a segurança dos e-mails", mas os atos proclamavam: "A conveniência pessoal é mais importante." Os atos quase sempre ganham. É assim que a cultura funciona.

Antes de condenar Clinton por esse terrível erro, lembre que todo líder toma decisões das quais depois se arrepende. Ninguém é perfeito, nem de longe. Além disso, é comum e compreensível que a segurança cibernética seja encarada como uma função isolada que, assim como o processamento da folha de pagamentos, não tem influência sobre a cultura mais ampla. Na verdade, porém, os aspectos mais importantes do desempenho de uma organização – qualidade, design, segurança, disciplina fiscal, zelo pelo consumidor – são todos impulsionados pela cultura.

Quando fazemos algo incompatível com a cultura da empresa, o melhor é admitir o erro e, em seguida, corrigi-lo com vigor, além mesmo do necessário. A admissão e a correção devem ser públicas e veementes o suficiente para apagar da memória a decisão anterior e se tornar a nova lição a aprender.

Parece que Hillary jamais cogitou esse tipo de confissão e correção de curso. Uma das regras mais entranhadas na política norte-americana é: "Nunca admita um erro." (Essa regra é uma das razões por que é difícil admirar incondicionalmente a maioria dos políticos.) Em seu livro, ela assume alguma culpa pelo seu descuido, mas tira de seus ombros a maior parte da responsabilidade: "Um único erro tolo transformou-se num escândalo que definiu e destruiu a campanha, devido a uma mistura tóxica de oportunismo partidarista, brigas por território entre as agências de segurança, a precipitação do diretor do FBI, minha própria incapacidade de explicar aquela trapalhada de um jeito que as pessoas conseguissem compreender e a cobertura da mídia, que, pelo seu volume, deu a entender aos eleitores que aquela era, de longe, a questão mais importante de toda a campanha."

Ela escreveu sobre o e-mail de Podesta: "Nada disso teve algo a ver com o fato de eu ter usado meu e-mail pessoal na Secretaria de Estado, absolutamente nada, mas, para muitos eleitores, as duas coisas se misturaram." Com efeito, as duas trapalhadas envolvendo e-mails não tinham nenhuma relação uma com a outra no sentido que Hillary aponta, mas tinham toda relação no sentido que aponto. É provável que os e-mails do Partido Democrática tivessem sido hackeados mesmo que Clinton não tivesse sido negligente com a segurança de seus e-mails, mas a questão é que até os atos acidentais do líder contribuem para estabelecer a cultura.

Fazer o que se prega talvez seja a mais difícil de todas as habilidades. Ninguém consegue isso sempre, nem o próprio Louverture conseguiu. Para convencer os escravos a aderir à revolução, disse-lhes que estava trabalhando em nome de Luís XVI. Não estava, mas, sem essa mentira, a revolução talvez nunca tivesse acontecido. Ele deveria ter arriscado a revolução para preservar a cultura? Por que faria isso? Poderia se consolar com a ideia de ter conseguido criar uma cultura pura e perfeita enquanto ele e os demais escravos revoltosos estivessem sendo executados.

Quando eu era CEO da LoudCloud, procurei criar uma cultura de transparência, e todos ficavam sabendo tudo o que era importante. Isso fez que os funcionários se sentissem meio donos da empresa e nos permitiu contar com um número maior de cérebros para resolver os mais sérios problemas.

Depois do estouro da bolha pontocom, no entanto, no ano 2000, nenhuma empresa queria mais confiar seus sistemas a uma startup, e a LoudCloud viu-se de repente a caminho da falência. Tínhamos alguma chance de conseguir entrar no ramo do software, que exigiria menos capital e nos daria mais oportunidades de sobrevivência. Mas não conversei com quase ninguém sobre meus planos. Por quê? Se os funcionários ficassem sabendo da mudança que estava para acontecer, a operação a que nos dedicávamos desmoronaria e, junto com ela, a negociação que visava criar a nova operação. Quando a verdade enfim veio à tona – quando vendi a LoudCloud e reestruturei o que restou da empresa para formar a Opsware –, a cultura da empresa sofreu um baque. As pessoas passaram a confiar muito menos em mim. Precisei transgredir a cultura, parando de fazer, por certo tempo, o que eu pregava, para salvar a empresa.

Depois disso, não foi fácil fazer a cultura ressuscitar. Para isso, precisei admitir todos os erros do passado e restabelecer um novo nível de transparência no local mais memorável que consegui pagar na época, o que não era muito. Marquei um encontro de todos da empresa em Santa Cruz, Califórnia, e reservei quartos no Dream Inn, um hotel de estrada. As refeições eram sanduíches de presunto e salada com cupons de vale-bebida. Todos se acomodaram em quartos para duas pessoas, para economizar ainda mais dinheiro. Mas o verdadeiro motivo era que partilhar quarto de hotel era algo praticamente desconhecido nas empresas de tecnologia do Vale do Silício, e eu queria que os funcionários se lembrassem de cada detalhe daquele encontro. (O plano se voltou contra mim, pois acabei dividindo o quarto com meu diretor financeiro, Dave Conte, que ronca demais.)

Deixei claro que, na primeira tarde e na primeira noite, ninguém trabalharia. Deveríamos aproveitar aqueles momentos para conhecer uns aos outros. Isso talvez pareça redundante numa empresa que já existia havia três anos e meio, mas a ideia era voltarmos a nos sentir bem na companhia uns dos outros – e isso já era pedir muito.

No dia seguinte, iniciei a reunião dizendo: "Pois bem, fui eu o responsável pela ruína da empresa anterior. Que motivos, então, vocês têm para confiar em mim desta vez?" Minha equipe de gestão apresentou todos os aspectos da empresa, inclusive os financeiros – em especial estes, até o último centavo que tínhamos no banco e todas as nossas dívidas –, além do produto e de toda a estratégia de negócios. Transparência plena mais uma vez, depois de um período de necessária opacidade.

De modo geral, funcionou. Das oitenta pessoas que participaram do encontro, quase todas permaneceram na empresa até ela ser adquirida pela Hewlett-Packard cinco anos depois (apenas quatro pessoas não ficaram). É verdade que não pratiquei o que pregava, mas, felizmente, consegui me levantar após a queda.

Explicitar a ética

A Uber é mais do que famosa pela sua cultura, considerada péssima. Mas talvez você se surpreenda ao saber que Travis Kalanick concebeu a cultura da empresa de modo muito consciente e intencional e inseriu-a com meticuloso cuidado na programação da sua organização. Na verdade, a cultura da Uber funcionou exatamente do modo planejado, mas tinha uma falha grave.

O originalíssimo código cultural da Uber retrata os valores que Kalanick estabeleceu ao fundar a empresa, em 2009, e que os seus orgulhosos funcionários fizeram questão de tornar conhecidos:

1. Missão da Uber
2. Celebrar as cidades
3. Meritocracia e pisar nos pés
4. Confrontação com base em princípios
5. Vencer: mentalidade de campeão
6. Que os construtores construam
7. Tirar vantagem sempre

8. Obsessão pelo cliente
9. Apostar alto, apostar com coragem
10. Fazer magia
11. Seja o proprietário, não o inquilino
12. Seja você mesmo
13. Liderança otimista
14. A melhor ideia ganha

Kalanick também definiu oito qualidades que buscava nos seus funcionários:

1. Visão
2. Obsessão pela qualidade
3. Inovação
4. Orgulho
5. Execução
6. Escala
7. Comunicação
8. Superentusiasmo [*super pumpedness*]

Ora, não se trata de valores comuns, que poderiam ser extraídos de um livro qualquer sobre gestão, nem aspirações vagas que poderiam surgir de um encontro ao ar livre para conseguir consenso entre os funcionários. São valores que se expressam quando um líder comunica com clareza o tipo de comportamento que espera dos funcionários.

Se ele se esforçou tanto para definir a cultura da Uber, o que deu errado? O problema é que a ideia implícita em valores como: "Meritocracia e pisar nos pés", "Vencer: mentalidade de campeão", "Tirar vantagem sempre" e "A melhor ideia ganha" é que um único valor se sobrepõe a todos os outros: a competitividade. Kalanick era uma das pessoas mais competitivas do mundo e fez de tudo para introduzir esse etos na sua empresa. E funcionou: em 2016, seu valor foi calculado em 66 bilhões de dólares.

Na Uberversity, onde os novos funcionários faziam uma iniciação de três dias, logo começavam a conhecer como isso funcionava. Numa atividade, supõe-se que uma empresa rival lançará um aplicativo de caronas em quatro semanas. É impossível para a Uber chegar antes dela no mercado com uma plataforma confiável própria. O que a empresa deve fazer? A resposta considerada correta para a atividade – e o que a Uber realmente fez quando ficou sabendo da Lyft Line – era "inventar uma solução improvisada e fingir que está prontinha para funcionar, só para chegar no mercado antes da concorrência". (A Andreessen Horowitz, a empresa de capital de risco na qual trabalho, investiu na Lyft, e eu mesmo faço parte do conselho da empresa, de modo que conheço muito bem a dinâmica entre as duas empresas e sou, sem dúvida, parcial nas minhas análises.) Aqueles que propuseram esperar até desenvolver um produto que funcionasse bem melhor do que o Uber Pool 1.0 – entre eles, a equipe jurídica da empresa – tiveram de ouvir: "Não é assim que a Uber trabalha." A mensagem subjacente estava clara: entre a integridade e a vitória, na Uber fazemos o que for preciso para vencer.

A questão da competitividade também veio à tona quando a Uber começou a desafiar a Didi Chuxing, o aplicativo de transporte líder de mercado na China. Para combater a Uber, a Didi empregou técnicas bastante agressivas, como hackear o aplicativo da concorrente para enviar falsas solicitações de viagens. As leis chinesas sobre essa tática não eram muito claras, e o ramo chinês da Uber defendeu-se hackeando a Didi. A Uber levou essas técnicas para os Estados Unidos, onde hackeou a Lyft com um programa chamado Hell, que inseria falsos pedidos de viagens no sistema da concorrente e ao mesmo tempo roubava informações que poderiam ajudá-la a recrutar os motoristas dela. Acaso Kalanick orientou seus subordinados a empregar essas medidas, que eram anticompetitivas, na melhor das hipóteses, e ilegais, na pior? É difícil dizer, mas a questão é que ele nem precisou fazer isso, pois já havia programado a cultura na qual essas medidas surgiram.

Quando vazou a notícia de que a unidade de veículos autônomos da Waymo, uma divisão da Alphabet, estava desenvolvendo um aplicativo de partilha de caronas, a Uber começou a recrutar agressivamente o pessoal técnico da Waymo para fazer pegar no tranco o seu próprio serviço de veículos autônomos. Fez isso apesar de a Google, subsidiária da Alphabet, ser uma das maiores investidoras da Uber e apesar de David Drummond, diretor jurídico e de desenvolvimento corporativo da Alphabet, ser membro do conselho da Uber. Kalanick chegou ao ponto de comprar uma empresa chamada Otto, fundada por um ex-funcionário da Waymo acusado de roubar a propriedade intelectual dela. Os executivos da Uber sabiam que a Otto possuía propriedade intelectual roubada? Não sei dizer ao certo, mas isso não seria incompatível com a cultura da empresa.

Os problemas relativos à cultura da Uber foram expostos ao mundo em 2015, quando uma jovem chamada Susan Fowler entrou na empresa para trabalhar como engenheira de confiabilidade de sites. Formada em Física, havia escrito um livro sobre microsserviços e era brilhante e otimista. Porém, ao realizar o programa de treinamento da Uber, passou a conhecer o lado nebuloso da empresa. Numa postagem publicada num blog, que abalou a empresa, ela escreveu:

> Depois das duas primeiras semanas de treinamento, decidi integrar a equipe que trabalhava na minha área de especialização, e foi então que a situação começou a ficar estranha. No primeiro dia que realizei a integração oficial de parte da equipe, o novo gerente enviou-me uma série de mensagens pelo *chat* da empresa. Contava que tinha um relacionamento aberto com a namorada, que ela não estava tendo nenhuma dificuldade para encontrar novos parceiros, mas para ele estava sendo difícil. Disse que estava procurando não se meter em encrencas no trabalho, mas não conseguia, pois estava à procura de mulheres com quem transar. Ficou claro que estava tentando me convencer a fazer sexo com ele.

A conversa foi tão inconveniente que imediatamente fiz um *print* de todas as mensagens e o denunciei ao RH.

A Uber já era, na época, uma empresa bem grande, e eu pensei que enfrentariam uma situação como aquela como era esperado, que o departamento de RH, ao receber a denúncia, lidaria com a situação de modo apropriado e poderíamos tocar a vida. Mas, infelizmente, as coisas aconteceram de um modo um pouco diferente. Quando fiz a denúncia, tanto o RH quanto a gerência sênior me disseram que, embora se tratasse de um caso claro de assédio sexual e o gerente estivesse me fazendo uma proposta sexual, era a primeira vez que ele cometia esse delito, e eles não se sentiriam bem se fossem além de uma reprimenda e de uma conversa séria. A gerência sênior me disse que ele tinha "alto desempenho" (seus superiores haviam avaliado seu desempenho como excelente) e eles não se sentiriam à vontade em puni-lo por algo que talvez não passasse de um erro sem maiores consequências.

Segundo uma lei federal norte-americana, quando uma empresa recebe qualquer tipo de queixa de assédio (não precisa sequer ser documentada, como a de Fowler), tem o dever de investigá-la. Conhecer essa lei é tão básico para o profissional de RH quanto conhecer o processo de reconhecimento de receitas é fundamental para o contador. Por que, então, o encarregado do RH da Uber cometeu conscientemente um crime? Porque o gerente de RH acreditava que punir um gerente de alto desempenho seria "pouco competitivo".

Não é possível que Kalanick pensasse que não seria uma boa ideia investigar uma queixa de assédio feita por uma engenheira jovem e promissora. Não era essa a cultura que ele quis construir. Nenhum item do seu conjunto de valores diz que os gerentes poderiam assediar impunemente as funcionárias, nem de maneira explícita nem implícita. Segundo relatos, Kalanick ficou furioso com o incidente, que ele interpretou como uma mulher sendo julgada por motivos outros que não o seu desempenho. É claro que isso é o contrário de "A melhor ideia ganha". Por algum motivo, sua cultura acabou produzindo um efeito colateral inesperado e nocivo.

Esse efeito colateral manifestou-se em outros momentos. Quando um motorista da Uber foi acusado de estuprar uma passageira na Índia, os executivos americanos suspeitaram de que a Ola, rival da Uber na Índia, estava pagando a passageira para fingir o estupro. Na tentativa de confirmar a suspeita, um executivo de espírito empreendedor chamado Eric Alexander tomou a iniciativa de comprar o prontuário médico da vítima. Quando essa manobra veio a público, o mundo inteiro ficou indignado. A Uber estava corrompendo autoridades estrangeiras para comprar os prontuários médicos de vítimas de estupro? O que estava acontecendo, afinal?

Quando o assunto esfriou um pouco, até os membros do conselho se voltaram contra Kalanick. Estavam chocados – chocados por ver que estava havendo jogatina no cassino. O conselho sempre esteve ciente do valor corporativo "Tirar vantagem sempre"? Claro. Sabia o que significava? Se não sabia, tinha sido negligente – mas duvido. Vários episódios ao longo dos anos haviam mostrado para que lado a empresa iria quando uma lei incômoda prejudicasse sua competitividade.

O conselho ficou furioso com Kalanick por ter criado uma cultura tão agressiva? Pelo contrário: enquanto ele estava ganhando bilhões de dólares para eles, ficou contentíssimo. Só ficou furioso quando ele foi pego – ou seja, quando as falhas culturais se tornaram amplamente conhecidas fora da empresa.

Do ponto de vista de Kalanick, ele tinha deixado muito explícitas as suas prioridades, e o conselho as aceitara durante anos. Claramente orgulhoso do modo como dirigia a Uber, adorava que a empresa fosse reconhecida como a mais competitiva do Vale do Silício. Acreditava, e talvez ainda acredite, que sempre agiu de modo correto e, mais ainda, que não falhou no quesito governança corporativa, pois sempre deixou suas ideias claras para o conselho. Ninguém é capaz de apontar uma única decisão dele no sentido de facilitar o assédio sexual, comprar prontuários médicos de vítimas de estupro ou qualquer uma das demais transgressões cometidas.

A cultura é assim. Não é uma decisão pontual, mas um código que se manifesta como uma longa série de ações no decorrer do tempo. Não é uma única pessoa que pratica todas essas ações. O design cultural é um modo de programar as ações de uma organização, mas, assim como os programas de computador, toda cultura tem seus *bugs*, e é muito mais difícil solucionar os problemas de uma cultura do que os de um programa.

Kalanick não quis construir uma organização sem ética, desejava apenas uma organização hipercompetitiva. Mas havia alguns *bugs* no seu código.

A Huawei, gigante chinesa de equipamentos de telecomunicação, também teve uma ascensão meteórica, propelida por uma "cultura de lobo" – poderosa, mas também cheia de erros. No caso dela, as transgressões deram causa a ações judiciais, acusações de corrupção internacional e, há pouco tempo, à prisão de seu diretor financeiro por fraude bancária.

No começo, tudo era apenas tenacidade e competitividade. Como relata o *New York Times*, os funcionários tinham colchões para cochilar quando trabalhavam até tarde da noite e participavam de um curso de treinamento em estilo militar no qual saíam para correr de manhã bem cedo e realizar ensaios sobre como ajudar os clientes em perigosas zonas de guerra. Também era solicitado que estudassem, todo ano, um conjunto de diretrizes de negócios.

De maneira mais informal – e é aí que a cultura sobrevive –, havia certas "linhas vermelhas" que eles eram instruídos a nunca cruzar: revelar os segredos da empresa ou violar leis e sanções. As situações de "linha amarela", entretanto, não eram tão bem definidas. Em essência, os funcionários eram estimulados a ignorar regras relativas a distribuir presentes e outros "incentivos" para conquistar clientes. Desse modo, surgiram acusações de pagamento de propina em Gana e na Argélia; foram suspensas as sanções no Irã; e a Huawei reconheceu que um funcionário havia roubado o software do robô de teste de smartphones Tappy, da T-Mobile – e até a mão mecânica de Tappy, que o funcionário enfiou na mochila –, para ajudar a Huawei a produzir seu próprio robô. Em outras palavras, as próprias "linhas vermelhas" acabaram sendo desrespeitadas.

Numa anistia promovida em 2015, milhares de funcionários da Huawei admitiram ter cometido transgressões que iam de propina a fraude. Talvez, como reconheceu o CEO Ren Zhengfei, isso tenha acontecido porque a empresa costumava avaliar os seus funcionários levando em conta apenas a quantidade de contratos fechados. Mesmo depois que o programa de anistia produziu resultados aparentemente chocantes, Ren mandou um e-mail para toda a empresa ressaltando que, embora o respeito aos parâmetros éticos fosse importante, "se isso impedir a empresa de produzir cereais, todos nós morreremos de fome". (Pode-se dizer que, se a Huawei estava trabalhando a serviço do governo chinês e violando as regras por uma questão de política nacional, como faria uma agência de inteligência, sua cultura estava funcionando exatamente como esperado.)

Avalia-se o que é valorizado. Os resultados da Huawei foram semelhantes aos da Uber. Uma vez suprimida a exigência de seguir certas regras ou obedecer a certas leis, a ética é essencialmente removida da cultura.

É impossível desenvolver uma cultura perfeita, mas é essencial compreender que os problemas mais perigosos são aqueles relacionados a violações da ética. É por isso que Louverture enfatizava tão explicitamente as questões éticas. Declarar com todas as letras aquilo que a sua empresa jamais deve fazer é a melhor maneira de evitar problemas de violação da ética.

Lembre-se do discurso de Louverture a seus soldados: "Não me decepcionem... não permitam que o desejo do butim os faça desviar-se... haverá tempo suficiente para pensar em coisas materiais quando tivermos expulsado o inimigo das nossas praias." Pense quão estranhamente teria soado tal afirmação. O maior objetivo de Louverture, como o da Uber, era vencer. Se ele não vencesse a guerra, a escravidão não seria abolida. O que poderia ser mais importante? Se a pilhagem contentava os soldados, por que proibi-la?

Como explicou Louverture: "Estamos lutando para que a liberdade – o bem terreno mais precioso – não pereça." No caso da ética, é preciso explicar por quê. Por que não podiam fazer pilhagem? Porque ela corrompe o verdadeiro objetivo, que não é a vitória, mas a liberdade. Em outras palavras: Se vencermos, mas da maneira errada, que tipo de vitória será essa? Se vencermos roubando a liberdade dos inocentes, como construiremos uma sociedade livre? E se não construirmos uma sociedade livre, pelo que estaremos lutando? Louverture tratou um exército de ex-escravos analfabetos como se fossem filósofos, e eles se mostraram à altura do desafio.

Quando o conselho da Uber demitiu Kalanick e contratou Dara Khosrowshahi como CEO, ele de imediato substituiu os valores culturais questionáveis por outros:

> Construímos globalmente e vivemos localmente.
> Somos obcecados pelo consumidor.
> Celebramos as diferenças.
> Agimos como proprietários.
> Perseveramos.
> Damos mais valor às ideias do que à hierarquia.
> Apostamos alto e com coragem.
> Fazemos a coisa certa. E ponto final.

O essencial resumia-se no item. "Fazemos a coisa certa. E ponto final".

O código cultural de Kalanick era arriscado, mas único, exclusivo da Uber. Os novos valores eram mais seguros, mas poderiam ser os valores de qualquer empresa.

Atente mais uma vez para a diretriz ética do novo código: "Fazemos a coisa certa. E ponto final." Khosrowshahi é um CEO forte, e provavelmente tem um plano completo para incutir seus valores na cultura da empresa. Porém, quando comparamos seus preceitos com os de Louverture, a diferença de precisão é clara.

1. O que significa exatamente "Fazer a coisa certa"?
2. E de que maneira "E ponto final" deixa isso mais claro?

Será que "Fazer a coisa certa" é fechar o trimestre no azul, ou é falar a verdade? Usar o próprio discernimento, ou obedecer às leis? Acaso significa que uma perda pode ser justificada em nome de um imperativo moral? Os funcionários que migraram de uma cultura como a do Facebook terão uma visão de "Fazer a coisa certa" diferente daqueles que vieram da Oracle?

Louverture deixou bem claro o que significava "Fazer a coisa certa": não saquear, não trair a esposa, assumir a responsabilidade pelos próprios atos e ser diligente, praticar a moralidade social, a educação pública, a tolerância religiosa, o livre-comércio, o orgulho cívico, a igualdade racial e por aí afora. Suas orientações eram específicas, enfáticas. Também é essencial que os líderes ressaltem o que está por trás de seus valores sempre que tiverem essa oportunidade, pois o que é lembrado é o "porquê". "O que" é apenas mais um item de uma inumerável lista de coisas a serem feitas. Ou seja, ao dizer apenas: "Fazemos a coisa certa. E ponto final", a Uber perdeu uma grande oportunidade.

Por fim, "Fazemos a coisa certa. E ponto final" faz a questão parecer simples, comum. Mas a ética não é algo simples, mas muito complexo. É por isso que Louverture falava com seu exército de escravos como se eles fossem filósofos. Precisava que compreendessem que teriam de pensar a fundo em suas escolhas.

Se for preciso lembrar apenas uma coisa, lembre que a ética pressupõe escolhas difíceis. Você conta uma mentirinha inconsequente aos investidores ou despede um terço dos funcionários? É constrangido em público por um concorrente ou engana um cliente? Nega aumento a um funcionário que necessita dele ou torna a empresa um pouco menos justa?

Por mais difíceis que pareçam essas perguntas, sua tarefa nunca será tão difícil quanto a de implementar a ética num exército de escravos em época de guerra.

CAPÍTULO 3
O CAMINHO DO GUERREIRO

> "A merda que espalho, rasgando o colete
> Biggie Smalls passa em qualquer teste
> Estou pronto para morrer."
>
> **NOTORIOUS B.I.G.**

Os samurais, a casta guerreira do Japão antigo, tinham um código poderoso, o "bushidô", palavra que significa "o caminho do guerreiro". Esse código permitiu que governassem o Japão por quase setecentos anos, de 1186 a 1868, e suas ideias perduraram mesmo quando o governo deles terminou. Os samurais são, até hoje, a raiz da qual se originou a seiva vital da cultura japonesa.

Alguns princípios do bushidô, derivados do xintoísmo, do budismo e do confucionismo, existem há milhares de anos, por isso alguns dos seus aspectos parecem ultrapassados. Não obstante, a cultura persistiu por muito tempo porque proporcionava uma estrutura que permitia a resolução de qualquer situação ou dilema ético. Os ditames do bushidô eram claros e coesos, coerentes e abrangentes. A abordagem meticulosa com que os samurais construíram uma cultura de 360 graus continua extraordinariamente aplicável até os dias atuais.

O que significava a cultura para os samurais?

O bushidô parece um conjunto de princípios, mas, na realidade, trata-se de um conjunto de práticas. Os samurais definiam a cultura como um código de ação, não como um sistema de valores, mas de virtudes. Um valor é apenas um conceito abstrato, mas uma virtude é um conceito que se procura aplicar ou incorporar. E muitos esforços de criação de "valores corporativos" restam totalmente inúteis porque é dada mais ênfase a esses valores do que às ações. Do ponto de vista da cultura, os conceitos não significam quase nada, pois somos o que fazemos.

Até o juramento dos samurais é voltado para a ação:

> Nunca ficarei para trás ao trilhar o caminho do guerreiro.
> Estarei sempre pronto para servir ao meu senhor.
> Honrarei meus pais.
> Servirei com compaixão para o benefício dos outros.

De acordo com o *Hagakure*, a mais famosa coletânea de ditos de sabedoria dos samurais: "A coragem ou a covardia de uma pessoa não podem ser avaliadas em situações comuns. Tudo se revela quando algo acontece."

A importância da morte

Alguns dos aspectos mais surpreendentes da cultura japonesa moderna são a minúcia e a atenção aos detalhes. Desde os especialistas em sushi até os produtores de carne bovina de Kobe, passando pelos fabricantes de automóveis, o foco dos japoneses na qualidade e a capacidade deles de alcançá-la são notáveis. De onde derivou essa cultura do cuidado e da minúcia?

Tudo começou com a morte. A frase mais famosa do *Hagakure* é: "O caminho do guerreiro encontra-se na morte." Outro texto, o *Bushidô Shoshinshu*, inicia com uma das regras mais impactantes para qualquer cultura: "Lembre-se da morte a todo momento." De todos os aspectos da vida sobre os quais poderíamos pensar constantemente, a morte talvez fosse o último da lista. Antes de estudar o bushidô, eu teria preferido assistir a uma competição de dança de dez horas entre Hillary Clinton e Donald Trump a meditar sobre a morte.

O *Bushidô Shoshinshu* explica a ideia por trás dessa reflexão:

> Se entenderes que a vida que existe hoje não existirá necessariamente amanhã, quando receberes ordens de teu senhor e visitares teus pais terás a sensação de que essa talvez seja a última vez – e, assim, não deixarás de estar verdadeiramente atento ao teu senhor e aos teus pais.

O texto reforça o que esse conceito não significa. Não significa, por exemplo, ficar sem fazer nada, esperando a hora de morrer.

> Se encarares a morte dessa maneira, a lealdade e os deveres familiares para com teu senhor e teus pais serão negligenciados, e teu caráter militar se tornará defeituoso. Isso não deve acontecer.
> A ideia é cuidares de teus deveres públicos e privados dia e noite e, quando tiveres um tempo livre e tua mente estiver despreocupada, pensares na morte, trazendo-a à mente e prestando atenção.

Essa regra é o fundamento da cultura. Veja que a consciência da mortalidade era a base tanto da lealdade quanto da minuciosa atenção aos detalhes. Do *Hagakure*:

> Toda manhã, os samurais faziam uma meticulosa higiene pessoal: banhavam-se ao ar livre, raspavam os cabelos da parte da frente da cabeça, passavam óleo perfumado nos cabelos, cortavam as unhas, lixavam com pedra-pomes e, por fim, poliam usando oxalis. É claro que todo o equipamento militar era mantido em boa ordem, livre do pó e protegido da ferrugem com óleo. Embora essa excessiva atenção à aparência possa ser interpretada como vaidade, é em razão da resolução de morrer a qualquer momento que o samurai se prepara de modo tão cuidadoso. Caso, ao ser morto, tenha aparência desmazelada, será humilhado pelo seu inimigo.

Um guerreiro chamado Mestre Arqueiro tinha na parede uma placa com dizeres que faziam que lembrasse a todo momento que deveria estar sempre no campo de batalha. Os guerreiros mais devotos carregavam uma espada de madeira até quando iam banhar-se, a fim de ter sempre em mente o combate, a prontidão e a possibilidade da morte.

A maior ameaça à cultura de uma empresa é uma época de crise, um período em que estamos sendo esmagados pela concorrência ou próximos da falência. Como nos concentrar na tarefa que precisamos executar, se podemos ser mortos a qualquer momento? A resposta: ninguém pode matar quem já está morto. Se você já aceitou o pior resultado possível, não tem mais nada a perder. O *Hagakure* orienta, detalhadamente, a imaginar e a aceitar o pior:

> Comece cada dia imaginando a morte como seu clímax. A cada manhã, com o espírito calmo, traga à sua mente imagens dos seus momentos finais. Veja-se perfurado por uma flecha, bala, espada ou lança, ou sendo arrastado por uma onda gigante, lançando-se num incêndio, sendo atingido por um raio, esmagado por um potente terremoto, caindo de um precipício, sucumbindo a uma doença fatal ou simplesmente caindo morto de repente. Toda manhã, induza a si próprio a um transe de morte por meio da meditação.

Meditar sobre o que provocou a ruína da empresa permitirá a você construir a sua cultura da maneira mais adequada. Imagine que você faliu. A empresa era um bom lugar para trabalhar? Como se sentiam as pessoas que faziam negócios com vocês? Nas suas interações com as pessoas, elas ficavam em melhor ou pior situação? Você se orgulhava da qualidade dos seus produtos?

As empresas modernas tendem a se concentrar em dados objetivos, como as metas, as missões e os balanços trimestrais. Raramente pensam por que os funcionários comparecem todos os dias ao trabalho. Será pelo dinheiro? O que é mais valioso, o dinheiro ou o tempo? Meu mentor Bill Campbell costumava dizer: "Fazemos isso uns pelos outros. Quanto você se importa com as pessoas que trabalham ao seu lado? Quer decepcioná-las?"

Quer o seu objetivo seja lembrar-se da morte, trabalhar pelos outros ou algo análogo, o cimento que dá estrutura à cultura empresarial é o fato de o trabalho ter um sentido em si mesmo.

Definindo as virtudes

O código dos samurais fundamentava-se em oito virtudes: justiça ou retidão, coragem, honra, lealdade, benevolência, polidez, autocontrole, veracidade ou sinceridade. Cada virtude era cuidadosamente definida e depois reforçada por meio de um conjunto de princípios, práticas e relatos. Todas se juntavam num sistema, contrabalançando umas às outras, de modo que nenhuma virtude isolada pudesse ser mal compreendida ou mal usada. Vamos examinar em detalhes as virtudes da honra, da polidez e da sinceridade para perceber como isso funciona.

Honra

Para o samurai, a honra era a parte imortal do seu ser. Sem honra, qualquer outra virtude perdia o sentido. Os samurais levaram essa ideia a extremos que, para nós, parecem radicais. Conta-se uma famosa história de um cidadão bem-intencionado que chamou a atenção de um samurai para uma pulga nas suas costas e foi imediatamente cortado ao meio. As pulgas são parasitas que se alimentam do sangue dos animais, e ao agir assim o cidadão acabou identificando o samurai publicamente como um animal, o que era imperdoável.

Às vezes tenho vontade de cortar alguém ao meio, em uma reunião, por duvidar da minha integridade, mas, no mundo de hoje, isso não cabe. Por outro lado, a reputação e a honra devem ter algum valor para a empresa e orientar todas as nossas ações. Por acaso a integridade, em uma negociação, está de acordo com os seus padrões? E a qualidade do trabalho da equipe? Você tem coragem de assinar embaixo? Se o cliente ou o concorrente questiona o seu comportamento, você se sente tranquilo por saber que agiu corretamente? Também não se justifica que uma simples falha seja motivo para execução por espada. A cultura da empresa deve ter ensinamentos sobre como as pessoas devem se comportar em todas as situações para evitar esse tipo de morte súbita. E é aí que entra a polidez.

Polidez

A virtude da polidez consistia num conjunto complexo de regras que determinava como o samurai deveria se comportar em todas as circunstâncias – como devia cumprimentar as pessoas, caminhar, sentar-se, até como devia beber chá.

Embora regras específicas como essas possam parecer arbitrárias, sua raiz estava no fato de que a polidez é considerada a mais profunda expressão de amor e respeito ao próximo. Não se tratava apenas de seguir regras, mas de um caminho que levava a uma mais profunda intimidade.

O livro *Bushido, Soul of Japan* dá uma ideia de como esse conceito ainda funciona no Japão:

> Você está debaixo de um sol abrasador e não há sombra à vista. Um conhecido que é japonês passa ali e na mesma hora tira o chapéu. Até aí, tudo bem, mas o engraçado é que, enquanto fala com você, deixa a sombrinha fechada, e ele também fica sob o sol. Que bobagem! Sim, sem dúvida, mas o que explica esse comportamento é este pensamento: "Você está no sol, e tenho empatia por você. Colocaria você debaixo da minha sombrinha se ela fosse grande o suficiente para os dois ou se fôssemos mais íntimos. Como não posso lhe dar sombra, partilho do seu desconforto."

Nos Estados Unidos, nos dias de hoje, entramos no Twitter, vociferamos contra a falta de empatia que prevalece no país e depois nos perguntamos por que ela continua a diminuir. A cultura não é um conjunto de indignações, mas sim de ações. Num mundo empresarial competitivo, o modo como os samurais incorporaram a natureza essencialmente ativa da polidez e a usaram para expressar os conceitos abstratos de amor e respeito é exemplar.

Mas como os samurais contornavam o problema do fingimento? Como evitavam que as pessoas usassem a polidez para fingir respeito, criando uma cultura baseada na dissimulação? Mais uma vez, o sistema entrava em ação. Os samurais associavam a virtude da polidez à da veracidade ou sinceridade. Consideravam a polidez sem veracidade um gesto vazio. Mentir por polidez é uma polidez sem forma e não tem valor nenhum.

Veracidade ou sinceridade

A noção de sinceridade dos samurais recebeu influência de Confúcio, que escreveu: "A sinceridade é o fim e o começo de todas as coisas. Sem sinceridade, nada existiria."

A cultura da veracidade era tão forte e a palavra do samurai era considerada tão verdadeira que os juramentos se tornavam desnecessários. Isso ganhava reforço na educação dada em casa: contavam-se para as crianças histórias de pessoas executadas por terem mentido. A palavra dada era considerada sagrada.

Esta passagem sobre Hiko'uemon, um samurai do século XVII, esclarece a noção de virtude:

> Quando Moro'oka Hiko'uemon foi chamado, pediu-se que assinasse um juramento aos deuses de que seu testemunho seria verdadeiro. "A palavra de um samurai é mais dura do que o aço. Quando tomo uma decisão, nem mesmo os deuses podem mudá-la." Assim, ele não precisou fazer o juramento.

Aplicação do método

Quando fundamos a Andreessen Horowitz, em 2009, a virtude que eu queria introduzir de modo específico na nossa cultura era o respeito pelo empreendedor. O investidor de risco depende do empreendedor para existir, e eu queria que nossa cultura refletisse esse fato. O problema era que, como são os empreendedores que pedem dinheiro aos investidores, estes tendem a se sentir no comando, e muitos se comportam assim.

Abordei a questão à maneira dos samurais. Em primeiro lugar, definimos a virtude de modo cabal, tendo o cuidado de deixar claro o que ela não era:

> **Respeitamos o esforço envolvido no empreendedorismo e sabemos que, sem os empreendedores, estamos fora do mercado.** Ao lidar com os empreendedores, costumamos chegar na hora aos compromissos e sempre damos a eles um retorno pontual e substantivo, mesmo que não seja positivo (uma rejeição, por exemplo).

Temos uma visão otimista do futuro e acreditamos que os empreendedores, quer tenham sucesso, quer fracassem, trabalham para nos ajudar a ter um futuro melhor. Por isso, nunca criticamos publicamente nenhum empreendedor ou *startup* (quem fizer isso poderá ser demitido).

Isso não significa que os CEOs permanecem no seu cargo para todo o sempre. Nossa obrigação é com a empresa, não com o seu fundador. Se o fundador já não for capaz de gerir a empresa, não poderá continuar sendo o CEO.

No entanto, ainda havia o risco de que as pessoas interpretassem deste modo essa virtude: "Nunca diga nada de negativo a um empreendedor." Então, ela foi contraposta a outra virtude:

Dizemos a verdade, mesmo que doa. Ao falar com um empreendedor, com um sócio de responsabilidade limitada, ou uns com os outros, procuramos dizer a verdade. Somos abertos e honestos. Não sonegamos informações pertinentes nem falamos meias-verdades. Mesmo que a verdade seja difícil de dizer ou de ouvir, pecamos por excesso de veracidade, apesar das consequências difíceis de lidar.

No entanto, não insistimos em verdades já conhecidas com a intenção de magoar as pessoas ou diminuí-las. Falamos a verdade para que elas se tornem melhores, não piores.

Para consolidar essa prática na nossa cultura, não focamos o valor do respeito, mas a virtude da pontualidade. Quem chegasse atrasado a uma reunião com um empreendedor devia pagar uma multa de dez dólares por minuto. Era preciso prática e esforço para evitar a multa, e assim alguns excelentes hábitos foram incorporados à nossa cultura. Era preciso planejar bem a reunião anterior àquela que aconteceria com o empreendedor, para que uma não conflitasse com a outra. Era necessário terminar essa reunião com disciplina, mas também conduzi-la com disciplina, para que tudo pudesse ser realizado no tempo estabelecido. Não era admissível distrair-se com e-mails ou textos que não interessavam. Até as idas ao banheiro deviam ser programadas.

Não conseguimos muito dinheiro com multas – menos de mil dólares, a maior parte bem no começo –, pois a ameaça da multa lembrava a todos a necessidade de serem pontuais e do respeito devido ao empreendedor.

Outros investidores de risco, assim como os jornalistas que cobriam o setor, interpretaram equivocadamente essa virtude e nos acusaram de "favorecer os fundadores" – uma corrupção gigantesca envolvendo um valor que há anos nos mantém à frente da concorrência. "Favorecer o fundador" significa ficar do lado dele mesmo que esteja errado. Esse tipo de "virtude" não ajuda ninguém. Na verdade, cria uma cultura da mentira. Toda vez que decidimos que um grupo é intrinsecamente bom ou mau, independentemente do seu comportamento, a desonestidade penetra na estrutura da organização.

Fazer a cultura perdurar

Nos Estados Unidos, os pais têm dificuldades para fazer seus filhos se comportarem bem durante um único jantar. Como o Japão inteiro conseguiu se pautar pela boa educação ao longo de mais de dez séculos? Os samurais mandavam todos estudarem o código, memorizá-lo e pô-lo em prática todos os dias, o que ajudou muito, mas outras culturas também fizeram essas exigências e não perduraram tanto. Os samurais conseguiram êxito graças a duas técnicas. Em primeiro lugar, detalharam todas as mudanças de potenciais dilemas éticos ou culturais, a fim de impedir que o código fosse mal interpretado ou deliberadamente mal utilizado. Em segundo lugar, ilustraram o código com histórias extremamente vívidas.

Uma das marcas distintivas do código era o detalhamento de circunstâncias possíveis. Pense, primeiro, no lacônico "Fazemos a coisa certa. E ponto final", da Uber. Agora, compare-o com a seguinte passagem do *Bushidô Shoshinshu*:

> Há três maneiras de agir corretamente.
> Suponha que você vai viajar com um amigo que tem cem onças de ouro e quer deixá-las na sua casa até vocês voltarem, em vez de levá-las consigo. Você guarda o ouro num lugar onde nin-

guém possa encontrar. Seu companheiro morre durante a viagem, talvez por uma intoxicação alimentar, ou em razão de um derrame. Ninguém mais sabe que ele deixou o ouro na sua casa, e ninguém mais sabe que o ouro está com você.

Nessas circunstâncias, se o seu único pensamento é a tragédia que ocorreu, e você fala sobre o ouro com os parentes do falecido e promete fazê-lo chegar às mãos deles o mais rápido possível, pode-se dizer, com toda a certeza, que agiu corretamente.

Vamos imaginar, agora, que o homem fosse somente um conhecido, não um amigo íntimo. Ninguém sabe que ele deixou o ouro com você, de modo que não serão feitas investigações. Por coincidência, você se encontra em péssima situação financeira, então teve sorte. Por que não permanecer em silêncio, simplesmente, e não comentar com ninguém sobre o assunto?

Se você sentir vergonha por ter esses pensamentos, se mudar de ideia e devolver o ouro aos legítimos herdeiros, pode-se dizer que agiu corretamente por vergonha.

Vamos supor, agora, que outra pessoa da sua casa – sua esposa, seus filhos, seus empregados – sabe sobre o ouro. Vamos então imaginar que você devolva o ouro aos legítimos herdeiros, por receio de que alguma pessoa da sua casa tenha alguma má intenção, o que o envergonharia, e por medo das consequências jurídicas. Nesse caso, pode-se dizer que agiu corretamente.

Mas e se ninguém, absolutamente ninguém, soubesse nada sobre o ouro?

No fim das contas, a história não faz distinção entre agir corretamente pelas "razões corretas" ou por vergonha ou culpa. O que nos leva a agir corretamente não é importante, tudo o que importa é fazer o certo. Porém, as pessoas que criaram o código compreendiam que fazer o certo é mais difícil em certas circunstâncias do que em outras, por isso apresentaram casos ilustrativos.

Por acaso você só fará a coisa certa se correr o risco de ser pego por não fazê-la? E se esse risco não existir? No caso do exemplo, e se você soubesse que ninguém tinha conhecimento do ouro, que ninguém sentiria falta dele, se a pessoa não fosse sua amiga e você realmente precisasse de dinheiro? Esta última circunstância é particularmente difícil. Se o significado exato de "fazer a coisa certa" não ficar claro para uma situação difícil como essa, os funcionários da empresa não saberão exatamente como agir quando depararem com uma situação parecida, e são as decisões difíceis que definem uma empresa e sua cultura.

Histórias

Podemos ler muita coisa sobre a virtude da lealdade, mas esta história do *Hagakure* pinta-a em cores vivas:

> A história da família de Lorde Soma está registrada num pergaminho chamado Chiken Marokashi. Nenhuma outra genealogia no Japão se igualava à dessa família. Certa ocasião, a mansão do lorde pegou fogo de repente. Durante o incêndio, Lorde Soma lamentou: "Não choro a perda da casa e de todo o seu mobiliário. Caso sejam destruídos no fogo, poderão ser substituídos. Infelizmente, no entanto, não conseguirei resgatar nosso patrimônio mais precioso, a nossa árvore genealógica."
>
> Um de seus criados declarou: "Enfrentarei as chamas e salvarei esse tesouro." Lorde Soma e os outros criados falaram, incrédulos: "Como poderá salvá-lo, se o edifício está tomado pelas chamas?" O criado nunca se destacara no serviço nem se mostrara excepcionalmente útil, mas o lorde o apreciava, pois era diligente. "Por ser desajeitado, não tenho sido um bom servo para sua senhoria. No entanto, sempre estive disposto a sacrificar minha vida por algo importante se surgisse a oportunidade. E o momento é agora." De imediato, ele entrou no meio das chamas.
>
> Assim que o fogo foi apagado, Lorde Soma instruiu seus homens: "Encontrem o corpo. Que pena!" Procuraram-no em meio às ruínas carbonizadas e por fim localizaram-no no jardim ao lado da residência. Estava de bruços. Correu sangue do seu abdômen quando o viraram. Estava claro que ele tinha aberto o próprio abdômen e enfiado dentro dele o documento para protegê-lo das chamas. Depois disso, o documento passou a ser chamado de Chi-keizu, "Genealogia de Sangue".

Essa história ilustra muito bem a virtude da lealdade. O criado era uma pessoa medíocre, que tinha uma vida medíocre, mas tornou-se imortal com um único ato heroico, o de abrir a própria barriga para salvar o pergaminho. Quem esqueceria o que fez? Isso para não falar no sonoro nome que recebeu o documento que salvou das chamas: "Genealogia de Sangue".

As histórias e os conhecimentos transmitidos de uma geração para outra definem as culturas. John Morgridge, que foi CEO da Cisco de 1988 a 1995, queria que cada centavo fosse gasto no setor produtivo da empresa. Muitos de seus funcionários, porém, vinham de culturas em que os gastos eram livres, sem limites preestabelecidos, e simplesmente lembrá-los da necessidade de serem contidos não era suficiente para convencê-los. Morgridge praticava o que pregava. Quando viajavam, hospedava-se no Red Roof Inn, mas nem o seu exemplo surtia efeito. Então, criou um axioma incisivo: "Se você não consegue ver o seu carro da janela do seu quarto de hotel, está gastando demais." Os principais executivos entenderam que isso significava que viagens em classe executiva e jantares caros estavam fora de questão. De modo sutil, mas decisivo, compreenderam que o objetivo das viagens de negócios não era desfrutar as mordomias, mas atender às necessidades do cliente.

Trabalhei na Netscape Communications quando estava começando. Nessa época, parecíamos um clube de debates: todos queriam participar de todas as decisões e, quando perdiam, sempre que possível, pediam que fosse revista a decisão vencedora. Não conseguíamos seguir adiante, pois não estávamos dispostos a nos comprometer e avançar.

Quando Jim Barksdale se tornou CEO da empresa, em 1995, sabia que era preciso mudar a cultura dela. Mas como? Criando um valor cultural? Fazendo que as pessoas discordassem, mas se comprometessem? Embora discordar e comprometer-se seja uma excelente regra para tomar decisões, como discutirei mais à frente, não é fácil introduzi-la numa cultura acostumada a fazer exatamente o oposto. Imagine, no meio de um debate acalorado, uma pessoa dizer: "Podemos discordar, mas vamos nos comprometer." Você questionaria: "Vamos nos comprometer com o quê? Com a minha ideia ou com a sua?"

Barksdale então inventou uma história tão memorável que sobreviveu à própria empresa. Numa reunião com todos os funcionários, disse:

> Aqui na Netscape, temos três regras. A primeira é: se você vir uma cobra, não forme um comitê, não chame os colegas, não organize uma equipe, não convoque uma reunião, simplesmente mate a cobra.
> A segunda regra é: não brinque com uma cobra que já está morta. Muita gente perde muito tempo com decisões que já foram tomadas.
> E a terceira regra é: todas as oportunidades, no começo, se parecem com uma cobra.

A história era tão clara e tão engraçada que praticamente todos a entenderam de imediato. Se alguém não tinha entendido, todos se dispunham a contá-la de novo. Fomos contando e recontando a história, e a empresa mudou. Quando as pessoas entenderam que matar a cobra era muito mais importante do que o modo de matar, foi liberada uma enxurrada de energia criativa. Éramos a empresa que estava dando vida à internet e, por isso, enfrentávamos muitas cobras. A internet não era segura, então criamos a Secure Sockets Layer (SSL). A internet não dispunha de um sistema para preservar a situação do navegador entre duas seções, então inventamos os *cookies*. A internet era difícil de programar, então inventamos o JavaScript. Essas eram soluções ideais? É provável que não, mas aquelas cobras morreram rapidinho, nunca mais brincamos com elas, e as tecnologias que criamos ainda dominam a internet.

Por que o bushidô teve impacto tão profundo na sociedade japonesa? A resposta complexa para a questão é que os samurais desenvolveram e refinaram sua cultura continuamente, no decorrer de um período muito longo, usando técnicas psicológicas sofisticadas para fazer que ela parecesse indelével, inevitável e completamente natural. A resposta simples é que conservavam a todo momento a consciência da morte.

CAPÍTULO 4

O GUERREIRO DE UM CAMINHO DIFERENTE: A HISTÓRIA DE SHAKA SENGHOR

"Experimenta, preto, experimenta
Vou pegar toda a tua família
Não estou brincando
Se mexer comigo, mato alguém"

DEJ LOAF

Shaka Senghor não foi criado no Japão antigo, mas poderia ter sido. Filosófico, altamente disciplinado e implacável quando necessário, ele se adaptaria bem à vida dos samurais. Porém, cresceu num bairro pobre de Detroit e se tornou o guerreiro de um caminho diferente.

Conheci Senghor em 2015 por meio de uma estranha sequência de coincidências. Fui escalado para entrevistar Oprah Winfrey quando a Andreessen Horowitz exibiu *Belief*, seu novo programa. Fiquei meio receoso, pois talvez ela seja a melhor entrevistadora da minha geração. Era como se eu tivesse de fazer perguntas a Albert Einstein sobre a teoria da relatividade especial. Perguntei a Oprah se ela se importaria de ir comigo de carro até o local da entrevista, para poder me dar orientações sobre a arte de fazer as pessoas falarem e me ajudar, assim, a escapar de um vexame. Ela disse: "A primeira coisa que você precisa saber é que não pode ter uma lista de perguntas prontas a fazer, pois desse modo não prestará atenção às respostas do entrevistado e perderá a oportunidade de fazer a pergunta mais importante, aquela que se segue depois de ouvirmos uma resposta que traz uma informação nova." Excelente dica, mas disso eu já sabia. Falei: "Preciso aprender como você faz perguntas incisivas às pessoas e, em vez de se fechar na defensiva, elas se abrem e começam a chorar." Ela respondeu:

> Antes de entrevistar qualquer pessoa, pergunto-lhe quais são as suas intenções e digo: "Vou ajudar você a tornar concretas essas intenções, mas você precisa confiar em mim." Por exemplo, na semana passada, eu estava gravando meu programa *Super Sunday* com o convidado Shaka Senghor, que tinha passado dezenove anos na prisão, sete na solitária, por causa de um assassinato que de fato cometeu. Musculoso, o cabelo com *dreadlocks*, o corpo com tatuagens, tinha uma aparência assustadora. Perguntei-lhe quais eram as suas intenções, e ele respondeu: "Minha intenção é ensinar às pessoas que não devemos deixar que nos definam pela pior coisa que fizemos na vida. As pessoas podem se regenerar." Respondi: "Entendi, e vou ajudá-lo, mas você precisa confiar em mim."
> Começamos a gravar e perguntei: "Quando você entrou para o mundo do crime?" Ele disse: "Fui para as ruas aos quatorze anos." Mas eu tinha lido o livro dele, e questionei: "E como se sentiu naquela vez, você tinha nove anos, em que chegou em casa com um boletim escolar perfeito e a sua mãe atirou um vaso na sua cabeça?" A linguagem corporal dele mostrou que estava se fechando. Respondeu: "Não me senti muito bem." Insisti: "Você precisa confiar em mim. Como se sentiu?" Falou: "Isso me fez perceber que nada do que eu fizesse na vida teria importância." Então eu disse: "Você não foi para as ruas aos quatorze anos. Foi para as ruas aos nove anos." E nós dois começamos a chorar.

Era uma das histórias mais incríveis que eu já tinha ouvido, e contei-a à minha esposa, Felícia. Talvez não devesse ter feito isso, pois ela é a maior fã de Oprah e também Miss Simpatia – recebeu esse título no Campeonato da Juventude Sugar Ray Robinson. Uma semana depois, Felícia me disse: "Falei com Shaka no Facebook e nos tornamos amigos." Perguntei: "Você ouviu a história inteira? Ele ficou dezenove anos na prisão por causa de um homicídio que de fato cometeu. Não é o tipo de cara com quem se pode fazer amizade no Facebook!" Ela respondeu: "Bom, ele vem para a nossa cidade, e o convidei para jantar conosco." Opa!

Fiz uma reserva no restaurante John Bentley's, a dois quarteirões de casa. Calculei que, se alguma coisa não desse certo, poderíamos escapar a tempo. No entanto, depois de um jantar de três horas, convidei Shaka para ir à nossa casa e ficamos conversando por mais cinco horas.

Das pessoas com quem conversei, talvez ele seja aquela que tem mais boas ideias sobre como construir uma cultura e dirigir uma organização. Foi CEO de uma gangue de presidiários, uma organização difícil de administrar. (O grupo dele e os rivais não se identificavam como "gangues", mas como organizações religiosas.) Shaka não somente construiu uma cultura forte, mas depois a transformou em algo totalmente diferente. Desse modo, demonstrou ter todas as habilidades mencionadas neste livro: concebeu uma cultura, reconheceu suas falhas e fez que se tornasse muito melhor.

Outro aspecto que me motivou a escrever sobre Shaka Senghor é que é muito comum as pessoas que acabam na prisão pertencerem a uma cultura marcada pelos conflitos. Muitas foram vítimas de abandono ou espancamento, ou foram delatadas pelos amigos e não conseguem fazer coisas básicas, como cumprir a palavra dada. A prisão é a mais dura prova para a cultura, e para construir uma cultura na prisão é preciso começar bem do começo, dos primeiros princípios.

Orientação cultural

James White (o nome de batismo de Senghor) foi para a prisão na idade em que boa parte das pessoas entra na faculdade. A cultura universitária apresenta as pessoas às amizades, à fraternidade; a cultura da prisão apresentou White aos extremos da violência e da intimidação. Ele me contou que, quando foi para a cadeia, achou que a partir daquele momento aquela seria a sua casa.

> Quando fui para a prisão, aos dezenove anos, ciente do tamanho da pena que deveria cumprir, não conseguia imaginar

como seria a minha vida vinte anos depois. Para mim, aquilo era para sempre. A única coisa garantida era o fim da minha pena, dali a quarenta anos. A ideia de sair da prisão aos sessenta parecia sem sentido.

Primeiro houve a detenção na delegacia regional. Algumas coisas aconteciam assim que se chegava lá. Primeiro, os caras tentavam descobrir se já não tinham uma rixa com você que vinha das ruas. Depois, procuravam saber se daria para explorar você ou não. Toda ala tinha um *rock boss*, ou um grupo que a comandava. Fora da cela, entrávamos numa pequena área chamada sala do dia, onde havia banheiros, chuveiros e algumas mesas comunitárias. Os *rock bosses* sentavam-se às mesas como leões à procura de presas. O *rock boss* era sempre mais tolerante do que seu braço-direito e seus homens; se ele fosse um leão, seus homens seriam as hienas.

Um *rock boss* me perguntou: "De onde você é?" Era mais um diagnóstico do que uma pergunta. Quando respondi "Brightmo" – a pronúncia local do bairro de Brightmoor, em Detroit –, ganhei credibilidade. Se eu fosse dos bairros de classe média, isso seria sinal de fragilidade. A pergunta seguinte foi: "Por que você está aqui?" Respondi: "Homicídio." O homicídio era um crime muito mais prestigioso do que um crime sexual, por exemplo; se eu tivesse cometido um crime sexual, teria virado um alvo.

Ou seja, no momento eu estava a salvo, mas entendi que dali para a frente tudo seria um teste. Se estivéssemos jogando basquete e eu dissesse "o próximo lance é meu", mas outro cara dissesse que era dele, eu teria de decidir se ia deixar aquele filho da p... ficar com o próximo lance ou não. Se não deixasse, precisaria estar disposto a lutar para me defender.

As ruas, a detenção e o presídio eram regidos por um sistema único, integrado. Ficamos conhecidos pela nossa marca pessoal. As pessoas o conhecem das ruas como um cara respeitado? Você tem o nome sujo por ser dedo-duro? Se a sua família pusesse dinheiro dentro de um livro, você poderia ser roubado. Você poderia ficar vulnerável sexualmente.

E tudo isso já acontece no primeiro dia, chamado de "escola de gladiadores", pois era nesse dia que nosso lugar na escala ficava estabelecido.

Depois de ter sido transferido para o presídio estadual, White enfrentou uma situação ainda mais tensa.

Os recém-chegados ficavam em quarentena por duas semanas, para se assegurarem de que não tínhamos nenhuma doença contagiosa ou outros problemas de saúde que nos obrigassem a ficar isolados dos outros. No dia em que saímos, vimos um cara levar uma facada no pescoço. Na prisão, as pessoas são esfaqueadas naqueles lugares onde não há agentes penitenciários: numa escadaria nos fundos, no centro de recreação onde três agentes eram responsáveis por trezentos homens, no corredor que levava ao refeitório ou na biblioteca de direito. Estávamos no centro de recreação quando um cara foi esfaqueado, e o fulano que o esfaqueou fez isso com calma, como quem não quer nada. Depois, jogou a faca no lixo e foi para o refeitório.

O pessoal ficou visivelmente abalado. Diziam: "Que merda de lugar é este?" Pensei: "Então isto é o máximo que pode me acontecer na prisão", e me perguntei: "Se eu entrasse em conflito com alguém, seria capaz de esfaqueá-lo e simplesmente seguir em frente?" Nunca havia esfaqueado ninguém. Tinha matado uma pessoa a tiros, mas em um conflito de rua. Era diferente de fazer algo premeditado. "Vou esfaquear esse cara. Onde vou enfiar a faca? Quero amedrontá-lo, feri-lo, expulsá-lo da minha ala ou matá-lo?" Na prisão, as facadas podem ter inúmeras e variadas intenções.

Para isso, é preciso ser frio, e eu ainda não era. Então, perguntei a mim mesmo: "Se a minha sobrevivência estivesse em jogo, eu seria capaz de tomar essa decisão?" Ninguém sabe quem realmente é na prisão até enfrentar uma situação que faz que se torne uma pessoa medrosa ou corajosa. Alguns dos caras que me pareciam mais duros foram afetados pela facada que levaram, mas percebi que comigo isso não aconteceu. Nunca era eu que iniciava os conflitos, mas cresci brigando, e sabia brigar. Se era para brigar, eu dizia: "Vamos nessa." Soube então que, se ser esfaqueado era o pior que poderia me acontecer, eu seria capaz de tomar aquela decisão e sobreviver.

Uma lição violenta, um momento de introspecção profunda, e White soube tudo o que era necessário para sobreviver na cultura da prisão de Michigan. Percebeu que, para ser bem-sucedido ali, teria de mudar – e mudou.

A ascensão de White

A prisão onde White estava era dominada por cinco gangues: os Muçulmanos Sunitas, a Nação do Islã, o Templo da Ciência Moura da América, os Cinco Percentuais e o Palácio Islâmico Melânico do Sol Nascente (os chamados Melânicos). Os grupos controlavam o comércio e ofereciam a seus membros proteção e mordomias como drogas, cigarros e uma alimentação melhor, que incluía frango e carne moída, por exemplo, garantida pelos seus amigos que trabalhavam na cozinha. Qualquer novato que não se integrasse em um desses grupos ficava vulnerável.

White se juntou aos Melânicos, grupo que tinha se formado na prisão e adotava princípios muito particulares emprestados dos Panteras Negras e de Malcolm X, entre eles, a autodeterminação e a educação como base para a ascensão dos negros. Os Melânicos contrastavam com a Nação do Islã, um ramo da organização religiosa nacional, e com os Muçulmanos Sunitas, que seguiam o Alcorão. (Ao contrário do que acontecia em estados como a Califórnia, onde as prisões eram dirigidas por grupos originados das gangues de rua, a maioria deles, no sistema de Michigan, organizava-se em torno de alguma forma de culto.) Os Melânicos eram um grupo relativamente pequeno, com cerca de duzentos membros, mas costumavam recrutar caras durões e eram rigorosos na gestão da organização. No entanto, White logo descobriu que a gangue não estava pondo em prática o próprio código:

> Na prisão há alguns caras carismáticos, grandes oradores. Eles dirigem sua equipe e conseguem tudo dela usando o seu carisma, mas por trás dele não há substância.
>
> Nossos líderes eram carismáticos, mas hipócritas. Um de nossos homens, por exemplo, chamado T Man, recebia dinheiro de fora da prisão. Alguns membros da organização sabiam disso, e também que ele não estava seguro se era negro ou mulato. Então, manipulavam-no e roubavam seu dinheiro. Quem não sabia com certeza a que grupo pertencia se tornava vulnerável. Falei: "Não vamos mais fazer isso, pois vai contra o nosso código." Os líderes não gostaram, pois lucravam com aquele cara inseguro. Então, eu

disse: "Os membros da organização ou vão seguir vocês, ou vão me seguir." Os mais jovens escolheram me seguir, pois queriam fazer a coisa certa. Consegui desafiar a liderança usando o código moral que ela mesma promovia.

No caso dos Melânicos, não era possível dar um simples "golpe de Estado" e assumir o poder pela violência, pois um dos princípios do código era que nenhum de nós poderia cometer violência física contra outro membro. Então, eu tinha de assumir o controle usando de psicologia. Adotava o método socrático em nossas reuniões e fazia ao grupo perguntas como: "Um líder que não segue as instruções que ele próprio dá é realmente um líder?" Os membros do nosso grupo começaram a perceber que precisávamos mudar e abraçaram a minha ideia de fazer exatamente o que dizíamos que íamos fazer. À medida que fui subindo na hierarquia, até chegar à chefia, os antigos líderes foram se tornando conselheiros executivos. Ainda tinham privilégios, mas não o controle direto.

White começou a perceber que nem mesmo a observância rigorosa do código dos Melânicos o satisfaria plenamente.

Percebi pela primeira vez que poderia ser uma pessoa diferente quando li *A autobiografia de Malcolm X*. Vi que era possível mudar. Ao mesmo tempo, precisava lidar com o ambiente em que estava. Tinha Malcolm X num dos meus ombros dizendo: "Você pode ser melhor", e no outro ombro o companheiro de prisão dizendo: "Este filho da p... deveria ter pagado meus três dólares no dia combinado." Ou seja, eu era um criminoso culto. O choque entre as duas vozes me levou a usar um modo mais diplomático de abordar os conflitos. Continuei conscientizando as pessoas da ameaça da violência, mas também dava a entender que poderíamos resolver as situações sem que o outro se despisse totalmente da sua masculinidade.

Foi a essa altura que comecei a perceber que tudo o que eu trazia comigo das ruas estava repleto de energia ruim e de más intenções. Então, mudei meu nome para James X, e todos começaram a me chamar de Jay X. Depois, fui fazendo pesquisas sobre a África e adotei o nome Shaka Senghor – do grande guerreiro Shaka Zulu e de Léopold Senghor, o poeta e teórico senegalês da cultura que foi o primeiro presidente do Senegal.

Quem tem poder, tem responsabilidade. Levei muito tempo para perceber que nosso modo de agir afetava não somente a mim e ao meu grupo, mas também todo o ambiente da prisão, e que, quando um membro saía, ele levava consigo aquela cultura. Primeiro, precisei aprender que havia outro modo de ser e de agir; depois, tive de dominar essas habilidades; por fim, fui obrigado a decidir se era assim que de fato eu queria viver minha vida. Foi um processo em três etapas, e demorei nove anos para percorrê-lo inteiro. Foi sorte eu ter levado só esse tempo: por causa do meu status no grupo, os outros homens não tentaram me pôr à prova, assim não precisei regredir.

O código dos Melânicos era complexo, mas, em essência, cada membro era responsável por todos os outros membros. Se uma pessoa que não fosse do grupo batesse em um de seus membros, o grupo inteiro se mobilizaria contra aquela pessoa, e ela não estaria segura em nenhuma prisão. Era preciso, além disso, socorrer qualquer um do grupo que fosse um irmão digno, e as brigas dessa pessoa seriam de toda a organização. Caso um membro do grupo fosse considerado indigno, o que acontecia, geralmente, quando se recusava a ajudar outro membro, perdia a proteção.

Senghor concentrou-se nos seguintes princípios e começou a trabalhar para que o grupo os respeitasse: nunca tente tirar vantagem de um membro do grupo; nunca agrida fisicamente um membro do grupo; e, de maneira geral, trate todos do grupo como gostaria de ser tratado.

Estávamos lidando com pessoas sem cultura, que memorizavam o código sem compreendê-lo, e por este motivo não o viviam.

Para construir a cultura que queríamos, fazíamos reuniões de estudo uma ou duas vezes por semana. Eu era diretor educacional, e sugeria livros para leitura, como *Visions for Black Men*, de Na'im Akbar, *A autobiografia de Malcolm X*, *As a Man Thinketh*, de James Allen, ou *Think and Grow Rich*, de Napoleon Hill. Nos manuais de estudo que escrevi, ressaltava elementos básicos que esses livros traziam e obriguei os membros do grupo a estudar. Dois anos depois de entrar para o grupo, tornei-me o líder cultural dos Melânicos, ou seja, o líder de fato. Os mais jovens realmente se afeiçoaram a mim, pois todos querem ter alguém em quem acreditar.

Se você não respeita a sua cultura, ninguém acredita em você. Os princípios que defendia eram os meus princípios de vida. Eu acreditava neles e estava disposto a defendê-los. Isso fez a cultura tornar-se melhor.

Senghor explicou como funcionava a ideia de universalizar os princípios da cultura:

> Digamos que somente eu, você e Cartheu formamos a gangue. Cartheu resolve roubar algum infeliz, e depois ficamos sabendo que esse infeliz e seus amigos querem pegar Cartheu. Estamos diante de um conflito. De acordo com o nosso código, não devemos deixar ninguém fazer nada contra os nossos membros. Mas Cartheu violou o nosso princípio de nunca fazer nenhuma tolice que possa comprometer o grupo. Então, temos a responsabilidade de proteger Cartheu, temos a responsabilidade de proteger o grupo e temos a responsabilidade de lidar com a pessoa que ele roubou.
> A má liderança ordenaria: "Vamos mandar dois soldados para acabar com esse cara", e depois resolveríamos a questão interna com o nosso homem. Quando entrei para o grupo, era essa a cultura. Mas esse modo de agir abre uma precedência a outro grupo, e seus membros podem dizer que deixamos os nossos fazerem idiotices por aí. Então, fiz uma mudança: quem sofreria as consequências seria Cartheu, não o cara que ele roubou. Cartheu seria obrigado a pedir-lhe desculpas e devolver o que roubou.

Quando os assuntos externos são resolvidos dessa maneira, os membros de um grupo ou de uma organização tomam essa abordagem como modelo. Do contrário, o modo como as pessoas de fora são tratadas acaba influenciando o que acontece dentro da própria organização.

O ponto de virada: consequências imprevistas

Senghor obrigou os Melânicos a porem em prática o código do grupo, que ainda era, em grande medida, aquele que prevalecia quando ele entrou para a organização. Um conflito com o grupo Nação do Islã levou-o a reconsiderar tudo.

No sistema penitenciário de Michigan, havia duas escolas de pensamento sobre como organizar um grupo. Uma delas prevalecia na Jackson State Prison, dirigida pelos caras mais velhos, e a outra no Reformatório de Michigan, dirigido por nós. Em Jackson, os caras tinham acesso a drogas pesadas, e usavam-nas para incentivar os viciados a eliminar seus inimigos. Como era extenso o rol de assassinos na sua folha de pagamento, tinham muito poder.

Os membros do nosso grupo não usavam heroína, de modo que um modelo de negócios baseado no vício não se mostrava como uma opção para nós, mas de qualquer maneira acho que não o adotaria. Esse modelo, alicerçado no pagamento e na manipulação, produzia uma organização fraca, que nunca estava pronta para a guerra, pois lhe faltava o essencial quando as coisas se complicam: lealdade e compromisso.

Nos Melânicos, nosso sistema estava baseado na participação e na lealdade. Tudo começava com a seleção. Eu deixava muito claro que havia duas exigências para entrar no grupo: estar disposto a cumprir pena de prisão perpétua ou a morrer por qualquer coisa que lhe fosse pedida.

Depois de entrar para o grupo, para permanecer nele era preciso se comportar de um certo modo. Não era permitido chamar ninguém de *nigger** ou falar palavrões. Os fumantes não poderiam fumar usando o distintivo do grupo. Ninguém deveria ser pego pelos guardas fumando maconha ou bebendo o vinho da prisão, pois isso era sinal de falta de inteligência e de autocontrole. Ninguém poderia fazer nada que fosse percebido como um sinal de fraqueza ou de falta de respeito. Os sapatos deveriam estar limpos, e o uniforme, lavado e passado. Além disso, todos os membros deveriam exercitar-se diariamente e comer conosco no refeitório. Eu privilegiava a disciplina e a união.

Nossa gangue tinha menos da metade do número de componentes das gangues rivais, mas, quando a briga começava, absolutamente todos os nossos estavam a postos, enquanto 80% dos componentes dos outros grupos abandonavam-nos. Por isso, ninguém queria nos enfrentar.

Nossos princípios foram postos à prova quando um de meus homens me contou que um tal de Stoney estava sendo transferido

---

* Palavra altamente insultuosa dirigida aos negros. (N. do T.)

para o nosso presídio – um cara preso por violência doméstica, um imbecil que espancava mulheres. Stoney tinha espancado e matado a filha de um membro do meu grupo. Por lealdade, não havia outra escolha: precisávamos pegá-lo. Se não protegêssemos um dos nossos e não vingássemos a morte da sua filha, todo o nosso modo de fazer as coisas estaria sendo baseado numa promessa vazia.

Assim que Stoney chegou na prisão, começou a frequentar os cultos da Nação do Islã. Os novos prisioneiros costumavam fazer isso para ganhar proteção. A Nação era poderosa não somente no nosso presídio, mas em todos do país. Ela garantia a máxima segurança possível.

Pedi uma reunião com Money Man, o chefe da Nação do Islã. Expliquei-lhe que não tinha escolha: precisava matar Stoney. No entanto, por respeito, queria lhe dar a chance de ele próprio me entregar o cara. Money Man levou o pedido a sério, e falou: "Tudo bem, ele é seu, mas um cara do seu grupo matou o primo de um dos meus. Quero esse cara em troca."

Entregar um dos meus homens numa troca de reféns seria uma violação do nosso princípio de lealdade. Retruquei: "Meu homem é um membro do grupo. O cara que eu quero não é membro do seu grupo, é só um convidado. Não estou disposto a fazer essa troca."

Continuamos negociando durante três semanas sem fazer nenhum progresso. Eu tinha de escolher: ou matava Stoney e corria o risco de enfrentar uma guerra contra a Nação do Islã, ou deixava-o em paz e corria o risco de sufocar toda a minha cultura.

Escolhi a primeira opção. Conversei com dois dos membros mais leais do meu grupo, que estavam cumprindo prisão perpétua e jamais sairiam da prisão. Disse-lhes o que precisava ser feito, e eles fizeram sem hesitar. Então, ficamos à espera da repercussão.

Nada aconteceu. Nossa cultura era tão forte que nem a Nação do Islã queria arriscar entrar em guerra conosco por causa de um convidado. No fim, Money Man respeitou nossa lógica, respaldada pela nossa força.

Minha decisão solidificou o grupo, mas também solidificou um aspecto da cultura que eu não queria: éramos selvagens.

Senghor analisou a cultura, assimilou-a e aperfeiçoou-a cuidadosamente à medida que foi subindo na hierarquia da organização. Quando chegou à liderança da gangue, viu-se diante de um novo conjunto de escolhas que desencadearam nele um entendimento profundo. Todas as decisões que ele tinha tomado, pondo a própria vida em risco, toda essa sequência de momentos de integridade, no fim, em sua somatória, tinham originado uma cultura que ele não desejava.

A cultura é assim. Por resultar das ações, e não das crenças, quase nunca se atinge exatamente o ponto desejado. É por isso que não basta programá-la e depois esquecer o assunto. É preciso reexaminá-la e remodelá-la constantemente, caso contrário, ela não será sua. Senghor estava começando a enfrentar esse problema clássico.

Àquela altura da minha vida, tudo o que importava era a adesão ao nosso código. Eu não pensava em perdão nem em nada parecido, não me preocupava que a maior parte das coisas que fazíamos acabava prejudicando a família de alguém.

Percebi pela primeira vez que as coisas podiam ser diferentes em 1995, quando Louis Farrakhan e a Nação do Islã organizaram a Marcha de Um Milhão de Homens*. Antes da marcha, as autoridades prisionais entraram em pânico, pois não tinham ideia do que poderia acontecer, e os guardas começaram a fazer revistas mais violentas. Meus homens reagiram com um amontoado de ideias preconcebidas.

Os irmãos me procuraram e um deles, Hustle Man, disse: "Eu e Merch vamos esfaquear alguns brancos na Marcha de Um Milhão de Homens." Pensei: "Que idiotice! Meu grupo não tem nada a ver com esse tipo de coisa. Ter amor-próprio não é a mesma coisa que odiar os outros." Então, falei para Hustle Man: "Se faz tanta questão disso, por que não esfaqueia um carcereiro branco?" Ele levou um baque. Continuei: "Se não vai fazer isso, não me diga que vai esfaquear esses outros caras que estão sendo oprimidos, jogados na solitária, que enfrentam os mesmos problemas que nós." Ele só queria esfaquear se fosse fácil. Não estava disposto a fazer nada difícil, e eu já sabia disso antes de desafiá-lo.

---

* Uma manifestação de homens negros em Washington realizada em 16 de outubro de 1995. (N. do T.)

Mudar a cultura e a si mesmo

Quando Senghor percebeu o poder de sua influência, começou a fazer um esforço para mudar a cultura:

> Um incidente mudou minha bússola interna. Um jogador de futebol americano se envolveu num acidente de trânsito em Detroit: uma jovem bateu no carro dele no meio de uma ponte; ele saiu do carro furioso, como se fosse atacá-la; com medo, ela pulou da ponte para fugir e se afogou. A notícia saiu em todos os jornais. Quando o jogador estava a caminho da prisão, todos os homens diziam: "Vamos esfaquear esse cara pelo que fez."
>
> E eu pensava: "Os familiares de algumas pessoas devem pensar a mesma coisa de nós." Então, acabei questionando aqueles homens numa reunião tensa realizada no pátio. Falei: "Em primeiro lugar, nem conheço esse cara, mas ninguém vai fazer mal nenhum a ele." Para explicar por quê, fui passando pelo grupo. Perguntei a um homem: "Por que você está aqui?" Ele respondeu: "Tentativa de homicídio." Falei: "Seja quem for que você tenha tentado matar, a família desse cara provavelmente quer te ferrar." Fiz a mesma pergunta para outro homem, e ele respondeu: "Lesão corporal com intenção de matar." Perguntei-lhe como achava que se sentia a família da pessoa agredida. Fiz a mesma pergunta a cada um do grupo. Os homens foram percebendo que todos nós havíamos tomado decisões erradas, e que tínhamos sorte por ninguém de nenhuma família ter concluído que merecíamos levar uma facada. Aos poucos, eles foram revendo as suas ideias equivocadas. Foi a maneira que encontrei para evidenciar as consequências da perpetuação da violência e deixar claro que duas injustiças somadas não fazem justiça.

O episódio não mudou somente o grupo, mas também o próprio Senghor. O líder é capaz de permanecer num estado de ambiguidade mental até enfrentar uma escolha que lance luz sobre o assunto. Então, ou ele evolui ou se enfia na corrupção moral.

Senghor usou esse incidente como estímulo para mudanças:

> Reconheci minha própria incoerência ao preferir resolver os conflitos usando as regras da prisão, em vez de usar os meus pró-

prios princípios, que estavam evoluindo. E comecei a compreender os diferentes níveis nos quais é possível mudar uma organização para que ela esteja alinhada com o nosso código moral.

Isso leva tempo. As refeições em comum tornaram-se obrigatórias – refeições especiais de macarrão lámen, linguiça defumada, queijo ou frango, ou carne moída fresca. Nesses almoços, discutíamos os livros que eu lhes dera para ler. A união e a sensação de que todos estavam sendo cuidados produziram uma grande mudança.

Eu queria transformar a nossa cultura para que, quando voltássemos à nossa comunidade, ajudássemos a mudá-la. Percebia que todos nós tínhamos os mesmos antecedentes problemáticos, que éramos ferrados. Faço esta analogia: imagine que você é um construtor e alguém diz: "Eis aqui um terreno e um milhão de dólares. Você pode construir uma casa para mim nesse terreno?" Então, você constrói para o cara a casa dos sonhos dele. Ele muda para lá e de repente a família começa a ficar doente. Não avisaram você que o terreno ficava sobre um antigo lixão de produtos químicos.

Os programas que havia na prisão eram uma bosta, não produziam resultado. Um deles chamava-se "Prática de parar e pensar" (PPP). A ideia era que, se você estivesse a ponto de se meter numa encrenca e parasse para pensar, não se meteria. Sei... Fiz algumas sessões de psicoterapia, mas assuntos sérios não eram abordados nelas. Não falei daquela vez em que minha mãe quase me enforcou por causa de uma ninharia. Numa sessão, o psicoterapeuta disse: "É provável que você nunca saia daqui." Que tal essa psicoterapia? Tentava-se construir uma mansão em cima de um lixão, sem revolver o solo do terreno.

Comecei a dar aulas diárias chamadas "Homens de verdade falam a verdade", nas quais mergulhávamos fundo em questões de inteligência emocional. As salas estavam sempre cheias e conseguíamos mergulhar em muita coisa ruim que havia dentro de nós. As coisas chegaram a tal ponto que eu punha o pé num presídio e o diretor convidava: "Não quer nos ajudar a organizar alguns seminários sobre empatia e administração de trauma?" A mesma direção que antes me demonizava passou a me confiar responsabilidades.

Como eu já tinha chegado ao grau máximo de selvageria na prisão, os homens sabiam que eu não tinha nada a ganhar com isso, que só queria torná-los seres humanos melhores. Agora vejo caras que já voltaram para casa e se beneficiaram dessa experiência. Estão indo bem e vivendo da maneira correta. Isso me dá uma sensação muito boa.

Quando percebeu a necessidade de fazer mudanças significativas, Senghor entendeu que precisava fortalecer a união no seu grupo. Usou uma das melhores técnicas que existem para mudar uma cultura: o contato constante. Ao exigir que os membros do grupo fizessem as refeições juntos, se exercitassem juntos e estudassem juntos, ele fez que se conscientizassem das mudanças culturais que estava operando. Nada é tão eficaz para sinalizar a importância de uma questão do que fazer reuniões diárias para falar sobre ela.

Quem é Shaka Senghor hoje?

Senghor já está fora da prisão há dez anos, é autor de um *best--seller* e um verdadeiro líder na nossa sociedade.

Quando saí, sabia que tinha a responsabilidade de conversar com os jovens. Olhando para trás, para a minha vida, percebi que poderia ter sido qualquer coisa. Poderia ter sido um médico, um advogado. Como deixei de ser aquele menino cheio de potencial e me tornei um criminoso na cadeia? Queria que meu caminho fosse determinado pelas minhas habilidades, mas foi a cultura das ruas que acabou definindo quem eu era.

Quem é Shaka Senghor? Um criminoso cruel, o líder de uma gangue de detentos, ou o autor de um *best-seller* e líder da reforma prisional que contribuiu para construir uma sociedade melhor? Está claro que ele é capaz de ser as duas coisas. Esse é o poder da cultura. Se você quer mudar quem você é, precisa mudar a cultura em que vive. Felizmente para o mundo, foi isso o que ele fez, e o que ele fez é quem ele é.

CAPÍTULO 5

APLICAÇÃO DO CASO DE SHAKA SENGHOR

> "Big Poppa esmaga os tolos, espanca os tolos
> Pretos loucos comigo porque sei que o dinheiro é quem manda"
>
> **NOTORIOUS B.I.G.**

A cultura é um conjunto abstrato de princípios que permanecem ou não, em consequência das decisões concretas tomadas pelas pessoas que compõem a organização. Essa lacuna entre a teoria e a prática representa um enorme desafio para o líder. Como fazer as pessoas se comportarem como você quer quando você não está por perto para supervisioná-las? Como ter certeza de que esses comportamentos que você incentiva resultarão na cultura que você deseja? Como saber o que de fato está acontecendo? Como saber se os seus esforços deram resultado?

Duas lições para o líder podem ser destacadas da experiência de Shakha Senghor:

1. O modo como você vê a cultura não é muito pertinente. A sua visão de como a sua equipe de executivos vê a cultura da empresa quase nunca corresponde ao que os funcionários de fato vivenciam no dia a dia. A vivência de Shaka Senghor no primeiro dia, ao sair da quarentena, transformou-o. A pergunta que vem ao caso é: O que os funcionários precisam fazer para sobreviver e alcançar o sucesso na sua organização? Quais comportamentos colocam-nos na base de poder e quais os excluem? O que faz que sejam promovidos?

2. É preciso começar pelos princípios. Todo ecossistema tem a sua cultura natural. (No Vale do Silício, nossa cultura natural inclui o uso de roupa casual, a participação dos funcionários na propriedade da empresa e longas horas de trabalho.) Não a adote cegamente.

- Talvez você esteja adotando um princípio organizador que não compreende. A Intel, por exemplo, adotou um padrão de roupa casual para promover a meritocracia. Para os seus líderes, a ideia vencedora seria a melhor ideia, não a ideia da pessoa mais graduada ou que vestisse a melhor roupa. Hoje em dia, muitas empresas do Vale do Silício que não conhecem essa história adotam a roupa casual, mas sem associá-la à meritocracia.

- Além disso, uma cultura predominante pode não ser a mais adequada para o seu negócio. A Intel funcionava desse jeito porque, no processo de tomada de decisões, o pessoal da engenharia era tão importante quanto os principais executivos ou executivas. No ramo da comida rápida, a cultura da Intel provavelmente não funciona.

Vamos detalhar mais o assunto.

A cultura muda as pessoas

Ao ingressar na prisão, Senghor passou a fazer parte de uma cultura que, projetada para reformar o comportamento criminoso, na realidade o intensificava. É preciso perguntar por que o sistema penitenciário concebeu a sua cultura desse modo. Será que as pessoas que o administram sequer sabem o que é a cultura e o que ela faz?

Se você é o líder, será que sabe qual é a sua cultura? A resposta é mais difícil do que parece.

Todos os líderes se surpreendem com comentários como: "Nossa cultura é muito rigorosa" ou "Somos arrogantes", mas, quando a examinam, para tentar entender o que está acontecendo, tornam-se vítimas do princípio da incerteza da gestão. O ato de se esforçar para avaliar a cultura muda o resultado. Quando o chefe pergunta aos gerentes: "Como é a nossa cultura?", o mais provável é receber uma resposta bem administrada: eles dizem o que acham que ele quer ouvir, mas nem sequer tocam naquilo que imaginam que ele não quer ouvir de modo nenhum. É por isso que são administradores.

Para entender a cultura, o melhor não é saber o que dizem os gerentes, mas observar o comportamento dos novos funcionários. Quais são os comportamentos que, na percepção deles, ajudarão a integrar-se, a sobreviver e prosperar naquele ambiente? Essa é a cultura da empresa. Faça essas perguntas diretamente aos novos funcionários ao fim da primeira semana deles na empresa. Pergunte também sobre as coisas negativas, sobre as práticas ou os pressupostos que os deixam desconfiados ou incomodados. Procure conhecer, através deles, as diferenças entre a sua empresa e outras empresas nas quais já tenham trabalhado, e não somente o que é melhor, mas também o que é pior. Peça-lhes conselhos: "Se você estivesse no meu lugar, o que faria para melhorar a cultura da empresa, com base no que você vivenciou nesta primeira semana? O que procuraria consolidar?"

Senghor contou-me a história da sua detenção na delegacia, da sua prisão na penitenciária, quase trinta anos depois de ter vivido essas experiências, mas se lembrava de tudo como se tivesse acontecido ontem. O primeiro dia, a primeira semana numa organização é o momento em que o novato atenta a cada detalhe para entender a sua posição. É aí que ele absorve o sentido da cultura – sobretudo quando alguém leva uma facada no pescoço.

É desse modo que podemos ter um diagnóstico da estrutura de poder: Quem aqui consegue fazer o que quer? Por que consegue? O que fez para chegar a isso? Podemos fazer o mesmo? Ao mesmo tempo, o modo como nos comportamos ao chegarmos numa empresa – o modo como os outros nos veem – afeta nossa posição e nosso potencial e define a nossa marca pessoal nela.

É difícil reverter a primeira impressão que se tem de uma cultura. É por isso que a orientação dos novos funcionários deve ser concebida como uma orientação cultural, a oportunidade que o chefe tem para esclarecer qual é a cultura que quer e como pretende implementá-la. Quais comportamentos serão recompensados? Quais serão desencorajados ou severamente punidos? A receptividade das pessoas ao entrar na empresa e o impacto duradouro da primeira impressão são os motivos pelos quais o processo de incorporação dos novos funcionários é o mais importante. Se o processo pelo qual a empresa recruta, entrevista, orienta, treina e integra os novos funcionários é intencional e sistemático, ótimo. Se alguma parte dele é acidental, a cultura também é.

Muita gente acredita que os elementos culturais são puramente sistemáticos, que os funcionários só trabalham de acordo com determinada cultura empresarial quando estão no escritório. A verdade é que aquilo que as pessoas fazem no escritório, onde elas passam a maior parte do tempo, faz que se tornem quem são. A cultura do escritório é altamente contagiosa. Se um CEO tiver um caso com uma funcionária, casos amorosos se multiplicarão pela empresa e fora dela. Quando se falam muitos palavrões na empresa, a maioria dos funcionários também fará isso em casa.

Ou seja, tentar atrair "pessoas boas" ou deixar de fora "pessoas ruins" não é suficiente para garantir uma cultura de notável integridade. A pessoa pode até ser íntegra ao entrar na empresa, mas pode ter de comprometer sua integridade para se dar bem no ambiente da empresa. Assim como os africanos de Saint-Domingue tornaram-se produto de uma cultura escravocrata e depois transformaram-se em soldados de elite, sob a liderança de Toussaint Louverture, as pessoas tornam-se a cultura na qual vivem e fazem o que é preciso para sobreviver e prosperar.

Viver o código

Os atos dos líderes que antecederam Senghor não estavam à altura do seu código cultural, e eles acabaram perdendo a posição que tinham. O líder precisa acreditar no seu código. Se inserir na sua cultura elementos nos quais não acredita, isso acabará enfraquecendo-a.

Por exemplo: nunca conheci um CEO que não achasse importante avaliar o desempenho dos funcionários. Todos querem uma cultura transparente, na qual cada funcionário saiba como é visto pelos seus superiores. Já conheci muitos CEOs que exigem que seus gerentes escrevam avaliações de desempenho, mas eles próprios não reservam um tempo para escrever suas avaliações. Quando eu era CEO, instituí uma regra obrigatória para todos, inclusive para mim: se você não realizar as suas avaliações de desempenho por escrito, nenhum funcionário seu receberá os aumentos, os bônus ou as opções de ações a que faz jus. A regra sempre foi observada por todos, pois nenhum gerente queria ser crucificado pelos seus funcionários. Isso mostra o quanto era importante para mim a consistência da cultura em matéria de avaliação de desempenho.

Pode-se também defender a ideia de que a regra visava proteger a mim mesmo: com o tempo, um líder que não pratica o que exige corre o risco de ser substituído por outro que age dessa forma. Acreditar nos próprios princípios é necessário, mas não suficiente. Também é preciso fazer como Senghor e transmitir esses princípios para o grupo de maneira convincente. De acordo com a situação inicial da equipe, essa transmissão pode ser algo relativamente simples, mas também pode ser uma tarefa descomunal. No entanto, é essencial, pois não somente reafirma a cultura como também consolida a posição do líder.

Se você for carismático, talvez consiga convencer as pessoas de que a sua cultura é algo que ela não é. As pessoas acreditarão em você, pelo menos por um tempo. Porém, não se comportarão da maneira que você quer, e você nunca se tornará a pessoa que diz ser.

A cultura é universal

Talvez você ache possível construir uma cultura de competição acirrada, que os funcionários adotem apenas para lidar com os que são de fora da empresa, mas deixem de lado dentro dela, no trato diário de uns com os outros, ou talvez pense que seja possível construir uma cultura abusiva, na qual qualquer falha ganhe enorme relevância, e que os funcionários só adotem no trabalho, mas deixem de lado quando voltam para casa. No entanto, não é assim que as coisas funcionam. Quando os comportamentos culturais são absorvidos, eles passam a ser aplicados em qualquer lugar ou situação.

Vamos supor que você seja um gerente. A sua empresa adota o valor cultural "Protegemos uns aos outros", o que significa que todos se apoiam quando as coisas se complicam. Vamos imaginar agora que um dos seus parceiros na distribuição esteja tentando fechar um grande negócio e peça ajuda a um de seus funcionários, mas este, ocupado, deixe a peteca cair: não comparece, não retorna o telefonema, não ajuda. O parceiro, furioso por ter perdido a oportunidade por falta de apoio, telefona para você reclamando. Você protege o seu parceiro ou o seu funcionário? Fica do lado da cultura ou da tribo?

Se ficar do lado da tribo – e esta é a posição mais instintiva –, lembre-se de que apoiar uns aos outros quando as coisas ficam difíceis é promover a confiança e a lealdade em toda a empresa. É quase impossível uma empresa adotar uma ética com os parceiros e outra completamente diferente dentro da própria empresa. Se você apoiar o funcionário, ele aprenderá duas coisas: que você está do lado dele e que não há nenhum problema em deixar a peteca cair. O modo como você tratar seu parceiro acabará se tornando o modo como seus funcionários tratarão uns aos outros.

Como assinala Senghor, a cultura viaja de ambiente em ambiente.

Quando o código vira uma arma

Na ocasião em que membros do grupo de Senghor expressaram o desejo de matar detentos brancos, estavam tentando manipular o código, de modo que atendesse aos seus próprios interesses. Essa é uma manobra comum que, para Dara Khosrowshahi, CEO da Uber, "transforma o código numa arma". Os homens de Senghor tentaram usar o amor próprio e a luta contra a opressão, que faziam parte da cultura do grupo, como arma para ganhar mais status. Ao escolher um alvo fácil, podiam ganhar credibilidade como "matadores". Para expor a verdadeira motivação deles, Senghor simplesmente tornou mais difícil o alvo, assim como as consequências, caso conseguissem atingi-lo.

Stewart Butterfield, fundador e CEO da Slack, enfrentou uma situação semelhante quando a empatia, um dos valores básicos da cultura da empresa, acabou tendo consequências imprevistas. As virtudes são superiores aos valores, como sabiam os samurais, porém, enquanto esse entendimento não se estabelece, muitas empresas continuam promovendo valores, em vez de virtudes. O valor da empatia era dirigido principalmente aos clientes, mas também objetivava melhorar a comunicação interna da empresa, de modo que cada funcionário conseguisse entender melhor os seus pares. Quando um engenheiro compreende de fato os problemas que um gerente de produto enfrenta e o processo que precisou implementar para obter dados sobre os consumidores, começa a levar esses dados mais a sério.

No entanto, quando os gerentes diziam aos funcionários que precisavam ter uma interação mais eficiente com os colegas ou simplesmente render mais, alguns usavam o valor da empatia como arma e retrucavam: "Você não teve empatia nessa avaliação!" Em vez de usar a empatia para melhorar a comunicação, esses funcionários queriam proibir qualquer comunicação que ferisse seus sentimentos. Essa reação fez que alguns gerentes hesitassem e deixassem de fazer avaliações, com medo de que fossem entendidas como crítica e falta de empatia.

Butterfield precisava comunicar uma mensagem clara sobre quais comportamentos faziam parte da cultura e quais não faziam. Assim, retirou a ênfase na empatia e direcionou-a para a colaboração, que queria inserir na cultura da empresa. Em seguida, definiu o que isso significava na prática. Na Slack, ser colaborativo é aceitar a liderança de onde quer que venha. As pessoas colaborativas sabem que seu sucesso é limitado por aquelas que não colaboram, assim, ou ajudam essas pessoas a melhorar seu padrão de trabalho, ou acabam livrando-se delas.

Quando é preciso mudar a si mesmo para mudar a cultura

As culturas costumam refletir os valores dos líderes. Senghor precisou modificar a si mesmo para alcançar a cultura que queria. Os líderes empresariais enfrentam o mesmo tipo de desafio, mas muitas vezes partem do pressuposto de que são "boas pessoas" e ignoram as próprias deficiências. As consequências disso para a cultura são perigosas.

Isso aconteceu comigo várias vezes quando eu era CEO da LoudCloud e, em todas as situações, percebi que poderia pender para qualquer um dos lados. Em certa ocasião, depois de um trimestre bom em termos de receita, mas não no que se refere a contratos garantidos (oficialmente fechados) que acabariam se tornando receita, alguns funcionários inventaram uma maneira complicada de fazer que os contratos não garantidos parecessem garantidos. Em essência, a equipe sugeriu que incluíssemos na mesma categoria tanto os contratos garantidos como aqueles não garantidos. Eu não queria que o número oficial de contratos garantidos despencasse e, tecnicamente, a saída proposta pela equipe não era nem enganosa nem ilegal. Será que eu aceitaria? Minha tendência era tentar. Estava disposto a ser ambíguo, desde que pudéssemos garantir que estávamos seguindo a letra da lei, ou seja, desde que pudéssemos alegar veracidade.

Foi então que Jordan Breslow, chefe do departamento jurídico da empresa, me procurou, e tivemos esta conversa: "Ben, essa discussão está me incomodando muito." "Por que, Jordan? Não estamos afirmando nada que não seja verdadeiro. Se não fecharmos certo número de contratos, enfrentaremos uma chuva de críticas da imprensa, os clientes deixarão de confiar em nós, perderemos mais um trimestre e seremos obrigados a fazer demissões." "Sim, Ben, mas estamos nos propondo a dizer a verdade de um modo tal que o que as pessoas vão ouvir é uma mentira." Pensei: "Droga, ele tem razão."

Criei então outra regra: na definição de receita, adotaríamos somente os padrões da contabilidade, e todos os nossos lançamentos seriam auditados por outra empresa. Precisei mudar para que nossa cultura mudasse, dizer a verdade para garantir que as pessoas ouvissem a verdade. Como discuti no capítulo sobre Louverture, a confiança é o fundamento da comunicação. O simples ato de dizer algo que você possa definir apenas vagamente como "a verdade" não constrói confiança. O que constrói confiança é o fato de a verdade propriamente dita ser ouvida.

Mas eu poderia ter tomado o outro caminho se Breslow não tivesse me impedido. A cultura pode ser percebida como algo abstrato e secundário quando comparada com um resultado concreto que está bem à nossa frente. No entanto, ela é um investimento estratégico que leva a empresa a fazer a coisa certa mesmo quando você não está olhando.

Mudar a cultura pelo contato constante

Quando Senghor decidiu impor aos Melânicos uma drástica mudança de direção, passou a promover encontros diários do grupo. Esta é uma das melhores maneiras de mudar a cultura empresarial.

Certa vez, recomendei a Lea Endres – CEO da NationBuilder, que cria softwares para líderes comunitários – que seguisse o exemplo de Senghor. A NationBuilder estava perto do vermelho, e Endres, por mais que lembrasse a todos que era preciso ganhar dinheiro, não conseguia fazer a equipe atentar para isso e se sentia frustrada. Conversamos:

> Lea: Estou preocupada com as cobranças e a entrada de dinheiro. Nosso financeiro é terceirizado, e para eles tanto faz. Nosso saldo está baixo e fomos pegos de surpresa no mês passado. Mais uma ou duas surpresas e estaremos encrencados.
> Ben: Alguma equipe já está tratando do assunto? Quanto precisa entrar este mês?
> Lea: Sim, está. Pelo menos 1,1 milhão de dólares.
> Ben: Se você está em uma situação de crise e precisa que a equipe entregue resultados, reúna-se com ela todos os dias e, se preciso, até duas vezes por dia. Isso sinalizará a todos o quanto

isso é prioritário. No começo de cada reunião, diga: "Onde está meu dinheiro?" Eles vão começar a dar desculpas, do tipo: "Boo Boo devia ter me ligado, mas não ligou", ou "O sistema me passou a informação errada." Essas desculpas são a chave, pois esse é o conhecimento que faltava para você. Quando a desculpa for: "Fred não respondeu ao meu e-mail", você pode pedir a Fred que responda ao tal e-mail, e também dizer a quem deu a desculpa que deveria ter insistido muito mais. No começo, essas reuniões serão longas, mas depois de duas semanas ficarão mais curtas, porque, quando você disser, "Onde está o meu dinheiro?", eles vão responder: "Bem aqui, Lea!"

Duas semanas depois:

Lea: Você não vai acreditar nas desculpas que ouvi. Uma pessoa falou que temos um e-mail que responde automaticamente e, em uma só frase, informa aos clientes que o pagamento está atrasado, mas não lhes diz como resolver isso! Então falei: "Pois bem, vamos dar um jeito nessa droga de e-mail!" Estamos progredindo, e eles já sabem que quero meu dinheiro.

Fim do trimestre:

Lea: Conseguimos 1,6 milhão em setembro! E a equipe adora quando eu digo: "Onde está o meu dinheiro?"

Para mudar a cultura, não basta deixar claro o que você quer, as pessoas precisam saber o quanto isso é urgente.

CAPÍTULO 6

GENGIS KHAN, MESTRE DA INCLUSÃO

> "Hinos transeculares baseados em birras dos bairros pobres
> Baseados no modo como fomos rotulados
> Admita, Jerome é mais bem tratado do que Brandon
> e, no aeroporto, reviram minha mala e
> me dizem que fui escolhido ao acaso."
>
> **KANYE WEST, "GORGEOUS"**

Gengis Khan foi o líder militar mais eficiente da história. Em uma série de campanhas surpreendentes, dominou um território duas vezes maior do que aquele que qualquer outro conquistador conseguiu. Com um exército de apenas 100 mil homens, apossou-se de cerca de 30 mil quilômetros quadrados – uma área quase do tamanho da África, que se estendia do Golfo Pérsico ao Oceano Ártico.

Hoje em dia, a maioria das empresas se vê às voltas com o problema de como criar uma cultura inclusiva, mas Gengis Khan dominou essa difícil arte quase mil anos atrás. Reuniu num único domínio contíguo diferentes povos, da China, da Europa, da Pérsia, praticantes do islamismo, do budismo, do cristianismo e até do canibalismo. Construiu seu império com base em fundamentos tão firmes que, depois de sua morte, durante 150 anos, ele continuou se expandindo.

Como um menino assustadiço chamado Temujin, que tinha medo de cães e chorava à menor provocação, que cresceu rejeitado por uma minúscula tribo nômade no meio do nada, realizou tais feitos? Quais inovações culturais lhe possibilitaram ter sucesso?

Temujin nasceu em 1162 numa das regiões mais inóspitas e áridas do mundo, perto da atual fronteira entre a Mongólia e a Sibéria. Segundo o livro *The Secret History of the Mongols*, que conta a história da corte mongol, ele saiu do útero da mãe com um grande coágulo de sangue na mão, um augúrio de que seria um conquistador. Tanto o derramamento de sangue quanto o augúrio se concretizaram.

Temujin foi criado numa pequena tribo do clã Tayichiud, um dos principais entre os treze clãs que formavam o povo mongol. Seu pai, Yesugei, um líder de médio escalão dentro do clã, havia raptado sua mãe, Hoelun, para que se tornasse sua segunda esposa. Raptar uma mulher para se casar com ela era algo comum e aceito na época. Hoelun, então com quinze anos, já era casada. O casal deu a seu primeiro filho o nome de Temujin por conta do guerreiro Temujin Uge, que Yesugei havia capturado e executado. Não é exatamente um episódio de *Leave it to Beaver**, mas uma explicação cabível para o homem que viria a se tornar o Grande Khan.

Nada se sabe sobre como era Temujin na infância, mas Frank McLynn, no livro *Genghis Khan: His Conquests, His Empire, His Legacy*, revela que, adulto, ele era intimidador: "dono de uma saúde robusta, alto, de testa larga, barba longa e olhos semelhantes aos de um gato, parecia calmo, impiedoso, calculista e autocontrolado." O próprio Temujin mais tarde explicaria a sua visão de mundo, semelhante à de um pirata:

> É agradável e exitoso para um homem subjugar os rebeldes e vencer e aniquilar seus inimigos, tomar tudo o que possuem, fazer que seus servos gritem, fazer lágrimas escorrerem pelos seus rostos e narizes, montar em seus alazões de andar macio, tomar as barrigas e umbigos de suas esposas como cama e lençol, usar os corpos de suas mulheres como vestimenta noturna.

Esse era o jeito mongol de ser. Quando Temujin tinha cerca de nove anos de idade, seu pai levou-o consigo na busca de uma

---

* Programa de televisão norte-americano das décadas de 1950 e 1960 que retrata a vida de um garoto de classe média. (N. do T.)

esposa para o menino. Visitaram os clãs próximos, e pernoitaram no abrigo de uma família que tinha uma filha chamada Borte. As duas crianças gostaram uma da outra, e os pais combinaram o noivado. Temujin ficou com a família de Borte, trabalhando como pastor, enquanto seu pai procurava levantar o dinheiro do dote. Depois, os dois se casariam.

Três anos depois, Yesugei fez uma refeição com os tártaros, a tribo de Temujin Uge, o guerreiro que ele havia matado. Supõe-se que não conseguiu esconder sua identidade, pois foi envenenado. Antes de morrer, Yesugei mandou chamar Temujin. O menino teve de deixar Borte e sua família e voltar para casa – para uma família que agora tinha duas viúvas e sete crianças pequenas.

Eram muitas bocas para sustentar, e o clã Tayichiud abandonou a família e confiscou seus animais, praticamente condenando-os a morrer nas estepes inóspitas. Hoelun conseguiu sustentar a família simplesmente com a sua coragem: vestiam as peles dos cães e camundongos que comiam para não morrer de fome.

Temujin era perseguido por Begter, seu meio-irmão mais velho, e o homem mais velho da família. Além de comer os peixes que Temujin pescava, Begter desejava dormir com sua madrasta viúva, como mandava a tradição. Temujin solucionou o problema de forma extremamente objetiva: ele e Khasar, seu irmão mais novo, crivaram Begter de flechas. Uma lição para as crianças: não provoquem seus irmãos mais novos, pois um deles pode acabar tornando-se Gengis Khan.

Hoelun ficou furiosa. Como os meninos poderiam construir alianças e vingar-se da sua tribo se não conseguiam sequer conter-se, matando o meio-irmão? Disse para eles: "Vocês são lobos, cães enlouquecidos que rasgam a própria carne."

Para punir Temujin pelo assassinato, os Tayichiud capturaram-no e escravizaram-no, sujeitando-o a trabalhos árduos. Mas logo ele conseguiu escapar e abrigou-se junto de uma família pobre que o escondeu sob peles de animais quando seus captores foram procurá-lo. A bondade desses desconhecidos, que contrastava com o modo como tinha sido tratado pelos Tayichiud, seus parentes ricos, marcou profundamente Temujin. Jack Weatherford, no livro *Genghis Khan and the Making of the Modern World*, observa que a experiência deu a Temujin "a convicção de que certas pessoas, mesmo não pertencentes ao seu clã, eram dignas de confiança, como se fossem da sua família. Mais tarde, ele passaria a julgar as pessoas em primeiro lugar pelo modo como agiam com ele, e não de acordo com os laços de parentesco, um conceito revolucionário na sociedade das estepes". Como veremos, julgar as pessoas com base nas suas ações também é um conceito revolucionário em muitas culturas corporativas da época atual.

Em 1178, Temujin fez dezesseis anos. Embora nunca mais tivesse visto a esposa prometida desde a morte do pai, sentiu-se confiante o suficiente para procurá-la. Teve a grata surpresa de descobrir que Borte ficara esperando por ele. O costume mandava que a noiva oferecesse um presente para os parentes do noivo. Borte ofereceu-lhes um casaco preto de zibelina, a pele mais apreciada da estepe. Temujin, astuto, deu o casaco a um homem chamado Ong Khan, antigo aliado do seu pai, pois sabia que precisaria ter os próprios aliados.

E isso não demorou a acontecer. Depois de esperar dezoito anos, os Merkidas, a tribo original de Hoelun, resolveram vingar-se pelo rapto dela e, reunindo cerca de trezentos homens, atacaram o acampamento de Temujin. Ele e os irmãos conseguiram fugir a cavalo, mas Borte foi capturada e dada como esposa ao homem mais velho da tribo Merkida.

O clã de Temujin não era páreo para os poderosos Merkidas, e a maioria dos homens na sua situação teria simplesmente procurado outra esposa para raptar. Porém, embora os mongóis fossem reservados, Temujin lamentou abertamente a perda de Borte, dizendo que os Merkidas haviam cortado seu peito em dois e partido seu coração. Decidiu lutar por ela, e procurou Ong Khan, que concordou em ajudar e aconselhou Temujin a pedir ajuda também a um jovem mongol em ascensão, do clã Jadaran, chamado Jamuka. Os dois já tinham feito o pacto de irmandade – haviam jogado o jogo das pedrinhas juntos, na infância –, e Jamuka juntou-se ao grupo. Com esses amigos poderosos, Temujin estava pronto para a batalha.

O grupo dele atacou os Merkidas à noite. Temujin começou a procurar Borte dentro das tendas. Mas, por segurança, ela tinha sido colocada numa carruagem e enviada para longe da batalha. O livro *The Secret History of the Mongols* conta que, em meio ao combate, Borte reconheceu uma voz que a chamava pelo nome. Pulou da carruagem e correu em meio à escuridão, em direção à voz. Temujin estava tão desnorteado que, quando Borte o alcançou e agarrou as rédeas do cavalo, ele quase a atacou. Mas a reconheceu, e os dois "lançaram-se nos braços um do outro". Borte estava grávida do homem que a raptou e, quando a criança nasceu, Temujin a adotou. A linhagem de sangue, de fato, não tinha muito significado para ele.

Apesar de ter recebido ajuda de Jamuka no resgate de Borte, começaram a surgir conflitos entre eles. Mais uma vez, as castas tiveram papel essencial nesse episódio. Na hierarquia mongol de parentesco, cada linhagem era comparada a um "osso". As linhagens mais próximas ao líder eram consideradas superiores e chamadas de ossos brancos, as mais distantes eram os ossos negros. Temujin, enquanto fizesse parte do bando de Jamuka, seria um osso negro, e Jamuka, um osso branco. Somente se conseguisse restabelecer seu próprio bando Temujin poderia ser considerado um osso branco.

Temujin havia matado o próprio irmão para não ter de se submeter a ele, estava claro que não se submeteria a Jamuka. Em 1183, as duas tribos se separaram. Depois de vinte anos de amargas lutas – interrompidos por tréguas periódicas e juramentos de aliança –, Temujin finalmente venceu Jamuka, arrastando consigo todas as outras tribos independentes e tornando-se o líder de fato de todos os mongóis.

Em 1206, os nobres mongóis reuniram-se e pediram a Temujin que se tornasse seu líder supremo. Ele aceitou, mas impôs algumas condições: todos os mongóis deveriam obedecer a ele sem questionamento, segui-lo a qualquer lugar que fosse e matar quem ele decidisse que deveria ser morto. Quando Temujin se tornou chefe de 31 tribos e de cerca de 2 milhões de mongóis, ele adotou o nome de Gengis Khan, que significa governante "feroz", "duro".

123

Os mongóis com frequência ficavam divididos. Era comum as tribos e os clãs unirem-se para enfrentar inimigos comuns, depois elas se separavam e passavam a lutar umas contra as outras. Todos os nobres da estepe, até o bandoleiro mais vulgar, acreditavam que deveriam governar todos. Gengis Khan percebeu que esses guerreiros precisavam de um objetivo comum, que não deveria refletir os sonhos de primazia dos aristocratas, mas sim os mais básicos desejos dos soldados, e que poderia motivá-los com "uma quantidade imensa, exponencial de espólios de guerra", nas palavras de McLynn. Com efeito, essa seria a sua única forma de pagamento.

> O objetivo era assegurar a lealdade ao Khan, não à tribo ou ao clã, e essa lealdade poderia ser assegurada se a recompensa fosse grande o suficiente. [...] Para perpetuar seu superestado, Gengis precisava de um influxo constante de riqueza, o que acarretava a guerra e a conquista permanentes. Um período de paz longo demais encorajaria os defensores da sua república, poderosos e frustrados, a se voltarem para si mesmos e, no fim, contra si mesmos.

Depois de dominar todas as tribos mongóis, Gengis Khan atacou e subjugou o norte da China. Dirigiu-se então para o oeste e adentrou a Corásmia, o Império Persa. E antes de morrer, em 1227, provavelmente em razão de problemas decorrentes de uma queda de cavalo, dominou a Rússia.

As suas campanhas eram impiedosas. Os seus generais acostumaram-se a dizer aos adversários que seriam poupados caso se rendessem, mas, depois da rendição, eram todos trucidados. Após conquistar a cidade de Gurganj, seu exército fez as mulheres tirarem as roupas e lutarem entre si antes de, por fim, serem mortas em uma chacina. Em muitas cidades, Gengis Kahan eliminava não apenas as pessoas, mas também os cães, os gatos e os ratos. Poupava somente os artesãos, que eram enviados à Mongólia. No mundo islâmico, por ele assolado, passou a ser conhecido como "O Maldito". Mas, no sentido oposto, também manifestou um novo tipo de aceitação e inclusão.

Como a cultura afetava a estratégia militar

A meritocracia adotada por Gengis Khan fez que seu exército se tornasse diferente de qualquer outro exército, e também mais poderoso.

Na maioria dos exércitos, os líderes cavalgavam e todos os outros componentes formavam uma lenta infantaria. No exército dele só havia cavaleiros, que eram considerados todos iguais e se deslocavam na mesma velocidade. A maioria dos exércitos possuía grandes unidades de logística; no dele, cada homem levava o que precisava: roupas de frio ou de calor, pederneiras para fazer fogo, cantis para água e leite, uma lima para afiar as pontas das flechas, um laço para prender os animais ou os prisioneiros, agulhas para reparar as roupas, uma faca, uma machadinha e uma sacola de pele para guardar esses objetos. Todos ordenhavam os próprios animais e alimentavam-se do que caçavam e saqueavam.

Os exércitos tradicionais, hierarquizados e divididos em classes, deslocavam-se em longas colunas que marchavam numa única direção, seguidas por grandes unidades de logística. Os mongóis organizavam-se em círculos concêntricos. Cada esquadrão de dez homens fazia parte de uma brigada de mil, uma nova "tribo". Essas brigadas, por sua vez, reuniam batalhões de 10 mil homens. No ápice do poder do exército, dez desses batalhões dispunham-se ao redor de Gengis Khan, que cavalgava no meio deles.

Essa estrutura proporcionava grande agilidade aos mongóis e permitia-lhes cercar e destruir seus inimigos. As forças mongóis eram capazes de derrotar exércitos cinco vezes maiores, e muitas vezes desafiavam as táticas tradicionais de guerra atacando em duas frentes ao mesmo tempo, impedindo assim que príncipes vizinhos socorressem uns aos outros, com medo de serem atacados na sua própria cidade. As campanhas de Gengis Khan eram marcadas por avanços rápidos – sua cavalaria era capaz de percorrer mais de cem quilômetros por dia, e os pôneis mongóis eram ágeis como cães –, por chuvas de flechas, por ataques alternados desferidos pelas cavalarias leve e pesada, por retiradas simuladas e emboscadas frequentes, bem como pela relutância em entrar num combate corpo a corpo. Eram como guerrilheiros que por acaso haviam formado um exército. Os Jin, da China, foram os primeiros a se surpreender com os ataques fulminantes dos mongóis: "Chegam como se o céu caísse e desaparecem como um raio."

À medida que seus exércitos avançavam, Gengis Khan fazia questão de conservar em todo o seu domínio as melhores práticas dos povos recém-conquistados. Desse modo, o império inteiro se aperfeiçoava e ganhava unidade. Weatherford escreve:

> Com a sua política de tolerância religiosa, a criação de um alfabeto universal, a manutenção de estações de correio, os jogos, a impressão de almanaques, de dinheiro e de cartas astronômicas, os governantes do Império Mongol revelavam um persistente universalismo. Por não terem um sistema próprio que pudesse ser imposto aos súditos, estavam dispostos a adotar e combinar diferentes sistemas. Sem preferências culturais profundas nessas áreas, não implementaram soluções ideológicas, mas sim pragmáticas. Buscavam o que funcionava melhor e, quando encontravam, levavam para outros países.

Gengis Khan criou uma cultura bastante estável, estruturando-a sobre três princípios básicos: meritocracia, lealdade e inclusão.

Meritocracia

Depois de unir os mongóis, em 1189, Temujin fez sua primeira inovação em matéria de organização. Na maioria das tribos das estepes, a corte do Khan era uma aristocracia formada pelos seus parentes. Weatherford escreve:

> Temujin, no entanto, atribuiu responsabilidades a diversos seguidores, de acordo com a sua capacidade e lealdade, sem dar atenção ao parentesco. Colocou nas posições mais altas, de assistentes pessoais, seus dois primeiros seguidores, Boorchu e Jelme, que havia mais de dez anos se mostravam persistentemente leais a ele.

As mulheres mongóis já eram tratadas excepcionalmente bem para a época, mas Gengis Khan aboliu os títulos aristocráticos hereditários e eliminou a hierarquia das castas. Assim, todos os homens passaram a ser iguais. Pastores e condutores de camelos poderiam tornar-se generais. Temujin chamou todos os seus súditos de "O Povo das Paredes de Feltro" – o material usado para as paredes de suas habitações (gers ou iurtas). Isso simbolizava que todos formavam um só clã.

Para solidificar essa nova meritocracia, ele determinou a aplicação da pena capital a qualquer um de seus familiares que se tornasse um Khan, um líder, sem ter sido eleito para ocupar essa posição. Desse modo, introduziu o conceito do Estado de direito: já não bastava apenas a força para determinar a lei. Numa época em que os governantes se consideravam acima das leis, insistiu que os líderes respondessem pelos seus atos da mesma maneira que o mais humilde pastor.

Esse princípio somente não se aplicava a uma pessoa: ele próprio. Em seus piores momentos, Gengis Khan se comportava como qualquer outro déspota. E enfraqueceu a meritocracia ao agraciar seus filhos com imensos lotes de terras quando se queixavam de que estavam sendo superados por plebeus. McLynn escreve: "Caso se pergunte se a sociedade mongol sob Gengis Khan era regida pelas leis ou era uma tirania, a resposta pode ser: as duas coisas."

Para um líder da sua época, no entanto, Gengis Khan era extraordinariamente pragmático e fazia o que pregava. Embora esperasse ser obedecido, jamais se apresentou como um ser divino – nunca permitiu que pintassem seu retrato, esculpissem sua imagem ou gravassem seu nome ou sua face numa moeda. Numa carta a um monge taoísta, ele dizia ser como qualquer outro soldado: "Eu mesmo não tenho qualidades que me distingam. [...] Continuo usando as mesmas roupas e comendo a mesma comida que os pastores de vacas e de cavalos. Fazemos os mesmos sacrifícios e partilhamos as riquezas."

Ao transformar o seu exército de uma hierarquia hereditária numa verdadeira meritocracia, conseguiu livrar-se das figuras ociosas e medíocres que detêm poder na aristocracia. Além disso, melhorou a performance do exército e inspirou soldados ambiciosos a sonhar com a liderança caso se mostrassem corajosos e inteligentes.

Lealdade

Para Gengis Khan, lealdade era algo muito diferente daquilo que seus contemporâneos pensavam. Em geral, os líderes esperavam que os guerreiros morressem por eles, mas ele entendia a lealdade como uma relação bilateral que fazia que assumisse grandes responsabilidades. Quando dois treinadores de cavalos o alertaram sobre um complô contra ele, tornou-os generais. Quando seus soldados capturaram um arqueiro de Jamuka que quase o tinha matado com um flechada, o arqueiro explicou a Temujin que não era nada pessoal, que não tinha nada contra ele, que só havia obedecido às ordens do seu líder. O arqueiro achou que seria condenado à morte, mas Temujin o fez oficial do exército, e ele acabou se tornando um grande general.

O objetivo de Gengis Khan na guerra era preservar a vida dos mongóis. Ele preferia vencer por meio da intimidação e da consequente rendição sem luta. Assim, as cidades que capitulassem de imediato muitas vezes eram poupadas, mas, no caso das cidades que resistiam, seus cidadãos eram colocados diante do exército mongol como escudos humanos no seu avanço. (Como já observei, ele era um pouco temperamental, e seus generais às vezes eram impulsivos, de modo que o exército nem sempre observou com rigor esse princípio.) Quando um de seus soldados era morto, ordenava que sua parte no butim fosse distribuída entre a viúva e os filhos.

Caso único entre todos os conquistadores, Gengis Khan nunca puniu um único general, o que explica por que nenhum deles desertou nem o traiu em seis décadas. Usando uma técnica empregada depois por Shaka Senghor, exigia que a ética que vigia no exército fosse aplicada também aos de fora. Quando declarou que não era admissível trair o Khan, entendia isso como uma regra que alcançava todos. Em 1205, depois de finalmente derrotar Jamuka, alguns dos homens deste líder entregaram-no, na esperança de serem poupados. Em vez de recompensar os vira-casacas, Gengis Khan executou-os, como Jamuka havia dito que ele faria, e depois executou-o.

Ao colocar a lealdade no patamar de um princípio maior, Gengis Khan obteve uma grande vantagem militar. Exatamente por não pedir aos seus soldados que morressem por ele, estes se dispunham a fazer isso com avidez. Os mongóis diziam: "Se ele me mandar entrar no meio do fogo ou pular na água, eu vou. Por ele, eu vou."

Inclusão

Gengis Khan fez uma mudança radical nos protocolos de guerra. Em vez de dispensar cuidados especiais aos líderes aristocráticos vencidos e escravizar os soldados rasos, executava os aristocratas, para evitar que depois se voltassem contra ele, e incorporava os soldados ao seu exército. Assim, não somente engrossava suas fileiras, mas também se estabelecia como um empregador que dá oportunidades iguais, aquele que tem uma equipe da qual todos querem participar.

Quando derrotou o clã Jurkin, em 1196, pediu a sua mãe, Hoelun, que adotasse um menino do clã e o criasse como filho. Deixou claro, assim, que os vencidos participariam das conquistas futuras como se fizessem parte da tribo original. Para simbolizar essa nova igualdade, ofereceu um banquete aos mongóis derrotados e a seus novos parentes. Também incentivou o casamento entre tribos para integrá-las ainda mais.

Qualquer um poderia aproveitar soldados inimigos para o próprio exército – os romanos e muitos outros povos fizeram isso. No entanto, Gengis Khan tratava esses soldados tão bem que acabavam se tornando mais leais a ele do que a seus antigos líderes.

Esse modo de agir solidificou-se em 1203, quando ele estava sendo perseguido por Ong Khan, seu antigo mentor. Temujin refugiou-se nos pântanos perto do norte da China, onde ele e dezenove de seus comandantes beberam a água do rio Baljuna e fizeram um juramento: os comandantes prometeram que para sempre seriam leais a Gengis Khan, assim como ele para sempre seria leal a eles. Weatherford escreve:

> Os dezenove homens que acompanhavam Temujin Khan vinham de nove tribos diferentes. Talvez somente Temujin e seu irmão Khasar fossem dos clãs mongóis. Entre os outros havia homens das tribos Merkida, Khitan e Kereida. Temujin era um xamanista devoto, que adorava o Eterno Céu Azul e o deus da montanha de Burkhan Khaldun, mas entre os dezenove homens havia vários cristãos, três muçulmanos e muitos budistas. O que os unia era somente a devoção a Temujin e o juramento que haviam feito a ele e uns aos outros. Os juramentos feitos em Baljuna criaram entre eles uma espécie de irmandade que, transcendendo o parentesco, a etnia e a religião, aproximava-se de uma espécie de cidadania moderna baseada na escolha e no compromisso pessoais.

Quando os uigures, altamente civilizados, se renderam sem luta, em 1209, Gengis Khan enviou muitos dos eminentes desse grupo a diversas partes do império para atuarem como juízes, generais, escribas, agentes secretos e coletores de impostos. McLynn vê aí mais um momento de mudança:

> Depois que suas habilidades, seus talentos e sua cultura foram colocados a serviço dos mongóis e sua forma de escrita foi aceita como a primeira língua oficial da classe governante, eles ajudaram a dar legitimidade ideológica e espiritual ao império. Já não se poderia dizer que se tratava somente de um bando de selvagens cruéis e sedentos de sangue.

À medida que as conquistas de Gengis Khan foram se ampliando, ele foi se tornando mais seletivo na escolha daqueles que deveria incorporar ao seu exército. Concentrou-se nos eruditos, nos engenheiros e nos médicos, que acompanhavam cada uma de suas brigadas de mil homens. Obteve grande sucesso colocando os eruditos chineses na administração do império e, cada vez que capturava uma cidade, interrogava seus eruditos como se estivesse entrevistando-os para uma vaga de emprego. Ao incorporar engenheiros estrangeiros, obteve os conhecimentos de que precisava para ter o poderio militar mais avançado, do ponto de vista técnico, já visto até então, e passou a usar armas como o trabuco e a catapulta.

Depois da morte de Gengis Khan, em 1227, os mongóis que herdaram o seu império mantiveram a sua abordagem multicultural e conseguiram resultados espetaculares. Seus engenheiros combinaram elementos oriundos da China (a pólvora) e do mundo islâmico (o lança-chamas) com uma inovação europeia (os sinos de metal fundido) para criar uma nova e terrível arma: o canhão.

Gengis Khan criou leis visando a defesa e inclusão de alguns grupos sociais. Criminalizou o rapto de mulheres e o ato de vendê-las para casar (embora seus soldados continuassem estuprando as mulheres dos povos derrotados e tomando-as como concubinas). Declarou a legitimidade de todos os filhos, eliminando o conceito de pessoas ilegítimas ou menos dignas. E introduziu, talvez pela primeira vez na história, uma liberdade religiosa irrestrita. Embora os povos vencidos tivessem de jurar-lhe fidelidade e obedecer à lei dos mongóis – e apesar de executar clérigos e imãs que pregassem contra ele –, no mais poderiam acreditar no que quisessem e seguir suas próprias leis. Era pragmático, não fanático.

A hibridização cultural provocou problemas inevitáveis. Ao tomarem contato com bebidas alcoólicas mais fortes do que o leite de égua fermentado, muitos mongóis, entre eles Gengis Khan e boa parte de seus familiares mais próximos, habituaram-se a beber. Além disso, a descentralização do poder que ele promoveu, ao permitir que seus filhos e seus sucessores dividissem seus territórios em diferentes canatos, ou "ulus", criou problemas de sucessão depois da sua morte. McLynn observa:

> Do ponto de vista administrativo, Gengis Khan tomou a decisão correta, pois seu império era vasto demais para ser controlado por um único líder centralizador. Do ponto de vista humano e político, no entanto, o império acabou se dividindo exatamente de

acordo com as linhas divisórias dos ulus – e o problema piorou por causa da integração dos mongóis com as demais culturas.

Não obstante, o império, assentado sobre a inovação cultural, foi extraordinário enquanto durou. Por ter sido banido da sua tribo na infância, Gengis Khan compreendeu os limites que cegavam os outros líderes da sua época e que ainda hoje afetam a maioria dos líderes. Onde eles só viam diferenças e ameaças que, por prudência, deveriam ser suprimidas, ele enxergava talentos que poderia aproveitar.

CAPÍTULO 7

A INCLUSÃO NO MUNDO MODERNO

*"Uso todas as correntes, mesmo quando estou em casa,
Pois viemos de baixo, e agora estamos aqui."*

DRAKE

Os tempos mudaram muito desde que Gengis Khan se tornou um mestre da inclusão. Será que ela ainda é uma ferramenta cultural que nos permite conquistar todo o mundo conhecido? Abordaremos neste capítulo o poder potencial – bem como alguns dos riscos – da tentativa de criar uma cultura inclusiva.

De Cabrini-Green a diretor executivo

Tony Robbins, guru da autoajuda, diz que a qualidade da nossa vida depende da qualidade das perguntas que fazemos a nós mesmos. Se nos perguntarmos: "Por que sou tão gordo?", o cérebro responderá: "Porque você é burro é não tem força de vontade." O que Robbins quer dizer é que uma pergunta ruim traz uma resposta ruim e, em consequência, uma vida ruim. Se, por outro lado, nos perguntarmos: "Como posso usar os imensos recursos de que disponho para ficar em forma como nunca fiquei na vida?", o cérebro responderá: "Vou comer alimentos da melhor qualidade, praticar exercícios como um atleta profissional e viver até os 120 anos."

A sociedade norte-americana muitas vezes se pergunta: "Por que as empresas da Fortune 500 têm tão poucos CEOs afro-

-americanos?" As causas comumente apontadas são: racismo, segregação racial, escravidão e desigualdade estrutural. Talvez devêssemos nos perguntar: "Como um menino criado no famigerado conjunto habitacional de Cabrini-Green Gargens, em Chicago, se tornou o único CEO afro-americano do McDonald's?" Se quisermos entender por que a inclusão não funciona, fazemos a primeira pergunta. Se quisermos entender como fazê-la funcionar, devemos fazer a segunda.

Gengis Khan superou seu passado de "osso negro" exilado pela tribo, conquistou boa parte do mundo e tornou-o mais igualitário. Usou como táticas o assassinato de seu meio-irmão Begter e a execução de Jamuka, seu irmão de pacto, entre inúmeras outras coisas. Essas táticas não funcionam muito bem no mundo de hoje. Don Thompson chegou ao topo adotando uma abordagem diferente: abraçou a inclusão de baixo para cima, forjando alianças, em vez de obrigar as pessoas a aceitá-las. Depois que conquistou o poder, no entanto, passou a empregar técnicas para promover a igualdade muito semelhantes às de Gengis Khan. Nenhum dos dois via as pessoas pelo prisma da hierarquia ou da cor da pele, mas sim como eram e no que poderiam se tornar caso tivessem oportunidade.

Com 1,93 metro de altura e 120 quilos de peso, Thompson tem uma presença física imponente. No entanto, é tão afável e sincero que quem não gosta dele é como se não gostasse de si mesmo. Suas ideias sobre as pessoas e as raças são reflexo desse seu jeito simpático. Ele me disse:

> Há duas maneiras de enfrentar a situação de ser o único negro numa reunião. Pode-se pensar: "Todos estão olhando para mim", e começar a imaginar coisas como: "não gostam de mim, não gostam de negros..." Ou pode-se pensar como eu: "Todos estão olhando para mim e não fazem ideia da experiência que vão ter neste exato momento com Don Thompson. Vou entrar e falar com eles. Vão saber quem eu sou, e vou saber quem eles são. Talvez até possamos fazer grandes amizades e uma duradoura parceria comercial."
>
> Infelizmente, muitos dos nossos sofreram lavagem cerebral e se acostumaram a ver a vida da primeira maneira. Uma reunião

é um jogo. Tento descobrir qual é a sua, e você, qual é a minha. Podemos ser parceiros? Nossa relação pode ser vantajosa tanto para um como para o outro. Ou seremos inimigos? Se você começar o jogo pensando que todos na reunião são seus inimigos, já perdeu a partida. Precisa rever suas ideias e pensar que pode dar uma boa contribuição, algo que os outros não conseguem oferecer.

Thompson foi criado pela sua avó Rosa no lugar que ele chama com afeto de *The Neighborhood*, e não simplesmente *the 'hood**. Essa sutil diferença de terminologia determina todo o ponto de vista de Thompson – onde os outros veem uma paisagem deprimente, ele vê uma oportunidade. O conjunto habitacional de Cabrini-Green era quase todo afro-americano. Os únicos moradores brancos eram um policial, um bombeiro e um vendedor de seguros. O vendedor vendia apólices de seguro de vida, e a indenização, em caso de morte, era suficiente apenas para pagar o enterro.

Quando Thompson tinha dez anos, ele e a avó mudaram para Indianápolis. Também lá foram morar num bairro afro-americano, mas na escola a maioria era branca. Rosa ensinou Thompson a navegar por esses mundos diferentes. Ela era gerente na Ayr-Way, uma cadeia de mercados de varejo que depois foi adquirida pela Target. A maioria dos seus funcionários eram brancos, mas a vovó tratava todos da mesma maneira, e todos iam na sua casa visitá-la. Com a avó Thompson aprendeu que há pessoas boas e pessoas más, e que é preciso analisar cada uma individualmente para descobrir quem é bom ou mau.

Quando Thompson entrou na Universidade Purdue, em 1979, levou um choque. Rememora:

> Era o primeiro dia no campus e eu estava muito feliz por ter entrado na universidade. Um conversível com três brancos encostou e eles gritaram: *"Nigger!"*
>
> Fiquei atônito, mas joguei a bola para a frente. Pensei: não há nada neste mundo de vocês que vai me impedir de fazer o que vim

---

* *Neighborhood* significa "bairro" ou "vizinhança". A palavra é mudada para *'hood* no linguajar de parte da comunidade afro-americana. (N. do T.)

fazer aqui. Já conheço vocês. Não vocês especificamente, mas pessoas iguaizinhas a vocês. Também negros me pegaram pelo pescoço e me estrangularam. Nada disso é novo para mim. Parem o carro se quiserem, lutem os três contra mim. Podemos fazer desse jeito. Ou continuem dirigindo e gritem o quanto quiserem, pois isso não vai mudar nada.

Mesmo assim, ele continua grato pelo tempo que passou em Purdue, onde agora faz parte do conselho de administração.

Seja você de onde for, se sair daqui com o diploma de engenharia, é porque mereceu esse diploma, e isso me parece igualitário.

Depois de se formar, em 1984, Thompson conseguiu um emprego de engenheiro na Northrop, no setor de sistemas defensivos. Ali também as coisas não começaram bem:

Eu tinha uma escrivaninha só minha! No primeiro dia, o que encontro bem no meio dela? Uma cruz branca colada com durex. Tirei, amassei e joguei no lixo, e coloquei as minhas coisas na escrivaninha. No estilo da minha avó, ignorei o incidente e depois consegui construir lá grandes relacionamentos.

Thompson passou os seis anos seguintes na Northrop e chegou à gerência. Quando a atividade do setor de armamentos diminuiu, no final da década de 1980, ele recebeu um telefonema de um recrutador perguntando se tinha interesse em trabalhar no McDonald's. Ele supôs tratar-se da McDonnell Douglas, outra empresa de armamentos:

Quando descobri que era o McDonald's dos hambúrgueres, minha resposta foi: "Não, obrigado." Eu tinha me esforçado demais para me tornar engenheiro elétrico, e não queria acabar fritando hambúrgueres. Mas depois recebi um telefonema de um cara do McDonald's que tinha sido engenheiro na Bell Labs. Ele falou: "O que você tem a perder se vier aqui conversar conosco?" Foi uma lição para mim. Hoje em dia, digo: "Nunca recuse nada."

No McDonald's, Thompson começou no setor de engenharia. Ajudou a produzir as batatas fritas mais deliciosas do mundo, graças à otimização de um processo chamado "curva de fritura", que é a curva de temperatura da batata durante o processo de cozimento. É complicado otimizar a curva, pois as batatas entram no óleo em temperaturas diferentes – às vezes mornas, às vezes recém-saídas do freezer. Thompson e sua equipe montaram um chip de computador na fritadeira e o programaram para garantir que as batatas fritas do McDonald's percorressem sempre a melhor curva possível. Destacando-se nesse desafio e em outros, ele se tornou o melhor engenheiro do departamento e, por causa disso, quase saiu da empresa:

> O McDonald's entregava todo ano o Prêmio do Presidente aos funcionários com bom desempenho. O ano tinha sido excelente para mim, e todos no departamento diziam: "Don, não tem jeito de você não ganhar o Prêmio do Presidente de engenharia." No dia da premiação, vesti a minha melhor roupa e estava mais limpo do que carteira de pobre. Estava animadíssimo. Anunciaram, porém, que não havia ganhadores no departamento de engenharia. No ano anterior, tínhamos emplacado dois ganhadores.
>
> Foi então que começou a autocomiseração. Disse a mim mesmo: "Eles não queriam que um negro ganhasse. Não estão prontos para mim. Vou abandonar o emprego." O chefe do departamento me procurou e disse: "Você deve estar se perguntando por que não ganhou." Respondi: "Para falar a verdade, estou, sim." Ele falou: "Foi porque eu não inscrevi o seu nome. No ano passado tivemos dois ganhadores." Foi então que a autocomiseração entrou em modo acelerado.
>
> Liguei para meus conhecidos e falei que ia sair da empresa. Um deles me disse: "Antes de tomar essa decisão, quero que converse com Raymond Mines. Faça esse favor para mim, converse com ele."
>
> Raymond Mines, diretor de uma região do McDonald's que abrangia oito estados, de Washington até o Michigan, era um dos dois principais líderes afro-americanos na empresa. Era um cara bastante rude, tinha vindo de um bairro pobre de Ohio. No encontro, ele disse: "Por que quer deixar a empresa?" Respondi: "Ficou

claro que o McDonald's não está pronto para me ter aqui. Não estão prontos para o tipo de impacto que posso produzir." Ele falou: "Quer dizer que você está indo embora porque não ganhou o prêmio." Então, foi direto ao ponto e disse: "O grupo de gestão de qualidade quer você. Estão dispostos a promover você. Por que não vai trabalhar com eles?" E acrescentou: "Depois, quem sabe, um dia possa trabalhar para mim."

Achei que aquele talvez fosse o comentário mais arrogante que já tinha ouvido na vida. No entanto, as palavras de Raymond ficaram me incomodando. Esperava que ele me pegasse no colo, mas o que fez foi me dar força. Deu um choque em mim e afugentou da minha cabeça as bobagens que eu estava pensando. Então, aceitei a vaga.

Thompson passou a trabalhar na gestão de qualidade do McDonald's junto com outras três pessoas, que tinham a tarefa de escrever textos para os executivos da chefia falarem. Ele fazia viagens e reuniões mundo afora junto com o seu quadro branco. Essa tarefa permitiu-lhe primeiro aprender e depois dominar as complexas operações da maior empresa de restaurantes do mundo. Teve encontros com praticamente todos os grupos que integravam a empresa e compreendeu os fluxos de processo, as subculturas das diversas unidades de operações e os relacionamentos entre elas, os detalhes do modelo de negócios – a magia oculta que fazia funcionar a fábrica de hambúrgueres.

> Vi as coisas de baixo para cima. Tínhamos nossos objetivos, como fazer as pessoas se esforçarem mais no trabalho ou sorrirem mais, mas, quando chegava num restaurante da rede, eu descobria que o fulano trabalhava oito horas no McDonald's e depois mais oito em outro emprego. Para ser eficaz, tive realmente de saber o que acontecia na vida dos funcionários.

Um ano depois, quando cruzou com Thompson no saguão, Raymond Mines gritou: "É hora da recompensa!" Ele criou um novo cargo na região em que trabalhava especialmente para Thompson: diretor de planejamento estratégico. Thompson acompanhava Mines nas visitas de inspeção, resolvia problemas locais e estabelecia os planos para cada trimestre e cada ano. O estilo de gestão de Mines era incomum:

> Ele me ligava numa quinta-feira e dizia: "Encontre-me no aeroporto na segunda." Eu perguntava: "Para onde vamos? Quanto tempo vamos ficar lá?" Ele respondia: "Não importa para onde vamos, ponha na mala roupa para três dias."
> Eu ia encontrá-lo no aeroporto e viajávamos para uma região onde estava havendo uma disputa entre os restaurantes da rede. Ele dizia: "Don, você resolve o problema." Na região que visitamos, todos os gerentes de restaurantes eram brancos. No começo, eles diziam: "Don, suma daqui." Mas eu contornava a situação e resolvia os problemas. Acabei aprendendo tudo o que não havia aprendido antes. No novo cargo, conseguia ver de cima para baixo.
> Minha tarefa era ajudar os gerentes regionais a melhorar o negócio. Se eu chegasse lá e dissesse isso, na mesma hora me tornaria o inimigo. Mas, com a orientação de Raymond, aprendi a usar uma abordagem muito mais eficaz. Dizia: "Estou aqui para ajudar da maneira que puder. Não vim para dizer a você o que deve fazer. O que posso fazer é ajudar você a avaliar o seu desempenho em relação às outras regiões e ajudá-lo a cumprir o plano." Essa abordagem fazia toda a diferença. Se você quer ajudar, os gerentes regionais aceitam a ajuda de bom grado. Aqueles brancos me ensinaram tudo sobre a função de gerente regional, o que me permitiu ascender diretamente para a posição de CEO.

Reconhecendo que o que o ajudou a se preparar para assumir a diretoria executiva foram os cargos que aceitou depois de ter se demitido, Thompson formulou duas regras para pessoas que pertencem a minorias e querem ser bem-sucedidas:

1. Evite a autocomiseração. Não aceite que os outros lamentem por você e, principalmente, não se lamente por você.

2. Não recuse nada. As oportunidades podem surgir em qualquer situação. Um engenheiro elétrico pode ser encarregado de projetar o sistema térmico de uma fritadeira. Depois, pode ser encarregado de viajar com seu quadro

branco para facilitar o planejamento estratégico. Eu tinha muitos motivos para recusar todas as oportunidades que me levaram a ser CEO.

A acidentada ascensão de Thompson – na qual ele teve de abrir o próprio caminho, mas também precisou aceitar o apoio de uma mão amiga num momento crítico – ajudou-o na sua filosofia e na abordagem de inclusão e diversidade que adotou na presidência do McDonald's:

> A empresa tinha uma rede de mulheres, uma rede afro-americana, uma rede latina e uma rede de gays e lésbicas. Um dia, vi um monte de homens brancos juntos, e eles me disseram: "Don, temos uma pergunta: por que não pensam na gente?" Indaguei: "Como assim?" Responderam: "Existem redes de negros, latinos e gays, mas por que não pensam na gente? Por que não temos nossa rede?"

Algumas pessoas teriam simplesmente dito: "Você está de brincadeira comigo!" Thompson, no entanto, tem o raro dom de ouvir um comentário que poderia parecer insensível ou egoísta e perceber o que se esconde por trás dele. Ao contrário da maioria das pessoas, ele consegue perceber o contexto e a intenção.

> Então, falei: "Sabe de uma coisa? Precisamos de uma rede de homens brancos." Disseram: "Está gozando da nossa cara." Respondi: "Estou falando sério. O que importa para nós é a diversidade e a inclusão, ou são só os direitos dos negros, dos latinos e outros?" A questão era: queremos ver as pessoas como elas são e fazer que cada uma dê o melhor de si, ou nosso intuito é simplesmente defender alguns grupos à custa dos outros? Criamos, assim, a primeira rede de homens brancos. É claro que eles não queriam esse nome, então a chamamos de rede da inclusão.

Pedi a Thompson que falasse um pouco mais sobre essa inusitada abordagem:

> O pessoal das outras redes achou que eu tinha enlouquecido. "Eles não precisam de uma rede, pois são a maioria!" Falei: "Hoje,

agora, eles são a maioria. Entendo. Mas vocês têm de se perguntar: o que realmente importa? Vocês dizem se importar com a diversidade. Isso significa que todas as ideias merecem ser consideradas. Sendo assim, temos de incluir os homens brancos também. Ou você é a favor da inclusão ou não é."

Depois de criar a rede da inclusão, Thompson levou todos os líderes de todas as redes para um retiro. Nele, tentou ensinar-lhes uma lição que Gengis Khan havia aprendido e explorado quase um milênio atrás: "Não me vejam como um filho ilegítimo, um osso negro. Vejam-me como um cidadão de primeira classe, e ajudarei vocês a conquistar o mundo."

No começo do retiro, cada grupo expunha aos outros suas preocupações. Depois de horas ouvindo as mesmas reclamações, todos acabaram concluindo que eram totalmente sem fundamento, pois todos queriam exatamente a mesma coisa. Todos queriam ser vistos, ouvidos e incluídos na conversa. Acima de tudo, queriam ser valorizados. Esse deve ser o objetivo da inclusão. Quem você vê? Um homem negro ou o Don Thompson?

Se a chave da inclusão eficaz é ver as pessoas como elas são, como ter certeza de que estamos de fato vendo-as?

Lealdade e meritocracia hoje

Muitas empresas modernas adotam um sutil sistema de castas. O estrato social não é determinado pelo fato de a pessoa ser um osso negro ou um osso branco, mas pela cor do seu colarinho (branco ou azul) ou por ter frequentado a Universidade de Stanford ou a Estadual de Michigan. No Vale do Silício, muitas vezes é determinado pela habilidade da pessoa em programação.

Maggie Wilderotter foi chefe de estratégia global da Microsoft. Quando ela assumiu a Frontier Communications, em 2004, viu-se diante de um dos piores sistemas de classes no mundo empresarial moderno.

A Frontier havia se originado da divisão da AT&T, e a maior parte da sua receita provinha de serviços telefônicos locais e de longa distância. Havia duas classes de funcionários: os de colarinho branco e os de colarinho azul. A maior parte do pessoal de colarinho branco ficava na sede da empresa, em Norwalk, Connecticut; os de colarinho azul estavam espalhados pelos 15 mil mercados em que a Frontier atuava, nas regiões rurais e suburbanas dos Estados Unidos. Por lidarem diretamente com os clientes da empresa, eram a verdadeira face da Frontier. No entanto, os executivos consideravam-nos uns caipiras e muito raramente viajavam às regiões em que atuavam para compreender o que faziam no dia a dia. Esses executivos tinham um médico da empresa, um chef da empresa e um jatinho da empresa, com seis pilotos e hangar próprio. Tudo isso apesar de a empresa estar perdendo dinheiro fazia anos. O sistema estava completamente corrompido.

Felizmente, Maggie Wilderotter é inteligente, confiante e tem grande empatia – uma líder nata. Trabalho com ela nos conselhos da Okta e da Lyft, e ninguém precisa dizer aos CEOs dessas empresas que eles devem prestar bastante atenção em tudo o que Maggie diz: é evidente.

Wilderotter contou-me sobre quando chegou na Frontier: "Todos queriam me mostrar o organograma para que eu soubesse quem mandava em quem. Não dei a mínima, pois acredito que o trabalho é feito pelas pessoas a quem os clientes procuram. Podem não ter títulos nem posição, mas são elas que fazem o que é preciso."

Ela percorreu toda a empresa e seus distantes mercados para entender como as coisas aconteciam na prática e quem eram essas pessoas que lidavam diretamente com os clientes. Para montar sua estratégia, consultou essas pessoas, e não os executivos do primeiro escalão. Perguntou aos funcionários aquilo de que mais gostavam e aquilo de que não gostavam nem um pouco na empresa. Por fim, refletiu sobre como poderia desmontar a hierarquia e estreitar a comunicação entre os funcionários de colarinho branco e os de colarinho azul.

Começou demitindo os executivos de baixo desempenho. Demitiu também o médico, o chef e os seis pilotos. Vendeu o hangar e o jatinho corporativo e se tornou, na época, a primeira CEO de uma empresa da Fortune 500 a viajar em voos comerciais. Além disso, concedeu aos funcionários o primeiro aumento de salário em cinco anos.

A mensagem que ela queria passar era: "Estamos juntos", mas sabia que precisava respaldar as palavras com ações para que tivessem credibilidade. Para mudar a dinâmica, Wilderotter assumia arbitrariamente o lado dos trabalhadores contra a liderança em todas as disputas. Os detalhes da disputa eram menos importantes do que dar voz aos trabalhadores. Se algum executivo se manifestasse contrário à ideia de que os trabalhadores da linha de frente – e, por extensão, os consumidores que eles representavam – estavam sempre certos, não ficaria por muito mais tempo na Frontier.

No entanto, o fato de Wilderotter posicionar-se do lado dos trabalhadores na linha de frente para mudar a dinâmica geral não queria dizer que eles sempre tinham razão.

> Uma pessoa qua atuava num mercado local me dizia: "Não consigo fazer o serviço direito, de um modo que satisfaça o consumidor." Eu perguntava: "Do que você precisa?" Ele respondia: "Não tenho as ferramentas de que necessito para trabalhar", referindo-se literalmente a alicates e chaves de fenda. Eu lhe dizia que fosse à loja de ferragens, comprasse as ferramentas de que precisava e deixasse a nota com o supervisor técnico. A ideia era incentivá-los a parar de reclamar e começar a resolver os problemas.

As coisas, portanto, começaram bem. Mas, para realmente fazer a diferença, Wilderotter precisava rever o acordo com o sindicato. Como muitos outros acordos desse tipo, ele era negociado entre os advogados da empresa e os líderes sindicais, sem a participação da direção. Como nunca havia trabalhado numa empresa em que os funcionários eram sindicalizados, ela questionou a necessidade de as negociações serem feitas assim:

Tínhamos uma relação muito hostil com o sindicato. Os advogados iam de avião para lá e para cá, tratavam mal a todos e faziam uma negociação em que um lado ganhava e o outro perdia. Os membros do sindicato trabalhavam para os gerentes gerais em Connecticut, então determinei que os gerentes gerais negociassem diretamente com seus funcionários. O resultado foi que os trabalhadores sindicalizados, aqueles que instalavam e consertavam os telefones, ganharam pacotes de compensação como todos os outros: participação nos lucros e opções de ações. Em troca, eles cederam em algumas coisas, como fazer um pequeno pagamento pelas consultas médicas cobertas pelo seguro. Quando partilhamos os objetivos e as metas, isso ajudou a nos sentirmos partes de uma mesma empresa, nos ajudou a construir um círculo de confiança. O pessoal do sindicato começou a pensar: "Realmente podemos melhorar este trabalho e esta empresa, podemos sair ganhando."

"Estamos juntos" precisava ser uma via de mão dupla. A Frontier começou a oferecer opções de televisão *premium* e *pay-per-view* para competir com os fornecedores de serviços de TV a cabo. Porém, depois de adquirir alguns ativos da Verizon, a Frontier descobriu que 46% dos funcionários que tinham trabalhado nessa empresa assinavam TV a cabo, em vez de usar os produtos da Frontier.

Eu disse aos antigos funcionários da Verizon: "Temos de ganhar esses mercados coletivamente. Trouxe-os para a empresa porque vocês têm muitas coisas a oferecer, e uma das principais é estarem todos aqui, reunidos nesta sala. Mas quero deixar muito claro para vocês quem é o nosso grande concorrente. O grande concorrente não somos nós, da Frontier, é o pessoal da TV a cabo. Sei que 46% de vocês assinam um cheque para o pessoal da TV a cabo no final de cada mês, e lhes digo que não assinarei mais esse cheque. Vocês têm trinta dias para desconectar os cabos e passar a usar nossos serviços, caso contrário, serão demitidos." Ouviu-se um rumor. Falei: "Estamos juntos, mas vocês precisam decidir a quem serão leais: ou a nós e aos seus empregos – empregos seguros, posso garantir – ou a outros. Então, escolham um lado. No trigésimo primeiro dia, se ainda assinarem TV a cabo, não trabalharão mais aqui."

Quase todos os funcionários trocaram de serviço, e os que não o fizeram foram de fato demitidos. Os que fizeram a troca ganharam um lugar na nova meritocracia de Wilderotter.

Levou anos para que as mudanças culturais se consolidassem, mas os resultados foram excepcionais. Nos onze anos em que Wilderotter esteve à frente da Frontier, o sindicato não organizou uma única greve. A empresa em si deixou de ser uma modorrenta companhia telefônica regional que ganhava 3 bilhões de dólares por ano e se tornou uma fornecedora de banda larga de abrangência nacional que atuava em 29 estados e tinha receita anual de mais de 10 bilhões de dólares.

Desmontando o sistema de castas, Wilderotter instituiu a lealdade entre os funcionários da Frontier e deixou-os livres para darem o melhor de si no trabalho. Sua abordagem fez que se tornasse conhecida como "CEO do povo".

A maestria da inclusão: enxergar as pessoas

A inclusão é uma questão ampla e complexa, e não sou qualificado para falar sobre os seus aspectos sociais. Por isso, vou focar somente em como aplicar os princípios de Gengis Khan, Don Thompson e Maggie Wilderotter para que a empresa tenha uma vantagem competitiva, ao atrair os melhores talentos disponíveis. Os três compreenderam muito além da diversidade nacional, racial e de gênero, e também a questão da diversidade cognitiva e cultural, os modos diversos e únicos como diferentes pessoas processam informações, pensam e interagem com as outras. Vendo as pessoas como realmente eram, conseguiam perceber o que de fato tinham a oferecer.

O modo como Gengis Khan abordava a questão da inclusão envolvia três aspectos essenciais:

1. Ele mesmo estava profundamente envolvido na estratégia e na implementação do sistema. Chegou a fazer a sua mãe adotar uma criança de uma tribo vencida em um conflito para simbolizar o processo de integração.

2. Ele tinha uma ideia clara da vaga a preencher – a de cavaleiro, médico, erudito, engenheiro ou outra – e buscava o talento adequado para ocupá-la. Não supunha que todas as pessoas de determinada origem seriam capacitadas a cumprir as tarefas que outras pessoas da mesma origem cumpriam – não presumia, por exemplo, que todas as autoridades chinesas seriam excelentes administradoras.

3. Além de garantir que os povos vencidos fossem tratados todos da mesma maneira, também fez que se tornassem seus parentes, por meio da adoção e dos casamentos mistos. Essas pessoas não foram incorporadas ao império por meio de um programa baseado no lema "separados mas supostamente iguais". Por esses motivos, todos de fato se sentiam iguais, e se tornaram mais leais a ele e aos mongóis do que aos seus clãs originais.

Vamos fazer uma comparação com as empresas modernas:

1. Os CEOs delegam os programas de inclusão aos "gestores de diversidade".

2. Esses gestores são encarregados não de ajudar a empresa a dar certo, mas de introduzir a diversidade nela. Por isso, muitas vezes, preocupam-se mais em alcançar metas específicas relacionadas à raça e ao gênero do que em encontrar talentos de origens diversas.

3. A integração muitas vezes é terceirizada para consultores que lidam com diversidade mas não têm a menor ideia dos objetivos comerciais da empresa. Por isso, as próprias empresas não se esforçam para tornar-se locais de trabalho de excelência para os recém-chegados. Então, embora o número de contratações evidencie algum progresso, o que realmente importa é o índice de satisfação dos funcionários efetivos e o de saída dos recém-contratados. O primeiro será baixo, e o segundo, alto.

Se a chave da inclusão é enxergar as pessoas como elas são, mesmo que pertençam a uma raça ou a um gênero com os quais não estamos acostumados a lidar, segue-se daí que a contratação de pessoas com base na cor ou no gênero acaba por frustrar o próprio programa de diversidade. Mais uma vez, o que se vê não é a pessoa, mas a embalagem.

Isso pode até parecer evidente, mas é um pouco mais difícil de compreender do que possa aparentar. A pessoa que contrata vê com maior facilidade aqueles que são da mesma raça ou do mesmo gênero que ela. Quando uma mulher contrata outra mulher, é provável que não ocorram problemas depois. Quando um homem contrata uma mulher, é muito provável que ele só a veja como uma mulher, e não como um indivíduo. Como a maioria dos consultores que lidam com inclusão provém dos grupos a serem incluídos, tende a não atentar a esse pormenor. E é por isso que a presença de mulheres e outras minorias em posições de comando em geral costuma acelerar os esforços de inclusão.

Quando as intenções são boas, mas não há planejamento nem acompanhamento, o resultado muitas vezes é catastrófico. Há alguns anos, conversei com meu amigo Steve Stoute sobre a carreira dele na área de música, na qual a integração racial é relativamente ampla. Ele se lembrou da época em que era presidente da Sony Urban Music e de como considerava esse cargo sem sentido. Disse: "Não poderiam dizer que eu era presidente do Departamento de Música Negra, isso seria ofensivo. Então, chamaram-no de Departamento de Música Urbana. Mas o problema nem era esse. Como o nome fazia referência a música urbana, eu só podia fazer marketing nas cidades – como se não houvesse negros morando no campo." Falou ainda que, mesmo que o nome fosse Departamento de Música Negra, isso de nada adiantaria: "O Michael Jackson, por exemplo, era nosso. Qual branco não gosta do Michael Jackson? Não é música negra: é música, apenas."

Muitas empresas não atendem aos padrões de Gengis Khan, pois implementam uma espécie de RH urbano. O departamento de diversidade baseia-se na ideia de que o talento feminino, o afro-americano e o hispânico são fundamentalmente diferentes do talento masculino, do branco ou do asiático. Quem ouve a música de uma única raça provavelmente não entende nada de música. Quem só contrata pessoas talentosas de uma única raça ou gênero provavelmente não entende nada de talento. Sei disso porque eu mesmo, até pouco tempo, não entendia o que era o talento.

Alguns anos depois de fundarmos a Andreessen Horowitz, fiz um estudo da composição de nossa organização e de outras empresas top do setor de tecnologia. Havia um padrão claro: todas as organizações tendiam a assemelhar-se à pessoa que estava no comando. Quando uma mulher dirigia a empresa, o número de mulheres era mais alto do que o de homens. Quando um sino-americano dirigia a engenharia, muitos engenheiros eram sino-americanos. Quando um indo-americano dirigia o marketing, o departamento de marketing tinha muitos indo-americanos. Por quê? Tudo começava com o perfil das pessoas que se queria contratar. As pessoas conhecem os seus pontos fortes, atribuem-lhes valor elevado e sabem verificar, numa entrevista, se outra pessoa os tem ou não.

Nossa empresa lidava com esse problema em todos os departamentos. Nossa chefe de marketing era uma mulher, e muitas mulheres trabalhavam no seu departamento. Perguntei-lhe o que no perfil dos homens dificultava que conseguissem uma vaga em marketing. "Solicitude", disse. Fiquei embasbacado. É claro! Éramos uma empresa de serviços. A solicitude deve estar presente em toda a empresa, mas eu, o fundador, não havia pensado nisso sequer uma vez. Estava cego. Como não conseguia ter ideia clara das qualidades dos talentos de que precisávamos, não conseguíamos conquistar esses talentos.

Pessoas de diferentes origens e culturas trazem a uma organização habilidades diferentes, estilos de comunicação diferentes, costumes diferentes. Quando fizemos testes para medir o grau de solicitude, as mulheres obtiveram, em média, pontuação mais alta (embora, evidentemente, também haja homens solícitos). Esses testes me levaram a repensar o modo como avaliávamos os candidatos. Um dos aspectos a considerar é a realização de trabalho voluntário, algo que as pessoas solícitas costumam fazer naturalmente. Além disso, durante a entrevista, essas pessoas gostam mais de falar sobre o entrevistador do que sobre elas próprias: sabendo como ele é, poderão descobrir suas necessidades e ser... solícitas.

Do mesmo modo, quando avaliamos a capacidade de criar relacionamentos, os afro-americanos se saíram melhor. Para verificar se possuíam essa habilidade, avaliávamos se os candidatos construíam um relacionamento conosco durante a entrevista. Depois da entrevista, o entrevistador tinha vontade de ficar mais tempo conversando com a pessoa? Um jovem afro-americano que se saiu muito bem nesse quesito era garçom da Cheesecake Factory e recebia gorjetas mais altas do que os outros nessa organização. Era um especialista em criar relacionamentos instantaneamente. Quando temos dificuldade para perceber o valor de determinada reserva de talentos, não basta criar um processo paralelo para agregar esses talentos de uma forma específica, mas adaptar o processo de detecção de talentos já existente para curar essa cegueira.

Eu sabia que, se quiséssemos competir no nível mais alto, precisaríamos mudar nosso processo de seleção. Como em muitas outras empresas, nossas redes de recrutamento passavam pelos nossos funcionários. Ou seja, tínhamos de ampliar a rede de talentos. Para construir nossa rede de talentos afro-americana, por exemplo, organizamos eventos com eminentes líderes afro-americanos, como Bernard Tyson (CEO, Kaiser Permanente), Judy Smith (a gestora de crise que inspirou o programa de televisão *Scandal*) e Ken Coleman (um grande executivo do Vale do Silício). Além disso, fizemos contato com organizações de tecnologia afro-americanas, como a /dev/color, a New Me e a Phat Startup.

Depois, mudamos nosso processo de seleção. Quando um gerente quer fazer uma nova contratação, deve solicitar a pessoas que componham reservas de talentos diferentes da sua que revejam os critérios de contratação e deem sugestões sobre as qualidades desejadas da pessoa que contratariam e sobre como identificá-las. Por exemplo: um critério que os homens, ao contrário das mulheres, com frequência deixam passar em branco ao contratar um gerente é a capacidade de dar *feedback*. As mulheres têm mais disposição para confrontar alguém e ter uma conversa difícil; os homens quase sempre evitam isso, até que a questão se torne insustentável. Também procuramos formar equipes de entrevistadores compostas por pessoas de diferentes origens, de modo que tivéssemos uma visão mais completa de um candidato a emprego.

O novo processo que adotamos não é perfeito, mas está claro que é melhor do que o anterior. Hoje em dia, metade dos nossos 172 funcionários é composta de mulheres; além disso, 27% da empresa é composta por asiáticos, e 18,4%, por afro-americanos e hispânicos. É um número imenso de talentos que talvez não tivéssemos identificado usando o processo antigo de seleção.

O mais importante é que não apenas nossas porcentagens melhoraram, mas também aumentou nossa coesão cultural. Como estamos em busca da solicitude, nós a valorizamos, assim como as pessoas solícitas. Vemos quem elas são, não a sua aparência.

É fácil valorizar o que procuramos detectar numa entrevista, e quase impossível valorizar o não procuramos detectar. Quando uma empresa contrata um funcionário afro-americano só pelo fato de ser afro-americano, a raça se torna um critério de tomada de decisões nessa cultura e, em consequência, ela muitas vezes acaba se tornando racista. Você é o que você faz. Quando uma pessoa ingressa na empresa pela divisão do RH Urbano, todos se lembrarão disso; o funcionário será encarado com suspeita e obrigado a provar a todos, repetidas vezes, o seu valor. Por outro lado, quando todos são contratados de acordo com os mesmos critérios, a cultura verá as pessoas como elas são, e verá as contribuições únicas que cada uma delas tem a oferecer.

CAPÍTULO 8

SEJA VOCÊ MESMO E CRIE SUA CULTURA

"Não quero que você seja eu, basta que seja você."

CHANCE THE RAPPER

O primeiro passo para criar a sua cultura é saber o que você quer. Isso parece evidente, e é. Também parece fácil, mas não é. Com um número aparentemente infinito de possibilidades a escolher, como criar uma cultura que proporcione benefícios para a organização, que possibilite um ambiente que faça as pessoas se orgulharem e, o mais importante, que possa de fato ser implementada? Alguns aspectos a levar em conta:

- Quer a empresa seja uma startup, quer exista há cem anos, a cultura é sempre necessária. As culturas, assim como as organizações, devem modificar-se para enfrentar os novos desafios.

- Todas as culturas permanecem, até certo ponto, no nível das aspirações. Trabalhei com milhares de empresas, e nenhuma delas jamais alcançou a total consonância ou harmonia cultural. Numa empresa de grande porte, sempre ocorrerão transgressões. O objetivo não é ser perfeito, mas simplesmente ser melhor hoje do que ontem.

- Embora se possa buscar inspiração em outras culturas, não se deve tentar adaptar os sistemas de outras organizações.

Para que sua cultura seja vibrante e sustentável, deve nascer do sangue, da alma.

Seja você

O primeiro passo para criar uma cultura de sucesso é ser você mesmo. Isso não é tão simples.

Em 1993, o jogador de basquete Charles Barkley ficou famoso ao dizer: "Não sou um modelo de comportamento. Só porque sei enfiar uma bola na cesta, isso não significa que eu deva servir de exemplo para os seus filhos." Muita gente considerou inteligente essa afirmação, que deu origem a uma campanha de marketing da Nike. Depois que a campanha ganhou popularidade, um repórter perguntou a Hakeem Olajuwon, companheiro de equipe de Barkley, se ele também não era um "modelo de comportamento". A resposta foi: "Eu sou um modelo de comportamento."

Olajuwon explicou que Charles Barkley era uma pessoa na vida particular e outra pessoa completamente diferente na vida pública. Como o esforço de lidar com essa dupla personalidade causava muito estresse, Barkley vivia procurando uma válvula de escape. Percebia que não era a pessoa que a NBA queria que ele fosse e, quando saía para festejar, radicalizava. Olajuwon declarou ser totalmente diferente, pois era a mesma pessoa tanto na vida particular como na vida pública e, por isso, via-se de fato como um modelo de comportamento.

Essa entrevista revelou uma das chaves da liderança: você precisa ser você mesmo. As outras pessoas têm as próprias ideias sobre quem você é, mas, se você tentar integrar todas essas ideias sem compatibilizá-las com as suas crenças e com a sua personalidade, perderá o carisma e a autoconfiança. Se tentar ser outra pessoa, não só não conseguirá liderar como também se constrangirá ao tentar convencer os outros a emulá-lo. Em essência, Charles Barkley estava dizendo: "Não seja como eu. Nem eu gosto de mim mesmo."

Sob os holofotes, os gerentes encontram grande dificuldade para serem eles mesmos. Digamos que Stan, um excelente colega de trabalho, consiga a sua primeira promoção e assuma uma gerência. Todos os seus colegas ficam animados. No entanto, Stan torna-se o "gerente Stan" e, de um momento para outro, transforma-se totalmente. Como se sente obrigado a exercer a sua autoridade, ele para de tratar os outros como seres humanos e começa a tratá-los como pessoas a quem deve impressionar com o seu poder. Ninguém gosta do gerente Stan, nem o respeita.

No caso da diretoria executiva, essa questão apresenta aspectos mais sutis. Muitos CEOs tomam como modelo um líder de sucesso, mas não adotam os seus métodos, nem as suas melhores práticas, pois não se aplicam à empresa deles. Um CEO pode, por exemplo, conhecer o processo *rank and yank* de Jack Welch, em que todos os funcionários da General Electric eram ranqueados, e aqueles com pior desempenho eram demitidos. O CEO decide fazer o mesmo, com a justificativa de que deu certo para Jack. Porém, quando apresenta a ideia aos seus gerentes, um deles diz: "Mas nosso processo de contratação é altamente competitivo, e somente nós podemos contratar os melhores profissionais de cada setor. Mesmo os piores em dez por cento são excelentes." O CEO pensa: "Ele tem razão. Na verdade, eu mesmo estabeleci esse processo de contratação."

Agora, o CEO está numa sinuca: continua defendendo a ideia, mesmo que já não acredite nela, ou a abandona e corre o risco de parecer volúvel? Não há como ele se sair bem nessa situação, e tudo isso porque quis ser Jack Welch. Se você não for você mesmo, nem você seguirá você mesmo.

É muito comum um CEO ouvir o seguinte tipo de comentário de um membro do conselho: "Faço parte do conselho de outras empresas, e acho que o seu diretor financeiro não é tão bom como o delas." Trata-se de uma afirmação muito delicada. O CEO não conhece esses outros diretores financeiros e não pode entrevistá-los para fazer uma comparação. Como deverá responder a essa observação? O mais comum – e errado – seria dizer ao diretor financeiro da sua empresa que seja melhor na frente do conselho. O CEO está tentando ser o que aquele membro do conselho quer que ele seja, mas não consegue, pois se recusou a ter o próprio ponto de vista. O diretor financeiro ficará confuso, pois não tem a menor ideia sobre em que está falhando. Pode tentar transformar-se em alguém que na realidade não é, e também perderá a autoconfiança para liderar.

O CEO deve dizer àquele membro do conselho que fez o comentário: "Ótimo. Então diga-me no que, na sua opinião, os diretores financeiros das outras empresas são melhores do que o nosso e, por favor, apresente-me a eles." O CEO deve conversar com esses diretores financeiros, e ele mesmo deve avaliar se existe ou não uma diferença de habilidades entre essas pessoas e as da sua empresa e, por fim, verificar o quanto elas são importantes para a sua empresa – esta é uma etapa crítica. Se considerar que as habilidades essenciais e a diferença de habilidades entre o seu diretor financeiro e aqueles das outras empresas for real, o CEO poderá procurar o seu diretor financeiro, falar da sua avaliação e informá-lo de que não continuará no cargo. Pode, enfim, ser ele mesmo. Caso discorde do membro do conselho que fez o comentário, também poderá ser ele mesmo ao falar com ele. Em uma situação ou outra, terá reunido as informações necessárias para respaldar sua posição.

Se você seguir a primeira regra da liderança, nem todos aprovarão. Mas tentar fazer que todos nos aprovem piora ainda mais as coisas. Sei disso porque nem todos gostam de mim. Na verdade, tenho certeza de que, neste exato instante, alguém está lendo este capítulo e pensando: "Quem esse velho branquelo pensa que é para citar Chance the Rapper?" Não tenho problemas com isso. Não quero ser o bom, só quero ser eu mesmo.

Descubra, no entanto, em que aspectos precisa melhorar

Todo CEO tem aspectos da sua personalidade que prefere não ver refletidos na empresa. Pense, avalie quais são os seus defeitos, para evitar que reflitam na cultura da sua empresa. Caso contrário, o ato de liderar pelo exemplo poderá voltar-se contra você.

Um dos aspectos da minha personalidade que não funcionava muito bem numa empresa de software era o costume de me dedicar a conversas que pareciam não ter fim, sem fundamento. (Isso cabe melhor numa empresa de investimentos de risco.) Dica para os meus futuros amigos: se não puserem um fim aos nossos telefonemas, poderemos ficar conversando para todo o sempre.

Para que uma grande organização funcione de modo ordenado e que um imenso número de tarefas seja executado com precisão, não há tempo para discutir todos os detalhes de todos os assuntos em todas as conversas. Por isso, minha tagarelice – que ainda gosto de rotular de curiosidade – era extremamente desvantajosa. Aprendi a programar a cultura, evitando essa inclinação natural a conversas que pareciam não ter fim, de três maneiras:

1. Cerquei-me de pessoas que agem de maneira totalmente diferente nesse aspecto. Tudo o que queriam era terminar a conversa o mais rápido possível e passar para a tarefa seguinte.

2. Criei regras para ajudar a mim mesmo a me controlar. Toda vez que uma reunião era convocada, mas não havia uma pauta concisa e um objetivo declarado, era cancelada.

3. Avisei a toda a empresa que nosso compromisso era conduzir as reuniões de forma eficiente, dizendo o que eu não gostava de fazer e obrigando-me, desse modo, a agir em conformidade com essa orientação.

A empresa continuou sofrendo as consequências do meu modo de ser, mas, no geral, conseguíamos contornar o problema.

Como fazer o seu modo de ser refletir na empresa

Quando sentir-se bem com você mesmo, você poderá começar fazer que parte da sua identidade reflita na cultura que quer criar na empresa. Quando Dick Costolo assumiu a presidência do Twitter, seu conselheiro Bill Campbell disse, brincando, que se explodissem uma bomba na empresa às cinco da tarde, só o pessoal da limpeza morreria. Costolo queria mudar a cultura, incentivar o trabalho duro, pois ele mesmo está habituado a trabalhar bastante. Depois de jantar com a família, toda noite, ele voltava para o escritório e se punha à disposição de quem quer que ainda estivesse ali e quisesse sua ajuda para o que quer que fosse. Logo, um grande número de pessoas passou a trabalhar mais tempo e a produzir mais. Se Costolo não conseguisse se concentrar e trabalhar de maneira eficiente por um bom tempo, seu plano jamais teria funcionado.

É muito mais fácil fazer o que pregamos quando é algo natural para nós. Quando eu era um jovem gerente, as avaliações por escrito me afetavam de modo muito mais profundo do que as orais (embora eu sempre tenha apreciado conversar). Gostava de escrever os meus relatórios. Como CEO da Opsware, pareceu-me coerente que as avaliações escritas se transformassem em algo essencial na nossa cultura. Se eu detestasse escrever, isso jamais teria funcionado.

A cultura da empresa deve refletir a personalidade do líder. Por mais que você queira um ambiente de aprendizado, uma empresa em que a informalidade dê o tom ou em que todos trabalhem até tarde, nada disso acontecerá se você mesmo não fizer essas coisas. Quando a cultura da empresa caminha numa direção, mas você segue no rumo oposto, a empresa seguirá você, não a cultura que você almeja.

Cultura e estratégia. Alguém disse que é hora do café da manhã?

Peter Drucker, consultor de gestão, deu a seguinte declaração, que ficou famosa: "A cultura devora a estratégia no café da manhã." É uma tirada de gênio, e gosto dela, mas não concordo. Gosto porque é maravilhosamente antielitista: não interessa o que os executivos dizem, o importante é o que as pessoas fazem. Isso é totalmente verdadeiro. Também me agrada que a observação de Drucker trate a cultura como algo de primeira ordem. Mas a verdade é que a cultura e a estratégia não competem uma com a outra. Uma não anula a outra. Na verdade, é preciso haver coesão entre elas para que ambas sejam eficazes.

Na estratégia militar de Gengis Khan, todos deviam desempenhar o mesmo papel: o de um soldado autossuficiente de cavalaria. Ou seja, sua cultura de igualdade combinava perfeitamente com suas necessidades estratégicas.

Quando a estratégia de Shaka Senghor consistia em ter uma gangue menor, porém mais bem treinada do que as gangues rivais, ele construiu sua cultura em torno de uma camaradagem que as gangues maiores não conseguiam reproduzir.

Quando Jeff Bezos criou a estratégia de longo prazo da Amazon, um dos elementos-chave era uma estrutura de custos mais enxuta. Nesse caso, a insistência da cultura na simplicidade faz todo o sentido.

Para uma empresa como a Apple, com uma estratégia que dependia da criação dos produtos mais bonitos e mais bem desenhados do mundo, a simplicidade seria contraproducente. John Scully quase destruiu a empresa ao demitir Steve Jobs, acusando-o, entre outras coisas, de não dar importância aos custos. Nem todas as virtudes combinam com todas as estratégias.

Se o objetivo é obter uma vantagem estratégica para se tornar a empresa que inova com mais rapidez em todo o mundo, o lema original do Facebook, "Ande rápido e quebre tudo", faz todo o sentido. Para a Airbus, que fabrica aeronaves, essa ideia não é tão boa.

Escolha as virtudes que ajudarão a sua empresa a cumprir a missão dela.

Subculturas

Seria muito mais elegante eu dizer, neste livro, que todas as empresas têm uma cultura única, coesa, não conflitante, mas não é possível. Infelizmente, qualquer cultura de uma empresa de grande porte comportará não só uma cultura principal, mas também subculturas.

Em geral, as subculturas surgem porque os setores de uma empresa são bem distintos uns dos outros. Como diferentes funções exigem diferentes habilidades, os funcionários de vendas, marketing, RH e do setor técnico em geral estudaram em universidades diferentes, formaram-se em áreas diferentes e possuem diferentes tipos de personalidade. Isso tudo produz a diversidade cultural.

Nas empresas da área de tecnologia, a grande diferença é percebida entre os setores de vendas e de engenharia. O engenheiro precisa saber como as coisas funcionam. Quando é solicitado a encontrar uma nova função para um produto que já existe, ele deve saber exatamente como o produto funciona. Por isso, precisará conversar com o criador do código, que deverá ser capaz de explicar com exatidão como o projetou e como todos os seus componentes interagem. As pessoas que se comunicam de maneira abstrata, não linear ou imprecisa têm dificuldade para atuar nos escritórios de engenharia, pois tendem a deixar atrás de si um rastro de problemas.

Já o vendedor precisa conhecer a verdade. O cliente dispõe do orçamento necessário? A empresa está ganhando ou perdendo a corrida contra a concorrência? Na organização-alvo, quem o apoia e quem está contra ele? Os vendedores experientes costumam dizer que "o comprador é um mentiroso", isso porque, por diferentes razões, os compradores não dizem a verdade de bom grado. Talvez gostem de ser convidados para jantar, talvez estejam usando um vendedor como isca para conseguir um preço melhor da concorrência, ou talvez simplesmente tenham dificuldade para dizer "não". O vendedor, como Jack Bauer interrogando um terrorista na série *24 Horas*, tem de extrair dele a verdade. Quem acredita em tudo o que lhe dizem não dura muito no setor de vendas.

Quando se faz uma pergunta a um engenheiro, é comum ele responder com grande precisão. No caso de um vendedor, ele procura descobrir qual é a pergunta por trás da pergunta. Quando o cliente pergunta: "Vocês têm a funcionalidade X?", o bom engenheiro responde sim ou não. O bom vendedor quase nunca responde assim. Ele pensa: "Por que estão perguntando sobre essa funcionalidade? Qual concorrente tem essa funcionalidade? Hum, eles devem estar tentando ganhar essa venda. Preciso de mais informações." Então, dirá algo como: "Por que você acha que essa funcionalidade é importante?"

Quando um engenheiro faz uma pergunta e a outra pessoa responde com outra pergunta, ele enlouquece. Quer uma resposta rápida para poder voltar a trabalhar. Mas se pretende que seu produto faça sucesso, que grandes vendedores o vendam para que a empresa siga existindo e os engenheiros possam continuar trabalhando nela, precisará aprender a lidar com essa diferença cultural.

Numa organização bem dirigida, os engenheiros são recompensados pela qualidade do produto em si, não pela quantia em dinheiro que ele garante à empresa, pois muitos riscos de mercado estão fora do controle dos engenheiros. Os grandes engenheiros gostam de criar e construir inúmeras coisas, e muitos se dedicam a outros projetos apenas por prazer. Por isso, a criação de um ambiente confortável, que os encoraje a passar 24 horas por dia programando, é essencial. Os traços que distinguem a cultura de engenharia são a vestimenta informal, a possibilidade de chegar tarde ao trabalho e permanecer por longas horas, até muito tarde ou mesmo durante a noite.

Os grandes vendedores são mais semelhantes a boxeadores. Podem até gostar do que fazem, mas ninguém vende software para se divertir no final de semana. Como nas lutas em que o vencedor recebe um grande prêmio em dinheiro, os vendedores vendem pelo dinheiro e pela competição – se não houver prêmio, não haverá luta. Por isso, os setores de vendas valorizam o valor das comissões, as campanhas de vendas, o troféu de melhor vendedor e outras formas de compensação que envolvam premiação. Os vendedores representam a empresa perante o mundo. Por isso, precisam vestir-se bem e chegar cedo ao trabalho, na mesma hora que os clientes chegam. As melhores culturas de vendas são competitivas, agressivas e muito bem recompensadas – mas somente para quem entrega resultados.

Toda empresa precisa ter elementos culturais centrais e comuns a todos os setores, mas a tentativa de tornar idênticos todos os aspectos da cultura em todas as funções fará que algumas percam força à custa de outras. Por exemplo, slogans como "Somos obcecados pelo cliente", "A melhor ideia ganha, independentemente da posição hierárquica" e "Trabalhamos mais do que a concorrência" podem ser aplicados no nível geral da empresa, mas outros como "O modo de nos vestimos é informal" ou "Só o resultado importa" em geral são mais adequadas para determinadas subculturas.

A especificação do tipo de funcionário

Uma das maneiras de entender uma cultura é concebê-la como uma especificação do tipo de funcionário que se quer. Quais as virtudes mais valorizadas nos funcionários? Quando as virtudes são entendidas como as qualidades que se buscam num funcionário, reforça-se um importante conceito do bushidô: as virtudes devem se basear em ações, não em crenças. Acredite: é facílimo, numa entrevista, fingir que se tem uma crença. Por outro lado, quando contratamos as pessoas levando em conta o que elas fazem, podemos usar as referências para saber o que fizeram no passado e até realizar testes durante a entrevista.

Faz todo o sentido transformar o perfil de contratação num elemento importante da definição da cultura, pois o fator que mais determina a cultura são as pessoas que contratamos. Patrick Collison, cofundador e CEO da Stripe, me disse:

> Na verdade, boa parte do que acabou nos definindo aconteceu quando contratamos as primeiras vinte pessoas. Ou seja, aquilo que queremos que a cultura seja e quem queremos contratar constituem, em certo sentido, dois lados da mesma questão.

Stewart Butterfield, cofundador e CEO da Slack, disse que quando passou a orientar sua cultura de acordo com o tipo de funcionário que quer ter na empresa, a situação dela começou a melhorar muito:

Nossos valores eram bastante originais – ludicidade e solidariedade, por exemplo –, mas não eram dadas orientações eficazes para a ação. Estávamos tentando encontrar algo que ajudasse as pessoas a tomar decisões.

Foi então que me lembrei de uma conversa que tive com Suresh Khanna, chefe de vendas na AdRoll. Ele me disse algo que me tocou: ao recrutar funcionários, procurava pessoas inteligentes, humildes, trabalhadoras e colaborativas.

Era disso que precisávamos. Essas quatro virtudes são especialmente valiosas quando combinadas entre si; a presença de apenas duas delas pode ser um desastre. Se eu lhe disser que fulano é inteligente e trabalhador, mas não é humilde nem colaborativo, o arquétipo que isso evoca na mente não é nada bom. O mesmo vale para a pessoa humilde e colaborativa, mas que não é inteligente. Conhecemos esse tipo de pessoa e não a queremos conosco.

As ideias dele sobre o que é um bom funcionário ou candidato eram muito mais passíveis de ser traduzidas em ações do que as nossas – é difícil mensurar a ludicidade ou solidariedade de alguém numa entrevista, por exemplo. Comecei a procurar detectar estas quatro qualidades:

1. Inteligente. Não é ter o QI alto (embora isto seja excelente), mas estar disposto a aprender. Caso exista uma prática melhor em qualquer lugar, adote-a. Queremos incorporar o máximo possível de coisas no dia a dia para que possamos nos concentrar nas poucas coisas que precisam da inteligência e da criatividade humanas. Para detectar isso, ao fazer uma entrevista, pode-se pedir ao entrevistado: "Diga-me qual é a última coisa importante que você aprendeu sobre como cumprir melhor a sua função" ou "Fale-me sobre algo que você automatizou, sobre um processo que precisou reformular em outra empresa."

2. Humilde. Não é ser dócil ou sem ambição, é ser humilde como Steph Curry é humilde. Quando uma pessoa é humilde, os outros desejam que ela seja bem-sucedida; quando é egoísta, seu desejo é que fracasse. A humildade também nos dá autoconsciência, para que possamos aprender e ser inteligentes. A humildade é, portanto, fundamental, e essencial para o tipo de colaboração que queremos na Slack.

3. Trabalhador. Não é ficar até tarde no trabalho. A pessoa pode ir para casa cuidar da família, mas, quando está aqui, deve ser disciplinada, profissional e concentrada. Deve também ser competitiva, determinada, versátil, resiliente e forte, e aproveitar o emprego como uma oportunidade para fazer o melhor trabalho da sua vida.

4. Colaborativo. Não é ser submisso ou deferente. Na verdade, é o oposto. Na nossa cultura, ser colaborativo é aceitar a liderança de onde quer que ela venha. Assumo a responsabilidade pelo bom andamento desta reunião. Se verifico que existe falta de confiança, procuro resolver o problema. Se as metas não estão claras, tento solucionar isso. Todos nós estamos interessados em melhorar, e todos devem assumir a responsabilidade para conseguir isso. Se todos forem colaborativos nesse sentido, a responsabilidade pelo desempenho da equipe será partilhada. As pessoas colaborativas sabem que o sucesso é limitado por aqueles que têm pior desempenho, por isso ajudam-nos a melhorar ou têm uma conversa séria com eles. É fácil corroborar essa qualidade junto às referências, e na entrevista podemos solicitar: "Conte-me uma situação, na última empresa em que trabalhou, em que algo estava fora do padrão desejado e você ajudou a melhorar."

A pessoa que possui esses quatro atributos é a funcionária perfeita para a Slack.

Quando estão claros os atributos do funcionário que se quer na empresa, como fazer a avaliação? A Amazon destacou pessoas para cumprir a função de elevar o padrão da empresa. Nas entrevistas, a função delas é testar a capacidade do candidato de compreender os princípios de liderança da Amazon e de encaixar-se na cultura da empresa. O responsável por elevar o padrão não faz parte da equipe de contratação e não tem interesse nenhum em aprovar ou rejeitar um candidato – sua missão é puramente cultural. A priorização dessa função tem dois objetivos: primeiro, garantir uma avaliação severa de compatibilidade cultural do candidato em relação à cultura da empresa; segundo, fazer o candidato perceber que a cultura da Amazon tem enorme importância.

Uma entrevista para avaliar a adequação cultural não precisa ser longa. A Parametric Technology Corporation (PTC) produz software para CAD e sua cultura de vendas é legendária. Meu chefe de vendas na Opsware, Mark Cranney, tinha vindo da PTC e vivia se gabando do quanto eles eram bons em vendas. Certa vez, aborreci-me e perguntei o que tinham de tão especial. Ele respondeu: "Tudo começou com a entrevista. Entrei na sala para ser entrevistado pelo vice-presidente de vendas, John McMahon. Ele ficou um bom tempo sem dizer nada – tive a impressão de que se passaram uns cinco minutos – e então me perguntou: 'O que você faria se eu lhe desse um soco na cara agora?'" Ao ouvir isso, gritei: "O quê!? Ele perguntou o que você faria se ele lhe desse um soco na cara? Que loucura! E o que você disse?" Mark falou: "Perguntei: está testando minha inteligência ou minha coragem? Ele respondeu: ambas. Então, eu disse: bom, é melhor que me nocauteie, ao que ele declarou: você está contratado. Naquele momento percebi que tinha encontrado o meu lugar."

Por que McMahon tomou tão rápido a decisão de contratá-lo? Aquela breve interação foi suficiente para que ele descobrisse se Mark possuía as qualidades que combinavam com os principais aspectos culturais da empresa: a capacidade de manter a serenidade sob ataque, a capacidade de ouvir com cuidado, a coragem de procurar saber por que uma pergunta está sendo feita e, acima de tudo, a competitividade.

Um elemento universal das culturas fortes – o que nós fazemos importa

Você deve conceber a sua cultura de modo que atenda às necessidades específicas da sua organização. Entretanto, há um aspecto essencial, sem o qual é impossível criar uma empresa vencedora, mas que quase ninguém inclui entre os seus valores.

As perguntas que todos os funcionários de todas as empresas sempre fazem a si mesmos são: "Minhas ações fazem alguma diferença? São importantes? Ajudam a empresa a progredir? Alguém vai perceber isso?" Boa parte da atividade da administração consiste em garantir que as respostas a essas perguntas sejam "sim".

O mais importante, em qualquer cultura empresarial, é que os funcionários se importem com a qualidade do seu trabalho, com a missão da empresa, que ela seja vencedora, que eles sejam bons cidadãos. Ou seja, a maior parte do sucesso de uma cultura é determinada por aquilo que a empresa valoriza. Para ela é importante a preocupação em fazer um bom trabalho? Ou se sai melhor financeiramente quem não se preocupa com isso? Toda vez que um funcionário se empenha para fazer uma mudança ou propor uma nova ideia e esta é recebida com burocracia, indecisão ou indiferença, a cultura se fragiliza. Toda vez que um funcionário é reconhecido ou recompensado por ajudar a empresa a avançar, a cultura se fortalece.

Quando a HP adquiriu a Opsware, em 2007, tornei-me gerente-geral da HP Software. Logo procurei conhecer pessoalmente, por meio de reuniões com cada funcionário, o maior número possível deles. Logo percebi um padrão: ninguém se importava com o que fazia, a ponto de os funcionários não conseguirem responder a perguntas básicas, como: "Posso fechar este contrato?", "Posso escolher a ferramenta que vou usar para desenvolver este software?", "Posso comprar uma cúpula nova para a luminária do meu escritório, que está quebrada?".

Na HP, as pessoas eram recompensadas por não se importarem com nada. A empresa tinha sido submetida a diversas medidas de corte de custos que produziram grandes lucros no curto prazo, mas destruíram sua cultura. Muita gente "trabalhava em *home office*" mas, na verdade, não trabalhava em absoluto. Quando a liderança da empresa mudou, em 2010, o novo CEO ficou perplexo ao constatar que nela havia 15 mil postos de trabalho a menos do que o número oficial de funcionários – 15 mil pessoas que nunca iam trabalhar, e ninguém se dava conta disso. As pessoas que de fato iam trabalhar e se esforçavam eram punidas pela indecisão e por novas rodadas de cortes de custos.

Pensei: se não consigo solucionar nem questões simples como essas, por que os funcionários se preocupariam em comparecer ao trabalho? Assim, fiz uma promessa a cada um dos inúmeros funcionários do meu setor: "Se você tiver um problema, se precisar que seja tomada uma decisão e não obtiver retorno do seu gerente, fale comigo, e darei a solução a você em uma semana." Um gesto simples, mas que produziu uma mudança de atitude imediata entre os melhores funcionários. Em poucas semanas, a cultura do "isto é impossível" tornou-se uma cultura do "isto é possível".

Ficaria feliz em poder dizer que isso levou ao renascimento da HP, mas não posso. Depois de ser CEO por anos, percebi que já não conseguia mais trabalhar para outra pessoa. Deixei a empresa menos de um ano depois, e ela se tornou o que todos sabem: uma megaorganização que, no fim, precisou ser dividida para recuperar o carisma e a confiança.

Se a organização é incapaz de tomar decisões e aprovar as iniciativas com rapidez e tem vácuos de liderança, pouco importa a qualificação dos funcionários ou o tempo que você passa elaborando a cultura, que ficará marcada pela indiferença, pois é isso que está sendo recompensado. Se eu me esforço, se meu colega não se esforça, e nós dois temos a mesma importância para a empresa, está claro que devo me comportar como ele.

Atributos que dão eficácia às virtudes culturais

Muitos aspectos da cultura são abstratos demais para serem eficazes. Se você definir a integridade como uma virtude, isso deixará claro para as pessoas como elas devem se comportar? Em caso de conflito, o que é integridade: obedecer ao cronograma da empresa ou entregar a qualidade que o cliente espera?

Algumas considerações sobre a eficácia de uma virtude:

- A virtude pode se transformar em ação? Segundo o bushidô, a cultura não é um conjunto de crenças, mas um conjunto de ações. Em quais ações se traduzem as virtudes da sua cultura? A empatia, por exemplo, pode ser transformada numa ação? Se for possível, poderá ser vista como uma virtude. Do contrário, será melhor pensar em outra virtude para compor a cultura.

- A virtude é algo que particulariza a sua cultura? Nem todas as virtudes serão exclusivas da sua empresa, mas, se todas as outras empresas do setor agem da mesma maneira, torna-se desnecessário chamar a atenção para um aspecto em particular. Para as empresas do Vale do Silício, a vestimenta casual não constitui uma virtude, pois lá todos se vestem assim. Se, por outro lado, você quiser que todos usem terno e gravata na sua empresa de tecnologia, isso definirá a sua cultura.

- Caso sua adesão a essa virtude seja posta à prova, você passará no teste?

Todd McKinnon, CEO da Okta, pouco depois de assumir o cargo teve o seu mais importante princípio cultural posto à prova.

Antes de ajudar a fundar a Okta, em 2009, McKinnon tinha sido vice-presidente de engenharia da Salesforce.com. A Okta fornece um sistema seguro de gestão de identidades para empresas cujos aplicativos foram transferidos para a nuvem. Hospedar aplicativos na nuvem era, na época, uma ideia nova, mas, diante do sucesso da Salesforce, McKinnon imaginou que muitos outros aplicativos semelhantes surgiriam – automação de marketing, aplicativos jurídicos, apoio ao consumidor e por aí afora. Quando isso acontecesse, as empresas com base na nuvem enfrentariam o desafio de gerir as atividades de seus funcionários em centenas de sistemas pertencentes a terceiros. Quando um funcionário é dispensado, como ter certeza de que ele foi removido de todos os sistemas aos quais tinha acesso? Esse era o problema inicial que a Okta procurou resolver.

Cada cliente teria de confiar na idoneidade da Okta para gerir as credenciais de todos os seus funcionários em centenas ou até milhares de sistemas. Se o sistema da empresa caísse, mesmo que só para manutenção, esses funcionários não conseguiriam acesso a dados importantíssimos. Pior ainda: se a Okta fosse hackeada, todos os clientes também seriam. Ela deveria ser totalmente confiável para dar certo, e McKinnon colocou a integridade como valor central da cultura da empresa.

Mas a Okta era uma startup, e a principal virtude cultural de toda e qualquer startup é sobreviver a qualquer preço. Cerca de três anos depois de sua fundação, a Okta não ia nada bem: sua receita ficara aquém das previsões ao longo de sete trimestres sucessivos e ela precisava levantar dinheiro. Um potencial contrato com a Sony poderia garantir aquele trimestre ou colocá-lo a perder de uma vez. A boa notícia era que o contrato estava bem encaminhado. A má notícia era que o representante de vendas da Okta prometera à Sony que uma funcionalidade chamada provisionamento de usuário dentro da empresa (*on-premise user provisioning*), que permitiria à Sony introduzir usuários no sistema dentro do seu próprio edifício, seria entregue dentro de alguns meses. A verdade é que a Okta só planejava criar essa funcionalidade depois de alguns anos. A Sony não exigiu uma garantia contratual de que estava para ser lançada, mas quis a palavra de McKinnon. O que era mais inteligente: contar a verdade à Sony ou salvar a empresa? Aquela funcionalidade era tão importante para a Sony que a empresa precisaria saber que ela só seria entregue com atraso, mesmo que a Okta corresse o risco de ser obrigada a demitir funcionários ou algo ainda pior?

"Eu sabia que poderia fechar o contrato se floreasse um pouco a verdade", lembra McKinnon. "No entanto, eu sabia que todos, desde o representante de vendas até os engenheiros, perceberiam que eu tinha feito isso. Entenderiam, então, que não haveria nenhum problema em contar uma mentirinha sem consequências. Gostaria de poder dizer que a decisão foi fácil, mas não foi. Acabei não fechando o contrato, pois sabia que, no longo prazo, isso seria fatal, e talvez porque, mais do que isso, eu não queria mentir."

McKinnon preferiu pôr a empresa em risco a pôr a cultura em risco. Nesse caso, funcionou. A Khosla Ventures fez uma aposta arriscada e financiou a rodada seguinte de levantamento de capital da Okta, apesar de ela ter ficado atrás das previsões ao longo de muitos trimestres. No momento em que escrevo, a Okta vale quase 15 bilhões de dólares e tornou-se o produto mais importante do mundo no setor de gestão de identidade na nuvem. Nunca foi hackeada, e as quedas no sistema raramente acontecem: chegou a passar quatro anos sem ter nenhuma queda.

A decisão de Todd, porém, poderia ter aniquilado a empresa e, neste caso, ninguém se lembraria da Okta e da sua coragem.

Os funcionários vão colocar você à prova, sem intenção ou de propósito. Por isso, antes de propor uma virtude, pergunte-se: "Estou disposto a passar nessa prova?"

CAPÍTULO 9

CASOS LIMÍTROFES E LIÇÕES PRÁTICAS

"Você é bem hostil, eu tenho o direito de ser hostil,
meu povo foi perseguido."

PUBLIC ENEMY

Para realmente entender como funciona a cultura, é preciso examinar seus pontos que não funcionam, o território fronteiriço desconhecido no qual os princípios culturais deixam de ser respeitados ou se tornam contraproducentes. Quando algo bom se torna ruim por causa do excesso? Em que momento é necessário violar um princípio cultural para seguir outro? Há problema em violar os próprios princípios culturais para sobreviver? Chega um momento em que um princípio cultural precisa ser aposentado?

Quando a obsessão pelo cliente leva à recessão

Uma das virtudes culturais que muitas empresas adotam como princípio é a obsessão pelo cliente. Querem conhecer todos os quereres, desejos e caprichos de seus clientes, depois trabalham sem descanso para atender a todos. Foi assim que a Nordstrom e o Ritz-Carlton construíram sua reputação. Esse é um valor excelente – até o momento em que deixa de ser. É fato que os clientes gostariam de ver introduzidas funcionalidades em produtos dos quais gostam, mas suas ideias sobre produtos que ainda não existem são no mínimo confusas, quando não inexistentes.

A Research in Motion (RIM), que criou o Blackberry em 1999, construiu uma cultura poderosa, baseada no produto, em Waterloo, Canadá, ou seja, bem longe do Vale do Silício. Conhecia seus clientes melhor do que ninguém e sabia que os clientes de telefonia móvel valorizavam, mais do que qualquer outra coisa, a durabilidade da carga da bateria e a velocidade do teclado. A RIM também sabia que os departamentos de TI que tomam as decisões de compras valorizam a segurança e a integração com os sistemas de TI já existentes. Por isso, a RIM dedicou todos os seus esforços à maximização dessas qualidades e dominou o mercado por algum tempo.

Mas esse foco excessivo no cliente levou a empresa a ignorar o iPhone da Apple. Por quê? Porque a RIM confiava demais no seu predomínio no mercado. Quando o iPhone foi lançado, a bateria era péssima, o teclado não funcionava bem, não havia integração com sistemas de TI e seus controles de segurança eram patéticos. Quem poderia querer isso? Esse desprezo – essa falta de imaginação, de flexibilidade cultural – fez que a capitalização de mercado da BlackBerry Ltd., como a empresa é chamada hoje, caísse de 83 bilhões para 5 bilhões de dólares.

Viole as próprias regras

As regras culturais podem se transformar em vacas sagradas, imensas e inúteis. Todos pisam em ovos ao redor delas, procuram respeitar a cultura – mas, de repente, as vacas caem em cima de você e o esmagam. As estratégias se aperfeiçoam, as circunstâncias se modificam, e você aprende coisas novas. Quando isso acontece, é preciso mudar a cultura. Caso contrário, acabará sufocado por ela.

Quando fundamos a Andreessen Horowitz, associamos nossa marca a uma promessa que se tornou a base da nossa cultura: garantimos que, nas empresas em que investíssemos, o sócio da nossa empresa que fosse membro do conselho se tornaria fundador ou ex-CEO de alguma empresa importante da área de tecnologia.

Fizemos essa exigência aos nossos parceiros porque estávamos determinados a ser o melhor lugar para que fundadores vindos da área técnica – que, em tese, não tinham experiência em gestão – aprendessem a crescer e a se tornar CEOs.

Para cumprir nossa promessa, também montamos uma poderosa plataforma para proporcionar aos fundadores uma rede de contatos semelhante à de qualquer CEO, pondo-os em comunicação com mercados de capitais, talentos, clientes poderosos e a imprensa. E garantimos que todos, na nossa empresa, tivessem uma compreensão profunda de como é difícil construir uma empresa.

Para isso, estabelecemos regras sobre como agir com os empresários: devíamos ser pontuais nas reuniões, explicar os motivos caso decidíssemos não investir e falar abertamente quais eram as nossas preocupações, mesmo correndo o risco de pôr fim ao relacionamento. Em coerência com essa abordagem, Marc e eu decidimos que não promoveríamos a sócio ninguém que fosse de dentro da nossa empresa. Na época, isso fazia sentido, pois não existiam grandes CEOs fundadores interessados em qualquer posição na firma que não fosse a de sócio. Por isso, as pessoas que poderíamos promover não tinham a experiência que havíamos prometido às empresas que faziam parte do nosso portfólio.

À medida que a Andreessen Horowitz começou a dar certo, no entanto, nossa perspectiva mudou. Percebemos que nossos empresários valorizavam mais as nossas capacidades – de colocá-los em contato com nossa rede de relacionamentos nas grandes empresas, no mercado de capitais e na imprensa e de conectá-los com executivos e engenheiros que talvez quisessem contratar – do que os nossos conselhos. Além disso, alguns dos ex-CEOs que contratamos como sócios tinham suas próprias opiniões sobre a cultura empresarial – opiniões que nem sempre conviviam pacificamente com a cultura que havíamos estabelecido. Estavam acostumados a ter a empresa orbitando ao seu redor, ao passo que havíamos decidido que nossa empresa orbitaria em torno dos empreendedores.

Enquanto isso, nossos funcionários juniores haviam interiorizado nossa cultura e se tornado os seus maiores divulgadores, mas alguns estavam começando a ir embora. Ao impedir que se tornassem sócios, estávamos perdendo não só nossos melhores jovens talentos, como também os maiores divulgadores da nossa cultura. A regra que havíamos estipulado para reforçar a cultura e que havíamos vendido como nossa especialidade – cheguei a escrever sobre ela no livro *O lado difícil das situações difíceis* – estava, na verdade, prejudicando a cultura.

Muitas pessoas, dentro da empresa, perceberam que a regra havia se tornado destrutiva, mas nunca me disseram nada, pois eu havia assumido o compromisso público de respeitá-la. Comecei a perceber o problema em 2011, quando contratamos uma jovem analista chamada Connie Chan. Depois de entrevistá-la, pedi a Minerva, minha assistente, que chamasse de imediato nosso gerente de contratações, Frank Chen.

> Frank: O que você achou?
> Ben: Em definitivo, ela é capaz de cumprir a função. A questão é: será que quer cumprir a função?
> Frank: Como assim? Ela se candidatou a essa função.
> Ben: Ela é mais ambiciosa do que você pensa.
> Frank: Como assim?

Cheguei bem perto dele e disse: "Não importa. Mantenha o prato dela sempre cheio de ração, pois cachorro grande precisa comer!"

Frank olhou-me como se eu tivesse perdido a razão, mas sempre procurou deixar Connie às voltas com muitos desafios. Uma das qualidades que aprecio profundamente em Frank é sua capacidade de pegar uma instrução tão simples como essa e de fato implementá-la.

Por que tive tanta dificuldade para expressar o que sentia? Havia visto algo em Connie que quase nunca vejo. Respondeu a todas as perguntas, fez uma análise cirúrgica da empresa, revelou uma elegância a toda prova... Chan estava determinada a ser a melhor no que quer que fizesse, estava destinada a ser grande. Percebi tudo isso, mas não podia dizer.

Não podia dizer porque percebi, de imediato, um conflito entre sua força irresistível e nossa política de não promover ninguém de dentro da empresa. Como não podíamos promover Chan a sócia, fatalmente, um dia ela iria embora. À medida que foi atuando ao longo dos anos, fechando negócios espetaculares como o Pinterest e a LimeBike, eu só pensava no dia em que nos deixaria. Mesmo assim, nunca me passou pela cabeça mudar a regra, pois, enfim... era uma regra.

Um dia, nossa equipe estava avaliando candidatos a sócios, e Jeff Jordan, um dos nossos sócios, disse: "Eu preferiria Connie a qualquer um desses candidatos." Respondi: "Mas ela não atende ao nosso critério." Todos ficaram em silêncio, mas aquele silêncio falou bem alto. O material da cultura são as ações. Se as ações não funcionam, é hora de adotar novas ações. Promovemos Connie a sócia em 2018 e ela está arrasando.

As regras culturais nem sempre são explícitas. Alguns anos atrás, trabalhei com um jovem CEO que acreditava muito na sua cultura. Sua confiança era tamanha que, quando a empresa avaliava os funcionários, levava mais em conta o zelo cultural do que o desempenho. Um dia, ele me contou que queria fazer uma mudança no quadro de pessoal. Disse: "Sheila, minha gerente de marketing, é uma pessoa incrível e a melhor líder cultural da empresa. Infelizmente, veio de outra área e não foi capaz de dominar nosso mercado. A culpa não é dela, pois a princípio eu achava que a área de atuação da empresa seria outra. Meu plano é contratar outra gerente de marketing que conheça a área, e Sheila ficará subordinada a ela." Perguntei: "Quanto por cento Sheila tem de participação na empresa? Um? Um e meio?" Ele respondeu: "Um e meio." Falei então: "Vamos imaginar que você seja um grande engenheiro e tenha 0,2% de participação na empresa. Você descobre que a subordinada da chefe de marketing tem 1,5%. Como você se sentiria? Que efeito isso terá na sua cultura?" Ele franziu a testa e sugeriu: "E se eu diminuir a participação dela?" Eu disse: "Se a proposta inicial de participação que você ofereceu era justa, como acha que ela vai se sentir? Acha que ela continuará sendo uma grande líder cultural?"

Ele percebeu que, ao distorcer a cadeia de comando para preservar a cultura, no fim acabaria destruindo a cultura. Assim, tomou a decisão mais difícil, mas necessária, e demitiu Sheila, dando excelentes referências sobre ela ao seu próximo empregador.

Quando a cultura conflita com o conselho diretor

Um empreendedor que conheço – vou chamá-lo de Fred – enfrentou um dilema quando surgiu um conflito envolvendo o conselho diretor e a cultura da empresa. Fred estava tentando introduzir a confiança como um elemento da cultura, como deve fazer todo CEO. Sabia que, sem confiança, seus funcionários não poderiam ter bom desempenho, mas violou o próprio código e fez uma promessa a um executivo sem nada dizer ao conselho. Ele escreveu para mim:

> Ben,
>
> *Queria ver se pode me ajudar num problema. Prometi em conversa com um executivo que lhe daria maior participação acionária depois da nossa próxima rodada de financiamento, mas o novo investidor não concordou. O raciocínio do novo membro do conselho é justo: o executivo já está no nonagésimo percentil da sua faixa salarial, e não faz sentido dar-lhe maior participação só para compensar a diluição que vai acontecer com a nova rodada de financiamento. Concordo com o raciocínio do investidor, e essa é a política correta, mas me sinto mal por ter de quebrar a promessa que fiz ao executivo. Aprendi a lição e não voltarei a fazer promessas, mas você tem algum conselho para lidar com essa situação?*
>
> *Saudações*
>
> *Fred*

Situação delicadíssima. Prometer a um executivo uma remuneração que diluirá a participação de todos os outros acionistas, sem consultar o conselho, revela péssima liderança. Pior ainda: Fred estava propondo isso à pessoa que acabara de investir na sua empresa. Por outro lado, quando se rompe uma promessa feita a um executivo e se põe a culpa no conselho, isso atinge não apenas o executivo, mas todas as outras pessoas a quem ele revelar o ocorrido. O que fazer nessa situação? Minha resposta:

Fred,

Eu diria ao conselho algo assim:
Compreendo que não devemos aumentar a remuneração dos funcionários toda vez que ocorre uma diluição de capital. Eu, os funcionários e os investidores devemos estar todos no mesmo barco no que se refere a essas diluições, e é um ato de má gestão e má governança favorecer alguns em detrimento de outros, como fiz. Além disso, nesse caso, o executivo já recebe uma excelente remuneração. No entanto, como fui eu que tive a conversa com ele, preciso ser claro. Não foi uma conversa casual nem a menção de uma possibilidade, foi uma promessa. Prometi, sem meias palavras, que ele receberia uma participação maior. Sei agora que errei, sobretudo porque fiz a promessa sem antes consultar o conselho, mas fiz.

É importante que cada um de vocês compreenda que esta empresa depende da minha palavra e do meu compromisso em cumprir o que prometo. Para cada novo funcionário que contratamos, faço promessas, falando do tipo de empresa que somos e nos tornaremos. Para quem já é funcionário, faço promessas, ressaltando nossas chances de sucesso. Para os clientes, faço promessas sobre o que lhes entregaremos. Cada uma dessas promessas é reproduzida centenas de vezes pelos nossos executivos e pelo resto do pessoal. Fazemos essas promessas porque elas são necessárias. Não podemos construir a empresa sem que as pessoas possam confiar na minha palavra, é preciso que ela seja o fundamento das ações da empresa.

Uma pequena quebra da confiança que meus funcionários têm em mim destruirá nossa cultura e colocará em risco toda a nossa operação. Sei que proteger os acionistas também é extremamente importante, então proponho o seguinte: ou autorizo o aumento da participação prometido e reduzo a participação dos outros executivos na mesma proporção ou, se vocês não acreditarem que serei capaz de fazer isso, o conselho autoriza uma transferência da minha participação pessoal para o executivo, equivalente ao aumento de participação que prometi a ele. Isso mostra o quanto essa questão é importante para mim.

Saudações

Ben

Fred fez o que sugeri. No entanto, o novo membro do conselho recusou-se a ceder, o conselho se recusou a aceitar a solução proposta e o executivo, no fim, acabou saindo da empresa.

O resultado foi decepcionante, mas, para Fred, foi uma lição. Ele aprendeu que não bastava a empresa assumir a cultura, o conselho também precisava fazer isso. O fato de o novo investidor não dar a mínima para a cultura da empresa – que, em grande medida, determinaria os resultados do próprio investimento dele – e só se preocupar em não parecer frouxo era um problema, e continuaria sendo. Fred dispensou o investidor. Sua empresa, machucada, porém mais forte, segue crescendo.

Sinais de fracasso da cultura

É difícil determinar se uma cultura fracassou ou não. Seria ótimo poder confiar no que os funcionários dizem, mas ou eles precisariam ter coragem suficiente para dizer o que pensam; ou o funcionário queixoso deveria ser ele próprio uma pessoa que se sai bem na cultura que você quer, do contrário, pode ser que a queixa na verdade seja um elogio (a cultura está funcionando, mas o queixoso não consegue trabalhar naquele ambiente); ou a maioria das queixas em relação à cultura são abstratas demais e, portanto, inúteis. As reclamações mais comuns que chegam a nós, muitas vezes de modo anônimo, são: "Nossa cultura está falida" ou "Nossa atuação não está à altura da nossa cultura". Isso pode até ser verdade, mas não nos diz nada.

Como saber, portanto, quando nos desviamos do caminho? Alguns sinais:

- Pessoas que não deveriam sair da empresa estão fazendo isso com frequência. As pessoas pedem demissão o tempo todo, mas quando quem se demite são aquelas pessoas que não deveriam fazer isso, e por motivos que não deveriam ser alegados, o mais provável é que esteja na hora de mudar. Se a empresa vai bem, mas as pessoas pedem demissão num ritmo mais intenso do que o previsto para o setor, é porque existe um problema cultural. Se as pessoas que fazem isso são exatamente aquelas que você gostaria de manter nos seus quadros, o problema é ainda pior. Quando pessoas escolhidas em razão de sua compatibilidade cultural com a empresa não se sentem em casa nela, o presságio é especialmente ruim: você as escolheu para integrar-se a uma cultura que não existe.

- Suas prioridades não estão sendo atendidas. Digamos que você esteja recebendo uma avalanche de queixas sobre o serviço de atendimento ao cliente. Então, determina a melhoria desse serviço como prioridade máxima da empresa. Seis meses depois, a satisfação do cliente teve uma pequena melhora, mas continua baixa. O diagnóstico mais imediato é que o atendimento ao cliente está falido e o líder deve ser demitido. A satisfação do cliente, no entanto, começa com o produto, passa pelas expectativas estabelecidas pelos setores de vendas e marketing e só termina no atendimento ao cliente. Isso significa que o problema, provavelmente, é cultural: os funcionários que satisfazem os clientes não são recompensados. Por quê? Provavelmente, porque são recompensados apenas por respeitarem os cronogramas previstos para os produtos, por alcançarem as metas de vendas ou por produzirem campanhas de marketing bem recebidas pela crítica. Você não conseguirá resolver o problema do descontentamento dos clientes sem modificar a cultura.

- Um funcionário faz algo que o deixa chocado. Lembra-se de Thorston, o gerente de nível médio que mentia? Fiquei decepcionado ao descobrir que, na nossa empresa, a mentira era considerada aceitável.

Para corrigir essa impressão equivocada, precisei demiti-lo. No entanto, a lição prática que todos haviam assimilado, a de que ele tinha sido promovido graças às suas mentiras, perdurou ao longo de anos. Quando não tomamos cuidado, a verdade pode se tornar uma questão de interpretação. Ao ultrapassarmos certos limites, nossas interpretações tornaram-se bastante abrangentes – foi o que aconteceu quando alguns funcionários sugeriram que incluíssemos os contratos não garantidos entre os garantidos –, e foi difícil restringi-las novamente. Se eu soubesse na época o que sei agora, teria feito um grande esforço para reprogramar a cultura de imediato. Além de demitir Thorston, teria introduzido uma regra impactante ou feito algo que entrasse para o folclore da empresa e nunca mais fosse esquecido. Precisava de uma lição que, aplicada no cotidiano da empresa, deixasse claro o seguinte: "Quem mentir para seus colegas de trabalho será demitido."

Se o comportamento de uma pessoa chocar você, lembre-se: foi a sua cultura que, de algum modo, tornou aquele comportamento aceitável.

Lições práticas

Nada é tão poderoso quanto a lição prática para moldar e mudar a cultura. Às vezes ela parece semelhante a uma regra que provoca um impacto. Essa regra é feita para levar as pessoas a perguntarem por que ela existe, e tem impacto mesmo que não seja aplicada em nenhuma situação. A lição prática, por outro lado, é um apelo dramático que fazemos quando algo ruim já aconteceu e precisamos corrigir o rumo, resetar a cultura e garantir que jamais torne a acontecer.

O general chinês Sun Tzu, autor de *A arte da guerra*, o tratado militar mais antigo do mundo, compreendia perfeitamente o poder da lição prática. O antigo historiador Ssu-ma Ch'ien deixou este relato sobre como Sun Tzu a empregava:

> Sun Tzu Wu era natural do estado de Ch'i. *A arte da guerra* chamou a atenção de Ho Lu, rei de Wu. Então Ho Lu disse a Sun Tzu: "Estudei cuidadosamente os treze capítulos do seu livro. Posso pôr à prova sua teoria sobre o comando dos soldados?"
> Sun Tzu respondeu: "Pode."

Ho Lu perguntou-lhe: "A prova pode ser feita com mulheres?"

Diante de mais uma resposta afirmativa, 180 mulheres foram levadas ao palácio. Sun Tzu organizou-as em duas companhias, e à testa de cada uma colocou uma das duas concubinas preferidas do rei. Depois, entregou uma lança a cada mulher e disse: "Presumo que conhecem a diferença entre frente e trás, direita e esquerda."

As moças responderam: "Sim."

Sun Tzu continuou: "Quando eu disser 'olhos à frente', vocês devem olhar para a frente. Quando disser 'esquerda, volver', devem voltar-se para a esquerda. Quando disser 'direita, volver', devem voltar-se para a direita. Quando disser 'meia-volta, volver', devem dar meia-volta e voltar-se para trás."

As moças mais uma vez concordaram. Depois de explicar as vozes de comando, ele ordenou as alabardas e machadinhas para começar o treinamento. Depois, ao som de tambores, deu a ordem: "Direita, volver!", mas as moças apenas riram às gargalhadas. Sun Tzu disse: "Quando as vozes de comando não são claras e distintas, quando as ordens não são perfeitamente compreendidas, a culpa é do general."

Repetiu, então, suas instruções e recomeçou o treinamento. Desta vez, deu a ordem: "Esquerda, volver!", mas as moças mais uma vez começaram a gargalhar. Sun Tzu disse: "Quando as vozes de comando não são claras e distintas, quando as ordens não são perfeitamente compreendidas, a culpa é do general. Mas quando suas ordens são claras e os soldados mesmo assim desobedecem, a culpa é dos oficiais."

Ordenou então que as líderes das duas companhias fossem decapitadas. Ora, o rei de Wu estava assistindo ao treinamento do alto de um pavilhão elevado. Quando viu que suas concubinas favoritas estavam a ponto de ser executadas, assustou-se e enviou às pressas a seguinte mensagem: "Já estamos convictos da capacidade do general de lidar com as tropas. Se formos privados dessas duas concubinas, nosso alimento e nossa bebida perderão o sabor. É nosso desejo que não sejam decapitadas."

Sun Tzu respondeu: "Tendo recebido de Sua Majestade o encargo de comandar suas tropas, há certos comandos de Sua Majestade que, na qualidade de general, não posso aceitar."

Assim, as duas foram decapitadas, e outras duas mulheres foram promovidas de imediato a líderes das companhias. Em seguida, soaram os tambores para a retomada do treinamento. As moças realizaram todas as evoluções, voltando-se para a direita e para a esquerda, marchando para a frente ou para trás, ajoelhando-se e pondo-se em pé com perfeita precisão e exatidão, sem emitir um único som. Sun Tzu enviou então uma mensagem ao rei, dizendo: "Seus soldados, ó senhor, agora estão bem treinados e disciplinados, prontos para ser inspecionados por Sua Majestade. Podem ser empregados para qualquer coisa que o soberano desejar. Caso recebam a ordem de cruzar o fogo e a água, não desobedecerão."

Mas o rei respondeu: "Que nosso general deixe de lado os treinamentos e volte ao acampamento. Quanto a nós, não temos o desejo de descer para inspecionar as tropas."

Nesse momento, Sun Tzu disse: "O rei gosta apenas de palavras e não é capaz de traduzi-las em atos."

Depois disso, Ho Lu compreendeu que Sun Tzu era capaz de comandar um exército e nomeou-o general. A oeste, ele derrotou o estado de Ch'u e penetrou em Ying, a capital; ao norte, atemorizou os estados de Ch'i e Chin e sua fama espalhou-se entre os príncipes feudais. E Sun Tzu partilhou da glória do rei.

A história revela um lado muito severo: por que matar as concubinas, que nem sequer eram militares? Parece injusto. No entanto, essa ação foi fundamental para estabelecer a cultura que Sun Tzu queria. Por ter sido tão impiedoso, sabia que o relato das decapitações seria repetido em todo o reino. Ninguém jamais cogitaria rir das ordens do general. Isso era importantíssimo, pois Sun Tzu sabia que, na batalha, a indisciplina de um único soldado poderia custar-lhe muito caro. Era preciso que a cultura fosse totalmente sólida, desde o rei até as concubinas, e garantiu isso por meio de uma lição prática rigorosa.

Quando a empresa enfrenta uma ameaça real à sua existência, às vezes é necessário empregar uma lição prática tão injusta quanto essa. Imagine que um vendedor que trabalha para você faça um contrato paralelo com um cliente. O contrato oficial declara que a venda é definitiva, mas o vendedor inclui um adendo ao contrato que permite ao cliente devolver o produto a qualquer momento nos primeiros três meses após a assinatura. O vendedor, além disso, não fala nada sobre o acordo paralelo para os departamentos financeiro e jurídico. O financeiro registra a venda como receita, cometendo sem intenção uma fraude contábil (para que uma venda seja registrada como venda, não pode ser reversível). O que você deve fazer? Deve demitir o vendedor e informar as autoridades sobre o erro contábil, mas isso será o bastante para mudar a cultura? Se não modificar a cultura, esse tipo de comportamento poderá levar a empresa à ruína, poucas empresas sobrevivem a múltiplos casos de fraude. A melhor prática cultural consiste em adotar a abordagem de Sun Tzu: demitir não somente o vendedor, mas toda a cadeia de comando a que ele está subordinado. Embora os gerentes de vendas saibam que são legalmente responsáveis pelas ações dos subordinados, a demissão em massa será injusta para alguns deles. Não obstante, esta é uma situação em que o CEO deve adotar uma abordagem confuciana, pois as necessidades de muitos superam em importância as necessidades de poucos. A lição prática será compreendida por todos: nesta empresa, nunca fazemos nada ilegal.

Quando um vendedor simplesmente diz ao cliente que certa funcionalidade será implementada em breve, quando na verdade isso só acontecerá mais adiante, mas não atrela a palavra da empresa à chegada dessa funcionalidade, o CEO deve repreendê-lo ou talvez demiti-lo, mas não será necessário remover toda a hierarquia acima dele.

Como lidar com quem viola a cultura

No meu livro *O lado difícil das situações difíceis*, há uma seção intitulada "Pessoas inteligentes, péssimos funcionários". São aqueles funcionários que prometem muito, mas acabam destruindo a cultura da empresa. No livro falei sobre os três tipos de maus funcionários que devem ser demitidos. Segue um resumo do que escrevi, acrescentando um quarto tipo de funcionário que é ainda mais problemático.

O herege

Toda empresa precisa ter muitos funcionários inteligentes e engajados, que sejam capazes de identificar seus pontos fracos e ajudar a melhorá-los. Alguns funcionários, no entanto, procuram os defeitos não para consertá-los, mas para munir-se de provas – provas de que a empresa é um caso perdido e dirigida por um bando de incompetentes. Quanto mais inteligente é o funcionário, mais destrutivo é esse tipo de comportamento, pois os outros estarão muito mais propensos a dar-lhe ouvidos. Ele convencerá até funcionários engajados e produtivos a romper o vínculo pessoal com a empresa e convocar outros a fazer o mesmo. Esses funcionários vão questionar todas as decisões da direção, trair a confiança neles depositada e provocar a desintegração da cultura da empresa.

Por que uma pessoa inteligente tenta destruir a empresa em que trabalha?

- Ela não tem poder. Percebe que não tem acesso aos chefes, por isso as reclamações são o único meio de que dispõe para divulgar a verdade.

- Ela é, essencialmente, uma rebelde. Às vezes, essas pessoas saem-se melhor na chefia geral da empresa do que como funcionárias.

- Ela é imatura e ingênua. Não consegue compreender que as pessoas que dirigem a empresa não conhecem os mínimos detalhes das operações e, portanto, não são cúmplices de todos os erros e desmandos.

Em geral, é muito difícil reverter esses casos. Quando o funcionário assume uma posição publicamente, é enorme a pressão social para que ele seja coerente com essa posição. Se ele diz a cinquenta amigos que o CEO é a pessoa mais imbecil do planeta, não poderá mudar de opinião sem perder boa parte da sua credibilidade. A maioria das pessoas não está disposta a sofrer tamanha perda de credibilidade.

O irresponsável

Certas pessoas brilhantes são totalmente indignas de confiança. Na Opsware, certa vez contratamos um verdadeiro gênio – vou chamá-lo de Roger. Ele era engenheiro numa área em que os recém-contratados em geral demoravam três meses para se tornar completamente produtivos. Roger atingiu a plena produtividade em dois dias. No terceiro dia, demos-lhe um projeto para ser realizado em um mês. Ele terminou o projeto em três dias, quase impecável, com ótima qualidade. Aliás, completou o projeto em 72 horas ininterruptas, sem pausas, sem sono, sem nada a não ser programação. No primeiro trimestre na empresa, foi nosso melhor funcionário, e imediatamente o promovemos.

Então, Roger mudou. No começo, faltava dias ao trabalho sem avisar; depois, começou a faltar semanas. Quando finalmente aparecia, pedia milhões de desculpas, mas seu comportamento continuava o mesmo. Sua produção também foi afetada: ele se tornou disperso e descuidado. Eu não conseguia entender tal desequilíbrio num funcionário tão bom. O gerente queria demiti-lo, pois a equipe já não podia mais contar com Roger para nada. Resisti. Sabia que o gênio ainda existia nele e queria despertá-lo novamente. Isso nunca aconteceu. Descobrimos, no fim, que Roger era bipolar e tinha dois problemas graves: não gostava de tomar o medicamento e era viciado em cocaína. Acabamos sendo obrigados a demitir Roger, mas até hoje me dói ao imaginar o que ele poderia ter sido.

O comportamento irresponsável em geral tem uma causa problemática: tendência à autodestruição, narcodependência, prestação de serviço para diferentes empresas à noite e outras razões. O problema, em termos de cultura, é que, se a equipe conta com a pessoa irresponsável e permite que continue sendo irresponsável sem justificativa, todos os outros membros da equipe passarão a acreditar que também podem ser irresponsáveis.

O insolente

Esse tipo específico de funcionário, ruim e inteligente, pode ser encontrado em qualquer setor da organização, mas é mais destrutivo no nível executivo. A maioria dos executivos de vez em quando mostra-se cretina, idiota, arrogante, imbecil e um sem--número de outras qualidades negativas. Ressalvo que a falta de educação pode ser usada para deixar uma mensagem bem clara ou enfatizar uma lição importante, mas não é desse tipo de comportamento que estou falando, e sim de quem procura oportunidades para atacar – e, quanto mais pessoal for o ataque, melhor.

O comportamento grosseiro e insolente de um executivo, quando se repete, pode atingir gravemente a empresa. À medida que ela cresce, seu maior desafio passa a ser a comunicação. Se um membro da equipe executiva for rude e mal-educado, a comunicação poderá se tornar quase impossível, pois os outros simplesmente se calarão quando estiverem ao lado dele. Se o vice-presidente de marketing voa na garganta de todos que identificam algum problema na área, ele jamais será mencionado. Em decorrência desse comportamento, ninguém mais aponta nenhum problema quando o grosseirão está na sala – e a empresa inteira começa lentamente a degenerar. Ressalte-se que essa dinâmica só acontece se o grosseirão é uma pessoa brilhante. Caso contrário, ninguém dará importância aos seus ataques. A mordida dói apenas quando é dada por um cachorro grande. Se um dos seus cachorros grandes começar a destruir a comunicação entre os membros da sua equipe, mande-o para o canil.

O profeta da fúria

Às vezes, entre os funcionários surge um caso limite que talvez você pense em tentar regenerar. Há uma categoria especial de insolentes, que chamo de "profetas da fúria", em homenagem à música do Public Enemy. Os profetas são altamente produtivos e têm uma vontade indomável. Nenhum obstáculo é muito grande, nenhum problema é muito difícil e eles pouco se importam em divergir de muita gente, desde que consigam cumprir a tarefa proposta. As pessoas chamam-nos de caubóis, qualificam-nos de cretinos ou grosseiros, e sabem que pisam no pé de todo mundo. E, de fato, são grosseiros. Mas nem sempre é o caso de nos livrarmos deles, pois talvez ninguém mais seja capaz de fazer um trabalho de tão boa qualidade. Seria desejável apenas que fosse mais fácil a convivência com eles no ambiente de trabalho.

Essas pessoas sentem-se tão seguras de que estão certas que chega a ser difícil ter uma conversa com elas sobre a melhor maneira de fazer algumas coisas. Creem que, se estão fazendo as coisas de um jeito, necessariamente é o jeito certo. Os outros sempre estão errados.

Seus antecedentes quase nunca correspondem ao perfil da pessoa que se quer contratar. É comum que tenham tido uma infância pobre e estudado nas piores escolas, ou que sua religião, orientação sexual ou cor de pele não fossem as mais apreciadas. De um jeito ou de outro, tiveram uma infância e uma adolescência desfavorecidas e acreditam que todos os julgam por causa disso. Assim, passarão pelo fogo para provar o seu valor. (Isso não significa que todos que tenham essa origem sejam profetas da fúria, mas muitos profetas da fúria têm essa origem.)

Nas empresas, esses funcionários são o equivalente a armas de destruição em massa. São a arma definitiva – mas essa arma, quando usada, pode ter um efeito de desestabilização. Como impedir que destruam a sua cultura ou até mesmo a sua empresa?

Quando se lida com um profeta da fúria, é preciso ter em mente que, para ele, é muito mais fácil fazer do que aceitar críticas. Não hesita em atacar com agressividade seus colegas, mas a menor crítica o abala profundamente. A maioria dos gerentes não tem paciência com esse tipo de comportamento e, assim, perde a oportunidade de alcançar a grandeza.

Os profetas da fúria são perfeccionistas. Esperam a perfeição total de si mesmos e dos outros. Quando alguém entrega um trabalho abaixo do padrão ou incorre em erros de raciocínio, eles se enfurecem. A mesma dinâmica que os enfurece e os leva a pisar nos pés das outras pessoas faz que recuem diante de qualquer crítica. Como dedicaram toda a sua vida a serem os melhores no que fazem, qualquer rejeição ao seu trabalho parece uma rejeição a eles mesmos. Lembre-se, além disso, de que, em razão de sua possível origem, o profeta muitas vezes suspeitará de que você desde o começo não o queria na empresa.

Há três modos de lidar com um profeta da fúria:

1. Não faça comentários sobre o comportamento dele, mas sobre os efeitos contraproducentes desse comportamento. Se você disser: "É totalmente inaceitável gritar com as pessoas nas reuniões", o profeta entenderá: "É inaceitável que você grite com as pessoas nas reuniões, mas os outros podem fazê-lo à vontade, pois é você que eu quero ferrar." Antes, fale como o comportamento dele foi interpretado: "A sua missão é muito importante, mas quando você gritou com o Andy, dizendo que a equipe dele estava dificultando o seu progresso, a reação dele não foi se esforçar para desbloquear você, foi se vingar de você por tê-lo envergonhado em público. O seu método foi totalmente ineficaz." No início, o profeta vai se melindrar com a crítica, depois vai perceber que você tem razão e trabalhar duro para superar esse defeito – afinal, é um perfeccionista.

2. Admita que você jamais será capaz de regenerar um profeta da fúria. Por mais que você o oriente, não conseguirá transformá-lo por completo. Por isso, o melhor é tentar acalmar o profeta e, ao mesmo tempo, pedir ao restante da equipe que o aceite porque ele é extremamente produtivo.

3. Foque suas orientações naquilo que o profeta é capaz de fazer. Como ele é paranoico, comentários negativos só servirão para reforçar sua narrativa de discriminação. Por isso, trabalhe com ele as coisas de que é capaz de fazer. Com isso, os superpoderes dele serão estimulados e a produtividade da empresa subirá à estratosfera. Se o profeta é um excelente vendedor que está sempre brigando com os colegas, por exemplo, desafie-o a vender aos colegas as suas ideias, em vez de tentar obrigá-los a aceitá-las.

No fim, o profeta terá de conformar-se à sua cultura, em certa medida. Saiba desde já que, se tentar trabalhar com um profeta da fúria, alguns funcionários ficarão furiosos pelo fato de ele receber um tratamento especial: por que ele não foi demitido imediatamente ao transgredir a cultura da empresa?

Às vezes, os desvios culturais são uma manifestação disfarçada do princípio da diversidade. Outras vezes, contudo, a coesão cultural é mais importante do que o desempenho individual. Nesses casos, o melhor é demitir o profeta. Lembre-se também de que esse gesto é uma reafirmação da cultura: você estará dizendo que, independentemente do desempenho, um desvio muito grande não será tolerado.

Surge assim uma questão mais ampla: Que tipo de cultura você quer? Sua empresa não admite exceções, ou é um lugar onde a diversidade e a idiossincrasia são toleradas? Se você não se sente à vontade ao dizer a um funcionário que "Floyd é um talento especial, então vamos lhe dar um pouco mais de tempo para se adaptar", isso sinaliza que a sua cultura não admite exceções. Nesse caso, é melhor que você nem tente trabalhar com os profetas da fúria.

Mesmo que receba de você as melhores orientações, é possível que o profeta seja irascível demais para dar certo na sua empresa à medida que ela for crescendo. Porém, vale a pena tentar aproveitar a energia dele: um grande profeta da fúria pode ser a força mais poderosa da empresa.

A cultura das decisões

A cultura é influenciada pelas decisões que você toma, mas o processo adotado para tomar essas decisões também se torna parte da cultura.

Em essência, há três estilos de tomada de decisões no primeiro escalão empresarial:

1. É do meu jeito ou não tem jeito. O líder diz: "Pouco me importa o que vocês pensam, vamos fazer as coisas do meu jeito. Se não gostarem, a porta da rua é a serventia da casa." Esse é o estilo mais eficiente, pois o processo de tomada de decisões não envolve nenhuma discussão.

2. Todos têm voz. O líder favorece um processo democrático. Se pudesse submeter todas as decisões a voto, assim o faria. As decisões demoram para ser tomadas, mas todos têm direito a voz.

3. Todos se manifestam, e eu decido. O líder procura o equilíbrio entre obter as melhores informações e usar a capacidade intelectual de todos, por um lado, e a eficiência do processo, por outro. Seu método não é tão democrático quanto o segundo nem tão eficiente quanto o primeiro.

Nos negócios, o terceiro estilo é o que mais tende a dar certo. O primeiro tira a força de todos os que estão abaixo do CEO e cria vários gargalos no topo. E o segundo, paradoxalmente, deixa todos completamente frustrados – os funcionários gostam ainda menos desse estilo do que do primeiro.

Os CEOs são avaliados pela eficiência do seu processo e pela acuidade das suas decisões. Por isso, ao utilizar o terceiro estilo, em que todos se manifestam e o líder decide, tende a alcançar um equilíbrio entre a rapidez e a tomada de uma decisão. Também parte do princípio de que nem todos os membros da organização dispõem de informações suficientes para tomar determinada decisão. Por isso, alguém precisa ser encarregado de reunir dados e decidir como proceder.

O colapso cultural mais comum ocorre depois que a decisão foi tomada. Vamos supor que você decida cancelar um projeto de software por motivos financeiros e que o gerente do projeto discordou. O gerente precisa informar a decisão à equipe. Esta, frustrada por ver todo o seu esforço ir embora pelo ralo, poderá ficar indignada. O esperado é que o gerente diga: "Entendo vocês e, sinceramente, concordo com vocês, mas os poderosos passaram por cima de mim."

Esse tipo de comentário é muito nocivo para a cultura. Todos os membros da equipe vão sentir-se marginalizados, pois estão subordinados a uma pessoa que não tem nenhum poder. Com isso, eles se tornam menos que impotentes. São rebaixados da base da pirâmide para o subsolo. Os mais voluntariosos falarão da sua frustração para toda a empresa, levando outros funcionários a questionar a atuação da liderança e a se perguntar se também o trabalho que vêm fazendo será jogado fora. O resultado final será a apatia, a debandada de funcionários ou as duas coisas.

Por isso, é essencial, para uma cultura saudável, qualquer que seja o processo de tomada de decisões, que você insista na observância estrita da regra de discordar e comprometer-se. O gerente, seja de que nível for, tem o dever de apoiar todas as decisões tomadas. Pode discordar durante a reunião, mas, depois, deve não somente apoiar a decisão final como também conseguir expor de modo inteligível as razões pelas quais foi tomada.

O gerente do projeto de software deveria ter dito: "Foi uma decisão difícil. Trabalhamos bem, o projeto promete, mas, considerando as prioridades da empresa e a situação do fluxo de caixa, não faz sentido seguir em frente. Temos de nos concentrar nos setores de base. Por isso, para garantir que o potencial de cada um dos membros desta equipe seja aproveitado ao máximo, decidimos cancelar o projeto." Depois de uma decisão importante como essa, é bom perguntar aos funcionários o que pensam sobre a decisão e, desse modo, descobrir se a justificativa ficou clara para os escalões mais baixos da organização. Como CEO, era raro eu ter tolerância zero, mas isso acontecia com gerentes que solapavam decisões já tomadas, pois isso leva a cultura ao caos.

O último elemento essencial do processo de tomada de decisões é: "Você favorece a rapidez ou a precisão? Em que proporção?" A resposta depende da natureza e do tamanho da empresa. Numa empresa grande, como a Amazon ou a General Motors, com dezenas ou centenas de milhares de funcionários e milhares de decisões a serem tomadas todos os dias, a rapidez é muito mais importante do que a precisão. Em muitos casos, será mais rápido tomar a decisão errada, descobrir que está errada e voltar atrás do que perder tempo procurando descobrir *a priori* qual é a decisão correta.

Imagine o que aconteceria se uma grande empresa demorasse seis meses para decidir se inclui ou não certa funcionalidade num produto. Isso significa que, ao longo de seis meses, cem funcionários ficarão impedidos de avançar em tudo o que diz respeito ao produto. A decisão era de fato tão importante? Precisava mesmo ser debatida por seis meses? Provavelmente, não.

Por outro lado, pense numa empresa como a Andreessen Horowitz, onde trabalho. Todo ano, tomamos cerca de vinte decisões importantes relativas a investimentos. Em geral, tomar a decisão correta é muito mais importante do que tomar uma decisão rápida. Se só podemos chutar a gol vinte vezes por ano, precisamos garantir que cada chute seja bem dado. Por isso, passamos horas e horas debatendo, visitando e revisitando aspectos da nossa decisão e, depois de tomada, repassamos todo o processo no dia seguinte. Para nós, a precisão é muito mais importante do que a rapidez.

Mesmo que em geral você prefira a rapidez, muitas vezes é importante, do ponto de vista da cultura, favorecer a precisão em certas situações. Se "um design excelente" ou "o bom gosto" forem aspectos que compõem a sua lista de valores e a sua cultura, pode valer a pena passar horas discutindo o tom exato de preto da embalagem do produto. Esse tipo de preocupação pode não refletir em melhoras materiais nas vendas, mas reforçará, sem a menor dúvida, a mensagem cultural de que, em matéria de design, vocês não aceitam tomar atalhos.

Algumas decisões do tipo "ou vai ou racha" exigem um processo diferente. A Amazon adota, em geral, um processo de "duas pizzas", que devem ser suficientes para alimentar a quantidade de pessoas que toma a maioria das decisões de produto. No entanto, quando a Amazon está decidindo lançar ou não um novo serviço de nuvem que envolve um investimento de bilhões de dólares, o processo é mais prolongado e o número de pessoas envolvidas é muito maior.

Para calibrar a proporção entre rapidez e precisão, a questão cultural da delegação de poder desempenha importante papel. Até que ponto as decisões podem ser delegadas para os escalões mais baixos no organograma da organização? Você acredita que os funcionários de mais baixo escalão são capazes de tomar decisões importantes? Eles dispõem das informações necessárias para fazer isso com precisão?

Quando os funcionários realmente têm voz na organização, tornam-se muito mais engajados e produtivos. Além disso, é comum que, quando as decisões são remetidas a graus superiores da hierarquia, não só o processo se torne mais lento, como também a decisão acabe sendo menos precisa.

Por outro lado, quando as decisões são tomadas em graus muito baixos da hierarquia da organização, vários problemas podem surgir:

- Pode haver quebra de comunicação entre os diversos grupos de produto. Isto resulta numa experiência frustrante para o consumidor. Durante anos, cada produto do Google tinha o seu próprio perfil do cliente: eu poderia ser BenH no Gmail, mas não poderia usar esse mesmo perfil no YouTube. Isso fragmentava a experiência do usuário e impedia o Google de compreender o comportamento dele em toda a sua linha de produtos. (Larry Page finalmente obrigou seus grupos a priorizar um perfil comum para o cliente Google.)

- Pode haver quebra de comunicação entre as divisões. Com isso, a empresa pode criar produtos excelentes, mas que ela não consegue anunciar nem vender. Num caso famoso, o Palo Alto Research Center (PARC), da Xerox, produziu uma série alucinante de novidades tecnológicas, entre elas, a interface gráfica do usuário, mas nunca conseguiu colocá-las no mercado de modo eficaz, pois o resto da empresa não entendia o que acontecia ali. No fim, a Xerox percebeu o problema e transformou o PARC numa subsidiária autônoma.

- Pode-se perder a oportunidade de contar com as contribuições dos melhores cérebros da empresa. Na Netflix, qual decisão não se beneficiaria do conhecimento e da experiência de Reed Hastings?

A complexidade desses imperativos conflitantes foi tema de uma conversa que tive com Larry Page em 2012. Um dia, Page passou no meu escritório porque estava pensando em como organizar o Google no futuro e queria trocar ideias comigo. Contou que tinha acabado de conversar com Steve Jobs, que disse aos berros que ele "fazia coisas demais". Jobs achava que Page deveria concentrar um pouco mais as atividades da empresa e fazer poucas coisas, mas muito bem-feitas, como a Apple. Jobs era famoso por envolver-se a fundo nas decisões sobre produtos, e os resultados eram espetaculares. Os produtos da Apple eram bonitos, integravam-se uns com os outros de modo quase mágico e eram anunciados e vendidos de uma maneira que combinava perfeitamente com os produtos em si; o design da Apple Store, por exemplo, estava em total harmonia com a aparência geral e com o espírito da Apple. No mundo de Steve Jobs, "fazer coisas demais" era o inimigo. Como ele poderia usar seu extremo bom gosto ou manter a perfeita integração entre seus produtos se a Apple começasse a fazer experimentações com mil coisas?

Perguntei a Page se ele gostaria de fazer poucas coisas, mas muito bem-feitas. Ele respondeu: "Não. Se eu não puder desenvolver ideias revolucionárias, de que adianta ser eu?" Falei: "Então, você precisa de um design organizacional e de uma cultura empresarial que lhe permitam fazer isso, e esse não é, em definitivo, o estilo da Apple."

Conversamos sobre empresas que geravam uma tonelada de novas direções para seus produtos, como a GE de Thomas Edison, a Berkshire Hathaway de Warren Buffett e a Hewlett--Packard de Bill Hewlett e Dave Packard. Page acabou concluindo que a criação da Alphabet, uma empresa-mãe que engloba várias empresas autônomas, entre elas, o Google, era o melhor caminho para alcançar suas metas. Agora consegue entrar em todos os ramos, desde o da longevidade humana até o de veículos autônomos. Mas não espere que seus empreendimentos sejam todos integrados entre si e sigam um único estilo de design.

A última consideração sobre a dicotomia entre delegação e controle é saber se a empresa está em tempos de paz ou de guerra. A empresa vai bem e você vem procurando esquemas criativos para expandi-la? Ou ela está enfrentando sérias ameaças à sua própria existência? Como observei em *O lado difícil das si-*

tuações difíceis, os tempos de paz e os tempos de guerra obrigam o CEO a adotar modos de atuação muito diferentes:

- O CEO de paz sabe que o protocolo correto leva à vitória. O CEO de guerra viola o protocolo para vencer.
- O CEO de paz enfoca o quadro maior e dá autonomia ao seu pessoal para tomar decisões referentes aos detalhes. O CEO de guerra se preocupa com um mínimo grão de poeira caso ele esteja prejudicando a diretriz primária.
- O CEO de paz constrói mecanismos de recrutamento de alto volume e passíveis de crescer em escala. O CEO de guerra faz isso, mas também monta um setor de RH capaz de executar demissões em massa.
- O CEO de paz se dedica a definir a cultura. O CEO de guerra deixa que a guerra defina a cultura.
- O CEO de paz sempre tem um plano B. O CEO de guerra sabe que, às vezes, você tem de jogar o dado e tirar seis.
- O CEO de paz sabe o que fazer com uma grande vantagem. O CEO de guerra é paranoico.
- O CEO de paz se esforça para não falar palavrões. O CEO de guerra às vezes fala palavrões de propósito.
- O CEO de paz vê os concorrentes como outros navios num grande oceano, navios com os quais ele talvez nunca tenha de lutar. O CEO de guerra entende que os concorrentes estão arrombando sua casa e tentando sequestrar seus filhos.
- O CEO de paz procura expandir o mercado. O CEO de guerra procura ganhar o mercado.
- O CEO de paz se esforça para tolerar desvios em relação ao plano quando aliados ao esforço e à criatividade. O CEO de guerra é cem por cento intolerante.
- O CEO de paz não levanta a voz. O CEO de guerra quase nunca fala num tom normal.
- O CEO de paz trabalha para minimizar os conflitos. O CEO de guerra intensifica as contradições.
- O CEO de paz busca um consenso amplo dentro da empresa. O CEO de guerra não se dá o luxo de construir um consenso nem tolera as discordâncias.
- O CEO de paz estabelece metas grandiosas, complexas e audaciosas. O CEO de guerra está tão ocupado lutando contra o ini-

migo que não tem tempo para ler livros sobre gestão escritos por consultores que nunca administraram sequer um carrinho de pipoca.

O CEO de paz treina seus funcionários para garantir a satisfação e o desenvolvimento da carreira deles. O CEO de guerra treina seus funcionários para que eles não tomem um tiro na testa no meio da batalha.

O CEO de paz estabelece regras como "Vamos sair de todos os setores onde não somos o número um ou o número dois". O CEO de guerra, em regra, não tem nenhum setor no qual seja o número um ou o número dois e, por isso, não pode se dar o luxo de seguir essa regra.

É mais fácil entrar no modo guerra. Assim que o CEO passa a se interessar intensamente por certos detalhes – realizando reuniões diárias para discutir os atrasos na produção, por exemplo –, a empresa reage com rapidez e todos assumem a mentalidade guerreira.

A transição no sentido oposto é muito mais complexa. O CEO de guerra necessariamente se torna um fator importantíssimo no processo de tomada de decisões. Mesmo quando não toma determinada decisão, as pessoas que fazem isso se pautam nas suas observações ou nas intenções que inferem. Em tempo de guerra, a cultura da autonomia individual sofre.

A transição de Steve Jobs, CEO de guerra, para Tim Cook, CEO de paz, mudou drasticamente a cultura de tomada de decisões referentes a produtos na Apple. Como Cook não se envolvia nessas decisões na mesma medida que Jobs, muitos veteranos da Apple começaram a acreditar que a empresa já não buscava a excelência com a mesma intensidade. A nova cultura talvez tenha algumas vantagens, mas não há dúvida de que a empresa não parece mais a mesma.

Do mesmo modo, quando a Uber mudou de Travis Kalanick, que era sempre CEO de guerra, para Dara Khosrowshahi, um CEO de paz que não dispunha de conhecimento institucional suficiente para tomar todas as decisões, o processo decisório da empresa travou até Khosrowshahi conseguir reconstruí-lo. Algo que não ajudou foi que, ao mesmo tempo, ele tentava consertar os defeitos do antigo código cultural.

A maioria dos CEOs nunca transita do modo paz para o modo guerra ou vice-versa. A maioria tem uma personalidade mais condizente com um deles. O CEO de paz costuma ser diplomático, paciente e excepcionalmente sensível às necessidades de suas equipes, e se sente à vontade para dar bastante autonomia aos funcionários. O CEO de guerra fica muito mais à vontade em situações de conflito e é obcecado pelas suas próprias ideias acerca da direção da organização; sua impaciência e sua intolerância com qualquer coisa que não chegue à perfeição são quase insuportáveis.

Por isso, quando é preciso fazer mudanças, em geral o conselho demite o antigo CEO e busca alguém com modo de pensar e agir mais adequado às novas condições. Os perfis não integrados do Google remontam ao regime de paz de Eric Schmidt e só foram corrigidos quando Larry Page assumiu a direção e pôs a empresa novamente em pé de guerra, pois parecia-lhe que ela não estava levando o Facebook suficientemente a sério como concorrente. Uma das consequências desse tipo de mudança é que os executivos que gostam de trabalhar para CEOs de paz não gostam de trabalhar para CEOs de guerra, e vice-versa. Somente um executivo da equipe de Schmidt permanece na de Page: o inimitável gênio David Drummond, chefe de desenvolvimento jurídico e corporativo, que descreve a si mesmo como um camaleão.

CAPÍTULO 10
ÚLTIMOS PENSAMENTOS

> "Tenho crack em todas as minhas gavetas,
> sou sincero, e ponto"
>
> **FUTURE**

Neste livro examinamos algumas culturas: a dos samurais, a de Gengis Khan, a de uma gangue de presidiários e da Amazon. Deve estar claro que não há uma única cultura que possa servir de modelo para todos. As virtudes não são universais. A cultura da sua empresa deve ser uma expressão da sua personalidade, daquilo em que você acredita, da sua estratégia, e deve modificar-se à medida que a empresa cresce e as condições vão mudando.

Neste último capítulo, vou analisar mais extensamente três virtudes que quase todas as culturas de quase todas as organizações deveriam contemplar e examinar por que é complicado implementá-las. Depois, recapitulo algumas das técnicas mais importantes tratadas neste livro, que você deve utilizar ao fundar ou reorganizar a sua empresa.

Confiança

Você é uma pessoa sincera e franca? Aposto que você parou um pouco para pensar e depois respondeu: "Sim." Quem mais você conhece que você considera sincero e franco? Aposto que foi muito mais difícil responder a essa pergunta. Como é possível que todos se considerem sinceros mas tenham tanta dificuldade para identificar outras pessoas sinceras?

A verdade é que dizer a verdade não é fácil, não é algo comum. O comum é dizer às pessoas o que elas querem ouvir, assim todos ficam bem... pelo menos por um tempo. Para dizer a verdade, é preciso coragem para ser sincero. Além disso, poucas vezes nos lembramos de que também é preciso ter discernimento e habilidade, tão importantes quanto a coragem.

Por que os CEOs têm tanta dificuldade para ser tão sinceros como gostariam? Vamos examinar algumas situações hipotéticas.

- As vendas não vão bem. Se você disser a verdade aos funcionários, os mais perspicazes começarão a preocupar-se com a viabilidade da empresa e pedirão demissão, e com razão. Se efetivamente forem embora, você continuará vendendo pouco, desencadeando-se assim um círculo vicioso de baixo desempenho e fuga de funcionários.

- Sua estrutura de custos está inchada demais, e está chegando a hora de fazer demissões. A empresa não está condenada, mas, se houver demissão em massa, a imprensa vai dizer que está. Os funcionários que permanecerem nela lerão as reportagens, entrarão em pânico e também a abandonarão. E, então, você de fato estará condenado.

- Um importante executivo acaba de transferir-se para o seu maior concorrente porque acha que o produto deles é melhor. Se você disser os verdadeiros motivos da saída dele, os outros funcionários vão começar a se perguntar se não devem fazer a mesma coisa.

- O seu produto tem um defeito grave que faz que os clientes prefiram o seu principal concorrente. Se os funcionários ficarem sabendo disso, vão se perguntar por que estão trabalhando para a empresa fracassada número dois do mercado.

- A última avaliação da empresa na bolsa foi alta demais, e você sabe que a próxima não será tão boa. No entanto, seus gerentes prometeram aos recém-contratados que o valor das ações subiria ainda mais.

Em cada uma dessas situações, todas muito comuns, dizer a verdade parece um ato de suicídio empresarial. Será que o melhor não é desistir e simplesmente mentir? Não. A confiança surge da sinceridade e da franqueza, e a empresa será aniquilada se os funcionários não confiarem em você. O segredo consiste em dizer a verdade sem destruir a empresa – e isto não é nada simples.

Para tanto, você precisa admitir que não pode mudar a realidade, mas pode ressignificá-la. Imagine que você precisa dar significado a um ato de demissão em massa. Primeiro, tenha em mente que você não será a única pessoa a dar um significado a esse ato. Os repórteres dirão que ele significa que a empresa está arruinada. Os funcionários demitidos se sentirão traídos, e vão dizer isso com todas as letras. Os funcionários que permanecerem na empresa farão as mais diversas interpretações. Porém, se você atribuir um significado à demissão antes de todas as outras pessoas, e fizer isso de modo franco e convincente, há uma boa chance de que a sua interpretação será aquela de que todos se lembrarão.

A atribuição de significado tem três pontos-chave:

1. Diga o que está acontecendo com clareza. "Temos de demitir trinta pessoas porque nossa receita está quatro milhões de dólares abaixo das projeções", ou seja lá o que for. Não finja que você quer melhorar o desempenho da empresa ou que ela vai funcionar melhor sem as pessoas que você se esforçou tanto para contratar. As coisas são como são, e é importante que todos saibam que você tem consciência disso.

2. Se foi a sua liderança que causou os reveses que o obrigaram a demitir ou colaborou para isso, reconheça o fato. O que levou você a expandir a empresa mais rápido do que deveria? O que você aprendeu com a experiência? Por que não voltará a cometer o mesmo erro?

3. Explique por que sua atitude é essencial para a missão maior da empresa, e ressalte o quanto essa missão é importante. Uma demissão em massa, quando bem-feita, dá nova vida à empresa. É uma medida dura, mas necessária, que permitirá cumprir a diretriz primária, a missão que todos tinham em vista quando se juntaram a você: o sucesso. Você deve garantir que a empresa não demita tanta gente a troco de nada – é preciso que algo bom resulte disso.

O exemplo mais brilhante de atribuição de significado aparece no discurso de Abraham Lincoln em Gettysburg. Ao explicar ao país por que os soldados haviam perdido a vida nessa batalha, ele deu um novo significado à Guerra Civil Americana, e isso foi uma verdadeira façanha. Gettysburg foi a batalha mais sangrenta do conflito mais sangrento de toda a história dos Estados Unidos. Nessa batalha de três dias, compatriotas e irmãos enfrentaram-se e mataram uns aos outros, com a perda de cerca de 50 mil vidas.

Na época, muita gente achava que o motivo da Guerra Civil era a preservação dos direitos da União ou dos estados ou, ainda, os aspectos econômicos da escravidão. Lincoln deu-lhe um novo significado num discurso tão compacto e tão poderoso que merece ser lido na íntegra.

> Há 87 anos, os nossos pais ajudaram a fazer surgir, neste continente, uma nova nação, concebida na liberdade e consagrada ao princípio de que todos os homens nascem iguais.
>
> Encontramo-nos atualmente empenhados numa grande guerra civil, pondo em dúvida se esta nação, ou qualquer outra nação assim concebida e consagrada, poderá perdurar. Eis-nos num grande campo de batalha dessa guerra. Eis-nos reunidos para dedicar uma parte desse campo ao derradeiro repouso daqueles que aqui deram a sua vida para que esta nação possa sobreviver. É perfeitamente conveniente e justo que façamos isso.
>
> Mas, numa visão mais ampla, não podemos dedicar, não podemos consagrar, não podemos santificar este local. Os valentes

homens, vivos e mortos, que aqui combateram, já o consagraram, muito além do que jamais poderíamos acrescentar ou diminuir com os nossos fracos poderes. O mundo pouco atentará, e pouco recordará o que aqui dissermos, mas não poderá jamais esquecer o que eles aqui fizeram.

Cumpre antes a nós, os vivos, dedicarmo-nos hoje à obra inacabada até este ponto e tão insignemente adiantada pelos que aqui combateram. Cumpre a nós, os presentes, dedicarmo-nos à importante tarefa que temos pela frente: que estes mortos veneráveis nos inspirem maior devoção à causa pela qual deram a última medida transbordante de devoção; que todos nós tomemos aqui a solene decisão de garantir que esses homens não tenham morrido em vão; que esta nação, com a graça de Deus, venha gerar uma nova liberdade, e que o governo do povo, pelo povo e para o povo não venha a desaparecer da face da Terra.*

Antes do discurso de Lincoln, a maioria das pessoas não concebia os Estados Unidos como uma nação "consagrada ao princípio de que todos os homens nascem iguais". Depois do discurso, ficou difícil acreditar em algo diferente. Lincoln reconheceu o custo terrível, em vidas, da guerra que promoveu, mas atribuiu um significado a essa perda. Não somente deu um propósito ao acontecimento como também deu sentido ao próprio país.

Ao pensar nas más notícias e no medo de que os funcionários fiquem sabendo tudo o que está acontecendo com a empresa e se preocupem, lembre-se de Gettysburg. Quer se trate de um negócio que não se concretizou, de um trimestre perdido ou de uma demissão em massa, esta é a oportunidade que você tem de definir não somente o evento, mas o caráter da sua empresa. E, por mais que você tenha cometido erros, uma coisa é certa: não enviou milhares de soldados para a morte.

Há empresas que não dão nenhuma importância para a confiança. Alguns líderes fomentam a competição dentro da empresa. Põem os funcionários uns contra os outros e deixam que vença o melhor. Essa dinâmica muitas vezes prevalece em empresas nas

---

* Tradução parcialmente extraída de <http://www.arqnet.pt/portal/discursos/novembro01.html>. (N. do T.)

quais a maioria dos funcionários tem a mesma função, nas áreas de investimentos de risco, ambientes bancários e *call centers*, por exemplo. Como esses ambientes não primam pela colaboração e muitas vezes estão baseados em ranqueamento e demissão de funcionários de pior desempenho, não há confiança interna. Cada um diz o que quer para progredir. Infelizmente, esse tipo de dinâmica pode garantir lucro para uma empresa. Mas eu jamais trabalharia numa empresa assim.

Abertura para as más notícias

Se você dirige uma grande organização, pode ter certeza absoluta de uma coisa: em qualquer momento e em algum lugar, algo não vai bem nela. Alguns gerentes sabem do desastre que se avizinha, mas, por razões que vamos esclarecer adiante, não lhe dizem nada, ainda que o problema piore à proporção que mais tempo permaneça oculto. Dou a esses problemas submersos o nome de *kimchis*, porque, quanto mais fundo são enterrados, mais evidentes se tornam.

Como construir uma cultura que lhe permita descobrir o mais cedo possível esses problemas? Surpreendentemente, isso é muito difícil. São vários os motivos pelos quais os funcionários não costumam dar as más notícias com naturalidade:

- Apresentar um problema parece conflitar com uma cultura da responsabilidade. Um dos lemas comuns em gestão é: "Não me traga um problema sem trazer também a solução." Essa ideia estimula a responsabilidade e a autonomia dos funcionários, mas tem um lado negativo. Para começar, o que os funcionários tendem a reter do lema é somente: "Não me traga um problema." Num nível mais profundo, o que eles devem fazer se reconhecerem que há um problema, mas não podem resolvê-lo? E se um engenheiro, por exemplo, detectar uma falha grave na arquitetura do software, mas não tiver nem autoridade nem perícia para resolvê-la? Como deve agir um vendedor que acredita que um colega está fazendo falsas promessas aos clientes? Como resolver isso sem ajuda? Se você encorajar a comunicação de más notícias, tenha cuidado para não tirar das pessoas a oportunidade de elas mesmas fazerem isso.

- Os objetivos de longo prazo da empresa podem ser incompatíveis com os incentivos de curto prazo dos funcionários. Imagine que o novo produto da sua empresa precisa ser entregue ao mercado neste trimestre. Isso é tão importante que você ofereceu um bônus aos engenheiros se conseguir fazer a entrega nesse prazo. Pense, porém, que o produto tem uma falha grave de segurança. Se você é engenheiro e descobre a falha, mas precisa do bônus para comprar presentes de Natal para seus filhos, o que deve fazer?

- Ninguém gosta que outra pessoa grite com ele. Se alguém tem ciência de um problema, é muito provável que ele mesmo o tenha causado e não saiba como resolvê-lo. Se revelar isso aos seus superiores, estará assumindo a culpa. Quem gosta de fazer isso?

Como construir uma cultura que amenize os problemas sem fazer que as virtudes da responsabilidade e da autonomia fiquem em segundo plano e que todos se sintam derrotados, nem estimular uma cultura do choramingo?

Encoraje as más notícias

Quando alguém me relatava um problema, eu procurava parecer muito satisfeito. Eu dizia, "Não é ótimo termos descoberto isso antes de a empresa ir por água abaixo?", ou, "A empresa vai ficar muito mais forte depois que resolvermos isso". As pessoas imitam o líder. Então, se você não tem dificuldade para receber as más notícias, os outros também não terão. Os bons CEOs correm na direção da dor e da escuridão; com o tempo, aprendem até a gostar dessas coisas.

Muitos gerentes querem estar presentes nas reuniões executivas, pois isso faz que se sintam importantes e que fiquem sabendo do que está acontecendo na direção. Aproveitei isso e estabeleci um preço para o ingresso na reunião: cada gerente precisava me relatar pelo menos um "pepino". Eu dizia: "Sei com absoluta certeza que certas coisas vão muito mal na nossa empresa, e quero saber quais são. Se vocês não sabem, a presença de vocês nesta reunião não tem nenhuma utilidade para mim." Isso fez que eu me afogasse em meio às más notícias, mas também criou uma cultura na qual a apresentação e a discussão dos problemas eram não apenas toleradas, mas também encorajadas. Não resolvíamos todos os problemas que surgiam, mas pelo menos conhecíamos a maioria deles.

Às vezes, o simples fato de saber sobre um problema não resolvido ajuda a solucionar outros. Quando lancei a Opsware, nascida das cinzas da LoudCloud, queria que o Opsware, o software que usávamos para gerir nosso ambiente de nuvem, estivesse no mercado o mais breve possível. Precisaríamos correr para resolver os inevitáveis problemas que surgiriam e tratar os detalhes, mas o conhecimento e as habilidades que ganharíamos ao competir no mercado seriam preciosos. Era isso que eu pensava.

A maioria dos meus engenheiros, por sua vez, achava que eu havia enlouquecido e não tinha ideia de quão longe o produto estava de poder ser lançado no mercado. Eu não sabia que eles pensavam assim. No entanto, durante uma conversa com um engenheiro, perguntei: "O que, na sua opinião, poderíamos fazer de maneira diferente?" E ele respondeu: "Você é o único, aqui, que acredita que podemos entregar o Opsware."

Eu ainda achava que tinha razão, mas entendi que estava criando outro problema: o pessoal da produção estava perdendo a confiança no CEO. Convoquei imediatamente uma reunião plenária da empresa e expliquei em detalhes por que achava melhor tentarmos vender um produto que ainda não estava completamente pronto e irmos nos adaptando às condições do mercado a esperar até que o produto nos parecesse perfeito, mas sem saber nada sobre as necessidades dos nossos clientes. Não consegui convencer todos do meu ponto de vista, mas todos perceberam que eu tinha ciência dos problemas que minha estratégia acarretava e mesmo assim queria adotá-la. Isso fez toda a diferença.

Ponha o foco nos problemas, não nas pessoas

Se identificar um problema, busque o motivo principal que o provocou. O mais provável é você descobrir que o problema subjacente foi a comunicação, a priorização ou outra causa que tem solução, e não que foi provocado por um funcionário negligente ou com uma visão restrita. Ao identificar o que provocou o problema e resolver, em vez de colocar a culpa em um ou dois funcionários, você evita uma cultura do segredo ou uma atitude defensiva e cria uma cultura de abertura às más notícias.

Procure más notícias durante a rotina normal dos negócios

Ao se encontrar com pessoas da sua organização, em reuniões formais ou informais, faça perguntas que lhe permitam saber das más notícias, como: "Alguma coisa está dificultando que você cumpra a sua função?" "Se você estivesse no meu lugar, o que mudaria na empresa?" Pode ser que você tenha de repetir a pergunta várias vezes, mas as pessoas acabarão falando sobre os problemas se você encorajá-las. Quanto mais demonstrar uma vontade sincera de descobrir quais são os problemas e uma disposição sincera de apoiar os funcionários depois de tê-los descoberto, mais eles se abrirão.

Lealdade

A lealdade é essencial na maioria das culturas, mas é algo difícil de conseguir. No ambiente empresarial dinâmico dos tempos atuais, em que uma pessoa poderá ter onze ou doze empregos diferentes ao longo da carreira, em que medida as empresas serão leais aos seus funcionários? E em que medida os funcionários, em troca, deverão ser leais à empresa? O que cada um dos dois lados ganha com isso?

A lealdade nasce de uma expectativa de que a outra parte tem os mesmos sentimentos – de que os colegas e a empresa o apoiarão quando necessário. Os CEOs a estimulam de diferentes maneiras. Patrick Collison, da Stripe, pensa o seguinte a respeito da lealdade:

> É óbvio que não podemos prometer conservar uma pessoa no emprego por toda a sua vida. O que podemos prometer é que, em quinze anos, quando a pessoa olhar para trás, vai pensar que foi aqui que realizou o trabalho mais importante da sua carreira. Em troca, espero duas coisas: primeiro, integridade ética, segundo, que otimize suas ações tendo em vista a empresa, e não ela própria. Caso atenda a essas duas expectativas, terá nosso apreço, respeito e lealdade.

Em outras palavras, essa pessoa será amparada ao longo de toda a sua carreira.

Ali Ghodsi, CEO da Databricks, assume um compromisso com sua equipe executiva nestes termos: "Prometo a eles que não haverá surpresas. Pode até ser que não deem certo neste emprego, mas eu mesmo vou lhes dizer isso com antecedência, e eles terão tempo para encontrar outro lugar para trabalhar. Em troca, precisam me dizer logo se alguma coisa os está incomodando na empresa."

No fim das contas, o que define a lealdade é a qualidade do relacionamento. Quando um funcionário se demite, não é por causa da empresa, mas do gerente. Se não existe relacionamento entre um gerente e um funcionário ou, pior, se existe um mau relacionamento, não há lealdade, independente da cultura. Uma declaração explícita como a de Ghodsi pode melhorar o relacionamento, pois ele verbaliza uma promessa depois de já ter demonstrado um evidente interesse pelos seus executivos. Se simplesmente fizesse a promessa sem estabelecer o relacionamento que lhe serve de apoio, fracassaria.

Os importantes relacionamentos estabelecidos pelo líder de uma organização podem ir muito além de seus subordinados diretos. Caso tenha um interesse sincero pelas pessoas que trabalham com você, cumpra a sua palavra e se torne conhecido em toda a organização como alguém que merece confiança, que poderá criar elos e lealdades fortes até mesmo nos setores mais dinâmicos.

O que ter em mente ao formular a sua cultura

Com essas reflexões sobre virtudes que podem ser aproveitadas em praticamente todas as culturas, você já deve estar pronto para formular a sua própria cultura. Seguem-se alguns aspectos a ter em mente:

- Design cultural. Sua cultura deve estar alinhada com sua personalidade e sua estratégia. Tente prever em que situações ela pode virar uma arma e a defina de modo claro, sem ambiguidades.
- Orientação cultural. O primeiro dia de um funcionário na empresa pode não ser tão inesquecível quanto o primeiro dia de Shaka Senghor na prisão, mas sempre deixa uma impressão duradoura. É nesse dia, mais do que em qualquer outro, que as pessoas percebem o que é preciso para alcançar o sucesso na sua organização. Não deixe que essa primeira impressão seja negativa ou ocasional.
- Regras impactantes. Qualquer regra impactante, que leva as pessoas a se perguntarem, "Qual o motivo desta regra, afinal?", serve para reforçar elementos culturais fundamentais. Pense nas maneiras como você pode impactar a sua organização e levá-la a implementar a sua cultura.
- Incorporar a liderança de fora. Às vezes a cultura que desejamos está tão distante daquela que já existe que precisamos pedir ajuda a terceiros. Em vez de tentar fazer a empresa abraçar uma cultura que você não conhece bem, use a experiência de um profissional cuja cultura seja aquela que você deseja ter.

- Lições práticas. As ações falam mais alto do que as palavras. Se realmente quiser reforçar uma lição, use uma lição prática. Não precisa ser uma decapitação, à moda de Sun Tzu, mas deve ser dramática.

- Explicite a ética. Um dos piores erros que os líderes cometem, e que mais prejudicam a cultura da empresa, é supor que as pessoas "farão a coisa certa" mesmo quando isso conflitar com outros objetivos. Declare objetivamente os princípios éticos da sua cultura.

- Atribua um sentido profundo aos princípios culturais. Faça que se destaquem, que saiam do comum e do esperado. Se os antigos samurais concebessem a boa educação como fazemos hoje, o impacto dela sobre a cultura seria nulo. Mas, tendo-a concebido como a melhor expressão do amor e do respeito, ela molda a cultura japonesa até hoje. O que as suas virtudes realmente significam?

- Pratique o que você prega. "Faça o que eu digo, mas não faça o que eu faço" é um princípio que nunca funciona. Por isso, não escolha nenhuma virtude cultural que você mesmo não pratique.

- Tome decisões que demonstrem suas prioridades. Simplesmente dizer que sua cultura não incorporava a vingança não era o suficiente para Louverture: ele precisou demonstrar esse princípio, perdoando os senhores de escravos.

Essas técnicas o ajudarão a moldar a cultura que você deseja, mas se lembre de que a cultura perfeita é algo inatingível. Seu objetivo deve ser conseguir a melhor cultura possível para sua empresa, para que ela continue caminhando rumo aos seus objetivos. Se quiser que os funcionários cuidem do dinheiro da empresa como se fosse deles, obrigá-los a ficar no Red Roof Inn será mais significativo, do ponto de vista cultural, do que deixar que se hospedem no Four Seasons. Mas, se você quiser que eles tenham confiança suficiente para negociar um contrato de 5 milhões de dólares, talvez seja melhor o oposto. Se você não sabe o que quer, jamais chegará a algum lugar.

A cultura começa quando você decide o que mais é mais importante. Depois, é preciso que todas as pessoas da organização adotem comportamentos que reflitam essas virtudes. Se elas se mostrarem ambíguas ou mesmo contraproducentes, você precisará mudá-las. Caso fique claro que na sua cultura faltam elementos essenciais, você precisará incorporá-los a ela. Por fim, deverá prestar muita atenção ao comportamento dos seus funcionários, e mais atenção ainda ao seu próprio comportamento. Como o seu modo de agir vem afetando a sua cultura? Você é a pessoa que gostaria de ser?

É assim que se cria uma grande cultura. É assim que age um grande líder.

NOTA DO AUTOR

Para a discussão feita neste livro sobre Toussaint Louverture, usei como referência os seguintes livros: *The Black Jacobins: Toussaint Louverture and the San Domingo Revolution*, de C. L. R. James; *Toussaint Louverture: The Story of the Only Successful Slave Revolt in History; A Play in Three Acts*, de C. L. R. James; *This Gilded African: Toussaint L'Ouverture*, de Wanda Parkinson; *The Memoir of General Toussaint Louverture*, traduzido para o inglês e organizado por Philippe Girard; *Toussaint Louverture: A Revolutionary Life*, de Philippe Girard; *The Slaves Who Defeated Napoleon: Toussaint Louverture and the Haitian War of Independence, 1801–1804*, de Philippe Girard; *Toussaint Louverture: A Black Jacobin in the Age of Revolutions*, de Charles Forsdick e Christian Høgsbjerg; *Bury the Chains: Prophets and Rebels in the Fight to Free an Empire's Slaves*, de Adam Hochschild; e *Tracing War in British Enlightenment and Romantic Culture*, de Gillian Ramsey e Neil Russell.

As reflexões sobre os samurais foram moldadas por *Bushido: The Soul of Japan*, de Inazo Nitobé; *Hagakure: The Secret Wisdom of the Samurai*, de Yamamoto Tsunetomo, traduzido para o inglês por Alexander Bennett; *Code of the Samurai: A Modern Translation of the Bushido Shoshinshuof Taira Shigesuke*, traduzido para o inglês por Thomas Cleary; *Training the Samurai Mind: A Bushido Sourcebook*, organizado a traduzido para o inglês por Thomas Cleary; e *The Complete Book of Five Rings,* de Miyamoto Musashi, organizado e traduzido para o inglês por Kenji Tokitsu.

Gengis Khan inspirou centenas de livros e interpretações. Não posso afirmar que li todos, mas inspirei-me particularmente em: *Genghis Khan and the Making of the Modern World*, de Jack Weatherford; *Genghis: Birth of an Empire*, de Conn Iggulden; e *Genghis Khan: His Conquests, His Empire, His Legacy*, de Frank McLynn.

Parte do meu entendimento de Robert Noyce e de sua importância para o Vale do Silício deves-se ao artigo publicado por Tom Wolfe na revista *Esquire* de dezembro de 1983, intitulado "The Tinkerings of Robert Noyce", e a *The Man Behind the Microchip: Robert Noyce and the Invention of Silicon Valley*, de Leslie Berlin.

No livro reproduzo trechos de minhas conversas com Shaka Senghor, Reed Hastings, Bill Campbell, Todd McKinnon, Lea Endres, Ralph McDaniels, Mark Cranney, Nasir Jones, Patrick Collison, Michael Ovitz, Larry Page, Stewart Butterfield, Ariel Kelman, Maggie Wilderotter, Don Thompson, Ali Ghodsi, Steve Stoute e Diane Greene.

AGRADECIMENTOS

Este livro não poderia ter sido escrito, de forma alguma, se não fosse a pressão constante, o encorajamento permanente e a energia infinita de minha querida esposa Felícia. Eu não tinha a intenção de escrever um segundo livro, mas ela insistiu. Por isso, e por tantas outras coisas, sou eternamente grato por tê-la conhecido há 33 anos. Ela é minha inspiração, minha musa, meu tudo.

Minha amizade com Shaka Senghor foi o que me fez começar a escrever sobre um assunto em que vinha pensando fazia muito tempo. Agradeço muito a generosidade com que ele partilhou sua história e suas ideias sobre como a cultura funciona de baixo para cima.

As conversas que tive, ao longo dos anos, com Steve Stoute ajudaram muito a ampliar o meu entendimento sobre cultura. As ideias dele sobre raça e inclusão inspiraram o capítulo sobre Gengis Khan.

Quando comecei este livro, achava que precisaria escrever sobre a cultura hip-hop e como ela criou a forma musical mais bem-sucedida da nossa época. Quando comecei a contar essa história, percebi que precisaria dedicar a ela um livro inteiro, mas as inspirações que tive durante a fase de pesquisa foram valiosas para mim à medida que fui escrevendo. Fab 5 Freddy,

MC Hammer, Nas e Ralph McDaniels foram particularmente solícitos e me serviram de inspiração.

Bernard Tyson foi extremamente generoso com seu tempo, sobretudo quando levamos em conta que dirige a maior empresa de assistência médica dos Estados Unidos.

Agradeço a Don Thompson, Maggie Wilderotter, Stewart Butterfield, Todd McKinnon, Mark Cranney, Patrick Collison, Ariel Kelman, Lea Endres e Michael Ovitz por partilharem comigo suas histórias e suas ideias.

Os conhecimentos que reuni sobre Gengis Khan se baseiam em grande parte nos livros de Jack Weatherford e Frank McLynn. Seus livros ajudaram-me a compreender a estreita relação entre as suas estratégias culturais e militares.

Muito obrigado a Henry Louis Gates Jr. por ler o texto e me ajudar a rechear o capítulo sobre Toussaint Louverture com informações as mais precisas possíveis. Sou profundamente grato a Philippe Girard por suas pesquisas sobre a Revolução Haitiana, que me permitiram começar a elaborar algumas reflexões sobre as características que destacavam Louverture como pensador cultural.

Várias pessoas leram o texto e ofereceram ótimas sugestões. Agradeço a Marc Andreessen, Amanda Hesser, David Horowitz, Elissa Horowitz, Felicia Horowitz, Jules Horowitz, Sophia Horowitz, Michael Ovitz, Chris Schroeder, Shaka Senghor, Merrill Stubbs e Jim Surowiecki pelas suas sugestões.

Agradeço à minha editora Hollis Heimbouch, por ter me encorajado a escrever este livro, por ter acreditado em mim como escritor, o que me inspirou. Sou grato também à minha agente Amanda Urban, que me deu confiança para escrever sobre a Revolução Haitiana e tem sido uma apoiadora e colaboradora sem igual.

Por último, gostaria de agradecer a Tad Friend. Sem a sua ajuda, o seu espírito obstinado, a sua produtividade combativa e o seu comprometimento com a causa, na qualidade de meu colaborador, este livro não existira. Obrigado, Tad.

CRÉDITOS

Agradecemos pela permissão de reproduzir trechos das seguintes letras de música:

"Stillmatic (The Intro)": letra e música de Nasir Jones, Bunny Hull e Narada Michael Walden. Copyright © 2001 Universal Music-Z Songs, Sun Shining, Inc., WB Music Corp., Cotillion Music Inc., Gratitude Sky Music e Walden Music, Inc. Todos os direitos da Sun Shining, Inc. são administrados pela Universal Music-Z Songs. Todos os direitos dela própria e da Cotillion Music Inc., Gratitude Sky Music e Walden Music Inc. são administrados pela WB Music Corp. Direitos autorais assegurados em todo o mundo. Todos os direitos reservados. Contém elementos de "Let Me Be Your Angel", de Bunny Hull e Narada Michael Walden. Reimpresso com a permissão de Hal Leonard LLC and Alfred Music.

"Ready to Die": letra e música de The Notorious B.I.G., Osten Harvey, Sean "P. Diddy" Combs, Barbara Mason, Ralph Middlebrooks, Walter Junie Morrison, Marshall Eugene Jones, Clarence Satchell e Leroy Bonner. Copyright © 1994 EMI April Music Inc., Justin Combs Publishing Company, Inc., Big Poppa Music, Embassy Music Corporation, Bridgeport Music Inc. e Southfield Music Inc. Todos os direitos da EMI April Music Inc., Justin Combs Publishing Company, Inc. e Big Poppa Music são administrados por Sony/ATV Music Publishing LLC, 424

Church Street, Suite 1200, Nashville, TN 37219. Direitos autorais assegurados em todo o mundo. Todos os direitos reservados. Contém elementos de "Yes, I'm Ready", de Barbara Mason. Reimpresso com a permissão de Hal Leonard LLC, Bridgeport Music Inc. e Southfield Music Inc.

"Try Me": letra e música de DeJa Monet Trimble e David Demal Smith Jr. Copyright © 2014 BMG Gold Songs, Lil Loaf Publishing e DDS 825 Publishing and Copyright Control. Todos os direitos da BMG Gold Songs e Lil Loaf Publishing são administrados por BMG Rights Management (US) LLC. Todos os direitos da DDS 825 Publishing são administrados por Warner-Tamerlane Publishing Corp. Todos os direitos reservados. Usado com permissão. Reimpresso com a permissão de Hal Leonard LLC and Alfred Music.

"Slippery": letra e música de Joshua Parker, Quavious Keyate Marshall, Kirsnick Khari Ball, Kiari Kendrell Cephus, Radric Delantic Davis e Grant Andrew Decouto. Copyright © 2017 These Are Songs of Pulse, OG Parker Productions, SFQC Music, Universal Music Corp., Quality Control QC Pro, Huncho YRN Music, Reservoir Media Music, JPL QC Music, YRN Piped Up Ent., MKN QC Music, Silent Assassin YRN, Warner-Tamerlane Publishing Corp., Grant Decouto Publishing Designee, WB Music Corp. e Radric Davis Publishing LLC. Todos os direitos da OG Parker Productions e da SFQC Music são administrados por These Are Songs of Pulse. Todos os direitos da Quality Control QC Pro e da Huncho YRN Music são administrados por Universal Music Corp. Todos os direitos da Reservoir Media Music, JPL QC Music, YRN Piped Up Ent., MKN QC Music e Silent Assassin YRN são administrados por Reservoir Media Management, Inc. Todos os direitos da Grant Decouto Publishing Designee são administrados por WarnerTamerlane Publishing Corp. Todos os direitos da Radric Davis Publishing LLC são administrados por WB Music Corp. Todos os direitos reservados. Usado com permissão. Reimpresso com a permissão de Hal Leonard LLC and Alfred Music.

"Prophets of Rage": letra e música de Carlton Ridenhour, Hank Shocklee e Eric Sadler. Copyright © 2008 BMG Platinum Songs, Songs of Reach Music, Terrordome Music, Shocklee Music, Your Mother's Music e Songs of Universal, Inc. Todos os direitos da BMG Platinum Songs,

Songs of Reach Music, Terrordome Music e Shocklee Music são administrados por BMG Rights Management (US) LLC. Todos os direitos reservados. Usado com permissão. Reimpresso com a permissão de Hal Leonard LLC.

"Who Shot Ya": letra e música de Christopher Wallace, Sean Combs, Allie Wrubel, Herb Magidson e Nashiem Myrick. Copyright ©1994 EMI April Music Inc., Big Poppa Music, Justin Combs Publishing Company, Inc., Music Sales Corporation © 2002 Bernhardt Music e Top of New York, Nashmack Publishing. Todos os direitos da Bernhardt Music são administrados por WB Music Corp. A Nashmack Publishing é administrada por the Administration MP, Inc., a EMI April Music Inc., Big Poppa Music e a Justin Combs Publishing Company, Inc. são administradas por Sony/ATV Music Publishing LLC, 424 Church Street, Suite 1200, Nashville, TN 37219. Direitos autorais assegurados em todo o mundo. Todos os direitos reservados. Reimpresso com a permissão de Hal Leonard LLC, Alfred Music e the Administration MP, Inc.

"Honest": letra e música de Nayvadius Wilburn, Leland Wayne e Gary Hill. Copyright © 2013 Irving Music, Inc., Nayvadius Maximus Music, Pluto Mars Music e SNRS Productions, WB Music Corp. and Irving Music Inc. Todos os direitos da Nayvadius Maximus Music e Pluto Mars Music são administrados por Irving Music. Todos os direitos dela própria e da SNRS Productions são administrados por WB Music Corp. Todos os direitos reservados. Usado com permissão. Reimpresso com a permissão de Hal Leonard LLC and Alfred Music.

"Wanna Be Cool": letra e música de Sean Anderson, Jeremy Felton, Nathan Fox, Jeff Gitelman, Chancelor Bennett, Nico Segal, Kyle Harvey, Cameron Osteen, Peter Wilkins e Carter Lang. Copyright © 2015. Todos os direitos de Chance The Rapper são administrados por Chance The Rapper LLC Universal Music Corp., My Last Publishing, Ohaji Publishing, Seven Peaks Music em seu próprio nome, All Day Recess e The Real Brain Publishing, Spirit One Music, Jeff Gitty Music, Songs of Global Entertainment, Indie Pop Music administrada pela Kobalt Songs Music Publishing, Nico Segal administrado pela Painted Desert Music Corp, Cameron Osteen Publishing Designee em seu próprio nome © 2019 Zuma Tuna, LLC, Warner-Tamerlane Publishing Corp e Carter Lang Publishing Designee. Todos os direitos da My Last Publishing e

Ohaji Publishing são administrados por Universal Music Corp. Todos os direitos da All Day Recess e The Real Brain Publishing são administrados por Seven Peaks Music. Todos os direitos da Jeff Gitty Music e Songs of Global Entertainment são administrados por Spirit One. Todos os direitos dela própria e da Zuma Tuna e Carter Lang Publishing Designee são administrados por Warner-Tamerlane Publishing Corp. Direitos autorais assegurados em todo o mundo. Todos os direitos reservados. Reimpresso com a permissão de Hal Leonard LLC, Alfred Music e coeditor(es).

"Gorgeous": letra e música de Malik Jones, Gene Clark, Jim McGuinn, Kanye West, Ernest Wilson, Mike Dean, Scott Mescudi e Corey Woods. Copyright © 2010 Universal Music Corp., Jabriel Iz Myne, Tickson Music Co., Sixteen Stars Music, EMI Blackwood Music, Inc., Please Gimme My Publishing, Inc., Chrysalis Music, Let The Story Begin Publishing, Gene Clark Music, Reservoir 416, Elsie's Baby Boy e Prince Jaibari Publishing, Papa George Music, Warner-Tamerlane Publishing Corp. Todos os direitos da Jabriel Iz Myne são controlados e administrados por Universal Music Corp. Todos os direitos da Sixteen Stars Music são controlados e administrados por Horipro Entertainment Group, Inc. Todos os direitos da EMI Blackwood Music Inc. and Please Gimme My Publishing Inc. são controlados e administrados por Sony/ATV Music Publishing LLC, 424 Church Street, Suite 1200, Nashville, TN 37219. Todos os direitos da Let The Story Begin Publishing são controlados e administrados por Chrysalis Music Group Inc., a BMG Chrysalis Company. Todos os direitos da Gene Clark Music são controlados e administrados por Bug Music, Inc., a BMG Chrysalis Company. Todos os direitos da Reservoir 416 nos Estados Unidos e no Canadá são administrados por Reservoir Media Management, Inc. Todos os direitos da Elsie's Baby Boy são administrados por Kobalt Songs Music Publishing. Todos os direitos reservados. Usado com permissão. Reimpresso com a permissão de Hal Leonard LLC, Alfred Music e Kobalt Songs Music Publishing.

"Started from the Bottom": Letra e música de Aubrey Graham, William Coleman e Noah Shebib. Copyright © 2013 Live Write LLC, EMI Blackwood Music Inc., EMI April Music Inc. e Roncesvalles Music Publishing. Todos os direitos da Roncesvalles Music Publishing são administrados por Kobalt Songs Music Publishing. Todos os direitos da

Live Write LLC, EMI Blackwood Music Inc. e EMI April Music Inc. são administrados por Sony/ATV Music. Publishing LLC, 424 Church Street, Suite 1200, Nashville, TN 37219. Direitos autorais assegurados em todo o mundo. Todos os direitos reservados. Reimpresso com a permissão de Hal Leonard LLC and Kobalt Songs Music Publishing.

Serviços de licenciamento das músicas prestados por Anna Keister da Forza Rights MGMT, LLC.

ÍNDICE REMISSIVO

Accenture, 45
ações
   e o ato de violar as próprias regras, 173
   e crenças, 160, 165
   a cultura como um conjunto de, 48
   e a cultura de Gengis Khan, 122
   e a cultura dos samurais, 79-80
   e as virtudes, 160, 165
   Ver também comportamento; o que você faz
acordos paralelos, 180-1
Adams, John, 27
admitir erros, 65-6
AdRoll, 161
Advanced Micro Devices (AMD), 9
Airbus, 157
Akbar, Na'im, 100
Alexander, Eric, 73
Alexandre, o Grande, 33
Allen, James, 100
Alphabet, 71, 192
amor: e a cultura dos samurais, 84, 208
Amazon
   cultura da, 6
   elevar o padrão, responsáveis por, 162
   projeto da cultura na, 6, 157, 162
   regras na, 47
   reuniões na, 47-8
   e as táticas de Louverture, 47-8
   tomada de decisões na, 189-90
   valores na, 47-8
Amelio, Gil, 43
Ande rápido com uma infraestrutura estável, lema, 49
Ande rápido e quebre tudo, regra, 48-9
Andreessen Horowitz
   e a cultura dos samurais, 85-7

e a inclusão, 148
e o investimento na Lyft, 70
e o programa de Winfrey, 93
tomada de decisões na, 190
violar as próprias regras, 170-3
Andreessen, Marc, 11, 54, 214.
Ver também Andreessen Horowitz
aparência pessoal: e a cultura dos samurais, 81
Apple
  campanha publicitária "Pense Diferente", 43
  obsessão pelo consumidor na, 170
  projeto da cultura na, 6, 157
  e as técnicas de Louverture, 41-3
  tomada de decisões na, 192, 194
A arte da guerra (Sun Tzu), 178
aspectos culturais a levar em consideração, 207-8
As a Man Thinketh (Allen), 100
assédio sexual, 71-3
atribuir novos significados, 199-201
autenticação de dois fatores, 65
A autobiografia de Malcolm X, 99-100
autocomiseração, 137, 139
autocontrole: e a cultura dos samurais, 83
autonomia
  cultura de, 9
  e a cultura de Gengis Khan, 131-2
  e as decisões, 187-8, 190-5
  descentralização do poder, 131
  e a identificação da cultura existente, 111-2
  e como lidar com quem viola a cultura, 181
  e as más notícias, 202-4
  e mudar o seu jeito de ser, 107
  e responsabilidade, 100
  vs. controle, 190-5
avaliações de desempenho, 113. *Ver também* feedback

Baljuna, juramentos de, 130
Barkley, Charles, 152
Barksdale, Jim, 90
Barra, Mary, 50-1
Bayon de Libertat, François, 23
Begter (irmão de Gengis Khan), 121-2, 134
Bell, Alexander Graham, 11
benevolência e a cultura dos samurais, 83
Berkshire Hathaway, 192
Bewkes, Jeffrey, 62
Bezos, Jeff, 6, 157
BlackBerry Ltd., 54, 170
BladeLogic, 52-3, 58
Blockbuster, 60-1
Boorchu (seguidor de Gengis Khan), 126
Borte (esposa de Gengis Khan), 121-3
breakbeats, 7-8
Breslow, Jordan, 116-7
Brown, John, 39
Buffett, Warren, 192
Bunel, Joseph, 27
bushidô, 13, 79-80, 91, 160, 165. *Ver também* samurai
Bushido Shoshinshu, 80-1, 87-8
Bushido, Soul of Japan, 84

Butterfield, Stewart, 6, 115, 160-2

Campbell, Bill, 82, 155-6
caráter
  e a raça/cor, 26-27
  Ver também pessoa específica
casamento
  e a cultura de Gengis Khan, 129, 131, 146
  e a cultura de Louverture, 29-30
casos limítrofes: e sua cultura, 169-178
castas, sistema de, 141-2
CEOs
  aprender a ser um, 170-3
  e as más notícias, 203-4
  personalidades dos, 195
  e ser você mesmo, 153-4
  Ver também decisões; liderança; pessoa específica
Chan, Connie, 172-3
Chance the Rapper, 151, 154
Chen, Frank, 172
China: e o Império Mongol, 130-1
chocantes, regras, 178, 207
Cinco Percentuais (gangue de presidiários), 98
Cisco, 90
clientes
  e o colapso dos princípios culturais, 169-70
  e as culturas problemáticas, 177
  e as más notícias, 204
  obsessão com os, 169-170
  satisfação dos, 177
Clinton, Hillary
  e as técnicas de Louverture, 16, 62-6
  e Trump, 80
cobras, história das, 91
código
  manipular o, 114-5
  usar o Código como arma, 114-5
  viver o, 112-3
  "coisa certa." *Ver* fazer a coisa certa
colaboração
  e a cultura de Senghor, 116
  definição, 115
  e o projeto da cultura, 161-2
Coleman, Ken, 149
Collison, Patrick, 160, 206
Comentários (César), 23, 31
Comey, James, 64
compensação
  dos executivos, 174-6
  e as recompensas dos funcionários, 177
competência: e os quatro Cs, 55
competição
  e confiança, 201-2
  e a explicitação da ética, 68-73
  e o projeto da cultura, 164
  e as técnicas de Louverture, 68-73
  e a tomada de decisões, 193
comportamento
  e a construção/criação da cultura, 16, 109
  e as cores, 23
  e sua cultura, 208-9
  e a cultura de Senghor, 110-3
  e a definição de cultura, 17

como elemento universal da cultura, 113-4
e a explicitação do etos, 69-70
e a identificação da cultura existente, 110-2
incoerente/hipócrita, 33-4
seu papel na cultura, 3-4, 7, 23-4, 27
e as parcerias, 46
projetar e moldar o, 5-6
e as técnicas de Louverture, 46
Ver também ações; pessoas que violam a cultura; o que você faz;
comportamentos específicos
comprometimento, 102, 206-7
computação pessoal, economia do setor de, 41
computação pessoal, setor de: estrutura econômica, 42
comunicação
   e confiança, 29-30, 117
   foco da, 205
   como lidar com quem viola a cultura, 184
   e a tomada de decisões, 191
   Ver também feedback
confiança
   e a atribuição de novos significados, 116-7
   e comunicação, 29-30, 117
   e os conflitos com o conselho diretor, 174-5
   construir, 33, 117
   e sua cultura, 197-205
   e a cultura de Gengis Khan, 122
   e a cultura de Senghor, 114, 116-7
   e a cultura falida, 176
   e a entrevista de Oprah com Senghor, 93-4
   e fazer o que se prega, 67-8
   e como lidar com quem viola a cultura, 182
   e Louverture, 29-30, 33, 38, 67-8
   e as más notícias, 198-204
   meritocracia e lealdade no mundo moderno, 144
   e os pensamentos de longo prazo e curto prazo, 29-30
   e o projeto da cultura, 167
   e as regras, 29-30
   e a tomada de decisões, 190-1
   e a violação de promessas, 174-5
confiança: e os quatro Cs, 55
conflitos
   e o conselho diretor, 174-6
   e a tomada de decisões, 193-5
conformidade: e a criação de uma cultura, 16
Confúcio, 85
conselho diretor: conflitos com o, 174-6
consequências não intencionais, 101-4, 115
contato constante: e a mudança da cultura, 107, 117-8
Conte, Dave, 67
controle: *vs.* autonomia, 190-5
convicção: e os quatro Cs, 55
Cook, Tim, 194
cor. *Ver* raça/cor
coragem, 55, 83
Costolo, Dick, 155-6
Coughlin, Tom, 44-5

Cousin, Terry, 45
Cranney, Mark, 53-8, 163
Creative Artists Agency, 51-2
credibilidade: como lidar com as pessoas que violam a cultura, 182
crenças
 e ações, 160, 165
 e a criação da cultura, 160, 165
e sua cultura, 197
 e a cultura dos samurais, 79-80
 fingir, 160
crise, situações de
 como ameaça à cultura da empresa, 82
 e a cultura de Senghor, 117-8
críticas: como lidar com as pessoas que violam a cultura, 185-6
Cruise Automation, 12
culpar os outros, 205
cultura
como algo universal, 113-4
características/definição, 3, 5, 17, 79-80, 109
 colapso da, 176-8, 188-9
 conflitos dentro da, 17
 contagiosa, 112
 consequências não intencionais da, 101-4
 criar/construir uma, 16-8, 109
 críticos da, 17
 cada cultura é única, 166
 definida pelas narrativas, 89-91
 dilemas sobre a, 87-9
 disfuncional, 17
 efeitos da, 13-5
 elementos universais das culturas fortes, 163-5
 falhas/problemas na, 71-6
 como fazê-la durar, 87-9
 como força poderosa, 7-12
 híbrida, 21-2, 31-2, 129-32
 e a história, 13-5
 honrar a, 100-1
 identificação da, 6, 110-2
 importância da, 3, 18
 inspirada em outras, 151-2
 como legado, 18
 "do lobo", 74
 "melhor", 16
 e missão, 4-6, 49
 moldar a, 52
 modelos de, 13-5
 mudança/evolução da, 6, 13-5, 31-2, 49, 103-7, 116-8, 151, 176-8, 208-9
 como mudança nas pessoas, 110-2
 o que a faz funcionar, 13-5
 e o que você faz e quem você é, 18
 padrão, 110
 perfeita, 151, 208
 permanece no nível da aspiração, 151
 poder da, 107
 primeiras impressões sobre a, 110-2
 problemática, 176-8
 questões sobre a, 4-5, 13-5
 Ver também sua cultura; pessoa, modelo, empresa ou tópico específico
sua cultura
 e a atribuição de novos significados, 199-202

características da, 197
e os casos limítrofes, 169-78
e a confiança, 197-205
e a estratégia, 197, 207
em evolução e mudança, 6, 197
e o fazer o que se prega, 208
e os funcionários, 198-209
como identificar, 151-2, 187
e a lealdade, 205-7
e as lições práticas, 178-81, 208
e a liderança, 199, 207-9
e as más notícias, 198-205
objetivo da, 208
e a personalidade, 197
primeiras impressões da, 207
projeto da, 151-68, 207-8
o que tem em mente ao formular sua, 207-8
e o que você diz, 208
e o que você faz, 208
e os valores, 209
e as virtudes, 197-209
Ver também tópico específico
cultura problemática: sinais de uma, 176-8
Curry, Steph, 161
curva de fritura, 137
CyberScoop, 63

dados, armazenamento de, 10
Databricks, 206
decisões
  e a comunicação, 191
  e confiança, 190-1
  e os conflitos, 193-5
  contraintuitivas, 32-3
  e sua cultura, 208-9

cultura de tomada de, 187-95
  discordâncias sobre as, 188-9
  erradas, 189
  estilos de tomada de, 187-8
  "ou vai ou racha", 190
  papel dos funcionários na tomada de, 190-5
  e a perfeição, 195
  e o poder, 187-8, 190-5
  precisão, 189-91
  e as prioridades, 58-62, 208
  e as prioridades culturais, 32-3
  rapidez na tomada de, 189-91
  regras para, 189, 194
  solapar decisões já tomadas, 188-9
  e as táticas de Louverture, 32-3, 58-62
  em tempo de paz ou de guerra, 192-5
Dej Loaf, 93
Delavan, Charles, 63-4
Dell computadores, 46
Dell, Michael, 41
demissão em massa, 198-200
denúncia de irregularidades, política de, 56-7
descrição da vaga a ser preenchida, 146. *Ver também* perfis que se buscam na contratação; talento
Dessalines, Jean-Jacques, 23, 37-8
/dev/color, 149
Didi Chuxing, 70
diferenças. *Ver* diversidade/diferenças
"discordar e comprometer-se", regra, 90, 189

diversidade/diferenças
e a criação da cultura, 16
e a inclusão, 145-50
e o modo de lidar com quem viola a cultura, 181-7
Ver também inclusão
drogas: e a cultura dos presídios, 102
Drucker, Peter, 156
Drummond, David, 71, 195
DVDs, 60-1

economia
computador pessoal, 41
e a estrutura do setor de computação pessoal, 42
e a Revolução Haitiana, 32-3, 37
Édipo, 37
é do meu jeito ou não tem jeito, 187-8
eficiência: e as decisões, 187-8
eleições de 2016, EUA, 62-6
elevar o padrão (Amazon), 162
e-mails de Hillary Clinton, 62-6
Emmons, Carlos, 45
empatia: e a cultura de Senghor, 115
empresários
e a cultura dos samurais, 85-7
violar as próprias regras, 170-2
Endres, Lea, 117-8
Enron, 15
entrevistas
perguntas, 93-4
e a seleção de funcionários, 145-50, 160-3
erros: consertar e admitir, 65-6

escravidão
desumanizadora/brutal, 20-1
fim da, 19-20, 27
impacto histórico da, 38-9
impacto sobre a cultura da, 20-1
e o legado de Louverture, 38-9
pensamento anticonvencional sobre, 19-22
e o perdão dos senhores de escravos, 61-2, 208
revoltas contra a, 19-20
táticas para transformar a cultura da, 28-36
e a transformação da cultura dos escravos, 20-2, 26-36
Ver também Revolução Haitiana; Louverture, Toussaint; Saint-Domingue
Espanha: e a Revolução Haitiana, 20, 25, 39, 58
estado de direito: e a cultura de Gengis Khan, 127
Estados Unidos
escravidão nos, 27
relações com a França, 27
estratégia
e sua cultura, 156-7, 197-8
Ver também estratégia específica
estudos de caso. *Ver* pessoas, empresas ou tópicos específicos
ética
e sua cultura, 208
e a cultura de Gengis Khan, 128-9
e a cultura dos samurais, 87-9
e a cultura de Senghor, 114

deve ser explícita, 34-6, 68-77
dilemas éticos, 87-9
e a durabilidade da cultura, 87-9
feita de escolhas difíceis, 77
e a pergunta "por quê", 75-7
poder da, 36
como realidade complexa, 77
e as táticas de Louverture, 34-6, 68-77
e os valores, 68-74, 77
e vitória, 75-6
executivos. *Ver* CEOs; liderança; pessoa específica
exemplo: liderar pelo, 51-2
expectativas: e sua cultura, 205

Facebook, 48-9, 77, 94, 157, 195
Fairchild Camera and Instrument Corporation, 8-10
Fairchild Semiconductor, 8-9
Fairchild, Sherman, 9
falhas/defeitos
  na cultura, 71-6
  em você, 154-5
família/parentesco: e a cultura de Gengis Khan, 121-2, 130
Farrakhan, Louis, 104
"favorecer os fundadores", conceito de, 87
Fazer a coisa certa
  e a cultura dos presídios, 99
  e a cultura dos samurais, 87-9
  dilemas em torno desse princípio, 87-9
  por quê?, 87-9
  sentido de, 76-7
  e as técnicas de Louverture, 76-7

fazer o que se prega
  e a confiança, 67-8
  e sua cultura, 208
  e a cultura de Gengis Khan, 127
  e as histórias que definem a cultura, 89-91
  e a liderança, 33-4
  e o projeto da cultura, 155-6
  e ser você mesmo, 155-6
  e as táticas de Louverture, 33-4, 62-8
FedEx, 55
feedback
  avaliações de desempenho como forma de, 113
  e a cultura dos samurais, 85
  e a cultura de Senghor, 112-3, 115
  escrito, 156
  e a inclusão, 149-50
  e como lidar com quem viola a cultura, 186
  e o projeto da cultura, 156
filhos
  e a cultura de Gengis Khan, 131, 145-6
  de Gengis Khan, 127, 131
Fowler, Susan, 71-2
fracasso, 11, 12, 18, 37-8
França
  relações com os Estados Unidos, 27
  Revolução Francesa, 24, 26, 37
  e a Revolução Haitiana, 20, 24-6, 31-2, 36-9, 58, 66
  e as táticas de Louverture, 31, 58, 66

fraude, 181
Fred (empreendedor): e seu conflito com o conselho diretor, 174-6
Frontier Communications, 17, 141-5
frugalidade, 6, 47, 90, 157
funcionários
  associações de, 143-5
  e o ato de violar as próprias regras, 170-3
  avaliações de desempenho dos, 113
  chocantes, 177-8
  contratação/seleção de, 145-50, 160-3, 193
  e sua cultura, 198-209
  e a cultura de Senghor, 109-12
  e as culturas problemáticas, 176-8
  demissão, 166-7, 177-8, 181
  demissão em massa de, 198-200
  demitindo-se, 176-7
  para elevar o padrão, 162
  e a explicitação da ética, 68-70
  e a identificação da cultura existente, 111-2
  importam-se com a empresa, 163-5
  lealdade dos, 205-7
  e as más notícias, 198-205
  novos, 111-2, 146-7
  orientação/treinamento dos, 111-2, 194, 207
  põem à prova as virtudes, 166-8
  promoções, 171-3
  recompensas para os, 177
  repreender os, 180-1
  sinceridade para com, 198-200
  e o sistema de castas, 141-5
  tipos de maus funcionários, 181-7
  e a tomada de decisões, 190-5
  Ver também descrição da vaga a ser preenchida; pessoa ou empresa específica
Future (rapper), 197

"Genealogia de Sangue", 89-90
General Electric, 153, 192
General Microelectronics, 9
General Motors, 12, 50-1, 189
gênero. *Ver* mulheres
Gengis Khan
  autoimagem de, 127
  como conquistador, 123-4
  cultura de inclusão, 119, 124-6, 141, 145-6, 157
  eficácia, 119
  como escravo, 121
  estratégia de, 157
  família, 120-2
  filhos de, 127, 131
  infância e juventude de, 119-22
  sua meritocracia, 14, 125-8
  como modelo cultural, 14, 16-7
  morte, 124, 131
  princípios/táticas de, 126-32, 134, 145-6
  e ser você mesmo, 157
  surgimento de, 119-20
  Temujin adota o nome de, 123
  visão de mundo de, 120
Genghis Khan: His Conquests, His Empire, His Legacy (McLynn), 120, 124, 127, 130-2

Genghis Khan and the Making of the Modern World (Weatherford), 121-2, 126, 130
Gettysburg, discurso de Lincoln em, 200-1
Ghodsi, Ali, 206
Girard, Philippe, 23, 26-7, 30, 33
Google, 6, 49, 63, 71, 191-2, 195
Green, Barrett, 45
Greene, Diane, 46
Grove, Andy, 10
Gucci Mane, 41
guerra: e a cultura de Gengis Khan, 124
guerra, decisões em tempo de, 193-5
Guerra Civil, 200-1
guerreiros. Ver bushidô; samurai; Senghor, Shaka
guerrilha, tática de, 28

hackers
  e os e-mails de Podesta e do Partido Democrata, 62-6
  da Lyft, 70
  e o projeto da cultura, 166-8
Hagakure, 3, 80-2, 89
Harpers Ferry: ataque de Brown contra, 39
Hastings, Reed, 16, 58-62, 191
Hell, programa, 70
Hereges (pessoas que violam a cultura), 182
Hewlett, Bill, 192
Hewlett-Packard (HP), 19, 46, 58, 68, 164-5, 192
híbrida, cultura, 129-32. *Ver também* inclusão
hierarquia, 11, 123

Hiko'uemon, Moro'oka, 85
Hill, Napoleon, 100
hip-hop, 7-8
Histoire des deux Indes (Raynal), 23
história: e a cultura, 13-5
histórias definem a cultura, 89-91
Ho Lu (Rei de Wu), 178-80
Hoelun (mãe de Gengis Khan), 120-42, 129, 145
honra: e a cultura dos samurais, 83
Horowitz, Ben
  e as avaliações de desempenho, 113
  confiança em, 67-8
  sua conversa com Endres, 117-8
  sua conversa com Lorne, 56-8
  sua conversa com Page, 191-2
  sua conversa com Stoute, 147
  e Cranney, 53-8
  e a cultura dos samurais, 90-1
  e a cultura de Senghor, 112-3, 116-8
  discutindo más notícias, 203-5
  e a entrevista com Oprah, 93-4
  falhas/defeitos de, 116-7, 154-5
  fazendo o que prega, 67-8
  e a história da cobra, 91
  na HP, 164-5
  influência do hip-hop sobre, 8
  pensamento anticonvencional de, 19-22
  sendo ele mesmo, 154, 156
  e as técnicas de Louverture, 52-8, 67-70

sua visão sobre importar-se
  com o bem da empresa,
  164-5
Ver também Andreessen
  Horowitz; LoudCloud;
  Opsware
Horowitz, Felicia, 94
Huawei, 74-5
humildade: e o projeto da
  cultura, 161
Hustle Man (presidiário), 104

IBM, 41, 46
ideias. *Ver* ideia específica
ideias inovadoras, 10-1
ideias revolucionárias. *Ver* ideias
  inovadoras
identificação da sua cultura,
  151-2, 187
igualitarismo, 57-8, 134-41
importar-se com o bem da
  empresa: e o projeto da
  cultura, 164-5
inclusão
  aplicação dos princípios de,
    145-50
  e a cultura de Gengis Khan,
    16-7, 119-20, 124-6, 129-32
  delegação de programas de,
    146
  e diversidade, 145-50
  e igualitarismo, 134-41
  e intenções, 147
  e as mulheres, 147-50
  no mundo moderno, 133-50
  e os perfis que se buscam na
    contratação, 148-50
  raça e, 134-41, 147-50
  e talento, 146-50

terceirização da, 146
e Thompson, 134-41
independência: cultura de, 9-12
Inglaterra: e a Revolução
  Haitiana, 20, 25-7, 36, 39
injustiça: e as lições práticas,
  178-81
inspiração: em outras culturas,
  151
integridade
  e sua cultura, 167, 206
  e a cultura como algo
    contagioso, 112
  e a cultura dos samurais, 83
  implementação da, 34-6
  como investimento de longo
    prazo, 34
  e lealdade, 205-7
  e quem você é, 112
  e as táticas de Louverture,
    34-6
  Ver também sinceridade/
    franqueza; mentira
Intel, 10-1, 45-6, 57, 110
inteligência: e o projeto da
  cultura, 161
intenções: e a inclusão, 147
Intersil, 9
Insolentes (pessoas que violam a
  cultura), 183-4. *Ver também*
  Profetas da Fúria
investidores de risco e a cultura
  dos samurais, 85-7
Irresponsáveis (pessoas que
  violam a cultura), 183
Ive, Jony, 43

Jadaran, clã, 122
James, C. L. R., 21, 33, 36, 38

Jamuka (mongol), 122-3, 128-9, 134
Japão. *Ver* bushidô; samurai
JavaScript, 91
Jelme (seguidor de Gengis Khan), 126
Jet.com, 12
Jin, povo, 126
Jobs, Steve, 41-3, 157, 192, 194
Jordan, Jeff, 173
Júlio César, 23, 31
juramentos de Baljuna, 130
Jurkin, clã, 129
justiça: e a cultura dos samurais, 83

Kalanick, Travis, 16, 68-74, 76, 194
Kelman, Ariel, 47
Kereida, clã, 130
Kerry, John, 62
Khanna, Suressh, 161
Khasar (irmão de Gengis Khan), 121, 130
Khitan, clã, 130
Khosla Ventures, 167
Khosrowshahi, Dara, 76, 114, 194
kimchis, 202

Lacroix, Pamphile de, 36
Lado difícil das situações difíceis, O (Horowitz), 172, 181, 192-3
lealdade
  e sua cultura, 205-7
  e a cultura de Gengis Khan, 124, 126-30, 146
  e a cultura de Senghor, 114
  e a cultura dos presídios, 102-3
  e a cultura dos samurais, 81, 89
  definição, 128
  como elemento universal da cultura, 114
  importância da, 205
  e a inclusão no mundo moderno, 141-5
Lênin, Vladimir, 28
lições práticas
  e sua cultura, 178-81, 208
  definição, 178
liderança
  acreditar no código e vivê-lo, 112-3
  e a atribuição de novos significados, 199-200
  carismática, 98
  colaborativa, 115
  e sua cultura, 199-200, 207-8
  a cultura como reflexo dos valores da, 116-7
  e a cultura de Senghor, 109-10
  de fora, 31-2, 52-8, 207
  e o fazer o que se prega, 33-4
  e a identificação de quem você é, 17
  incoerente/hipócrita, 33-4
  e como lidar com quem viola a cultura, 181-7
  limitações da, 116-7
  seu papel na criação da cultura, 17
  pertinência da, 109
  sentido da, 209
  e ser você mesmo, 152-3
  e as táticas de Louverture, 31-4, 52-8

vácuos de, 165
valores da, 33-4, 116-7
e você é o que você faz, 3-4
Ver também pessoa ou empresa específica
LimeBike, 173
Lincoln, Abraham, 200-1
"linha amarela", 74
"linhas vermelhas", 74
LISP, linguagem, 58-9
"lobo", cultura do, 74
London Gazette, 26-7
Lorne, Sy, 56-8
LoudCloud, 3-4, 52, 66-7, 116, 204
Luís XVI (rei da França), 24-5, 66
Louverture, Toussaint
 ascensão, 24-6
 caráter de, 22, 27, 208
 carta de Pickering a, 27
 e a cultura como algo contagioso, 112
 como dono de escravos, 13, 23
 educação de, 22-3
 como encarnação de seus próprios padrões, 33-4, 208
 formação pessoal de, 13, 16
 fraquezas, 37-8, 66
 impacto histórico de, 38-9
 e a mistura de culturas, 21-2
 como modelo cultural, 13, 16
 morte de, 37
 como "Pai", 36
 perdoando os senhores de escravos, 61-2, 208
 permanência, 38
 prisão de, 37-8
 quem foi, 22-4
 sua confiança, 37-8
 suas táticas/técnicas, 16, 28-36, 41-77
 sua transformação da cultura dos escravos, 20-2, 26-36
 surgimento de, 22
Lyft, 70, 142

Mágico de Oz, problemas do, 55
Malcolm X, 98-100
manter o que funciona: como tática de Louverture, 28-9, 41-3
Marcha de Um Milhão de Homens, 104
Martin, Rosa J. (avó de Thompson), 135-6
más notícias, 198-205
Mayer, Marissa, 49
McDaniels, Ralph, 7
McDonald's, 16, 136-8, 140
McKinnon, Todd, 166-8
McLynn, Frank, 120, 124, 127, 130-1
McMahon, John, 163
meditação, 82
Melânicos (gangue de presidiários), 98-102, 117
memoráveis, regras, 44-5
mentira
 e as culturas problemáticas, 177-8
 e o projeto da cultura, 167-8
 Ver também sinceridade/franqueza; integridade
mergulhe fundo: como valor da Amazon, 47
meritocracia
 e a construção da cultura, 110

e a cultura de Gengis Khan,
  14, 125-8
e a inclusão no mundo
  moderno, 141-5
Merkida, clã, 122-3, 130
Mestre Arqueiro (guerreiro), 81
microchips (circuitos
  integrados), 8, 10
Microsoft, 42, 45-6, 141
militares
  e a cultura, 125-6
  Ver também Gengis Khan
Mines, Raymond, 137-9
minoria
  como ter sucesso sendo
    membro de uma, 139-40
  Ver também raça; mulher
missão
  e a atribuição de novos
    significados, 200
  e a cultura, 4-6, 49
  e o projeto da cultura, 157
  e as virtudes, 157
modelos de comportamento, 152-3
Money Man (líder de gangue de
  presidiários), 103
mongóis
  e os chineses, 130
  fragmentação do império,
    131-2
  Gengis Khan como líder dos,
    123-4
  motivação dos, 124
  Ver também Gengis Khan
Moore, Gordon, 10
Morgridge, John, 90
morte: e a cultura dos samurais,
  80-2, 91
motivação: dos mongóis, 124

Muçulmanos Sunitas (gangue de
  presidiários), 98
mudança
  e os conflitos 174-6
  na cultura, 6, 12-6, 31-2, 49,
    103-7, 116-8, 151, 176-8,
    209
  da sua cultura, 6, 197
  e a cultura como mudança nas
    pessoas, 110-2
  e as culturas problemáticas,
    176-8
  e as lições práticas, 178-81
  e o poder da cultura, 107
  violar as próprias regras, 170-3
mulatos: e as táticas de
  Louverture, 31, 34, 36
mulheres
  na cultura chinesa, 179-81
  e a inclusão, 147-50
  matar, 179-81
  resetar a cultura, 178-81
  Ver também pessoa específica
musical, indústria: conversa
  entre Stoute e Horowitz, 147
MySpace, 48-9

Nação do Islã (organização), 104
Nação do Islã (gangue de
  presidiários), 98, 101, 103
não recusar nada, 136, 139-40
Napoleão Bonaparte, 20, 36-8
Nas (rapper), 8, 19
Nassib, Ryan, 45
NationBuilder, 117
Netflix, 16, 60-2, 191
Netscape Communications, 90-1
New Me, 149
New York Giants, 44

New York Times
  artigo sobre a Huawei no, 74
  e a regra do "Horário de
    Coughlin", 44-5
Nordstrom, 169
Northrop, 136
Notorious B.I.G. (rapper), 54,
  79, 109
Noyce, Bob, 8-10, 12
nuvem, serviços de, 52-5, 166-8,
  190, 204. *Ver também* empresa
  específica

objetivo(s)
  da sua cultura, 208
  e as más notícias, 202-3
  e a tomada de decisões, 193-4
  Ver também missão
Okta, 142, 166-8
Ola (aplicativo de transporte
  indiano), 73
Olajuwon, Hakeem, 152
Ong Khan, 122, 129
opções de ações para
  funcionários, 12, 144
Opsware
  e a cultura de Louverture,
    52-8, 66-8
  fazer o que se prega na, 67-8,
    156
  feedback na, 156
  formação da, 67, 204
  como lidava com quem viola a
    cultura, 183
  e a liderança vinda de fora,
    52-8
  e as más notícias, 204
  ressurreição da cultura na, 67-8
  venda da, 19, 68, 164

o que você diz: e sua cultura,
  208
o que você faz
  e a criação de uma cultura,
    16-8
  e sua cultura, 175-6
  e a cultura como força
    poderosa, 7-12
  e a cultura dos samurais,
    79-80
  é quem você é, 3-18
  como elemento universal das
    culturas fortes, 163-5
  importância de, 163-5
  e a inclusão, 150
  e o que faz a cultura funcionar,
    13-5
  e o projeto da cultura, 163-5
  e quem você é, 18, 79-80, 150
  Ver também ações;
    comportamento
Oracle, 77
Otto (fundada por ex-funcionário
  da Waymo), 71
ouro: história hipotética sobre,
  87-8
Ovitz, Michael, 51-2

Packard, Dave, 192
Page, Larry, 191-2, 195
pais: e a cultura dos samurais,
  80-1
palavrões, 102, 112, 193
Palo Alto Research Center
  (PARC), 191
Panteras Negras, 98
Parametric Technology
  Corporation (PTC), 163
parcerias, 45-6

parentesco. *Ver* família/
   parentesco
paz, decisões tomadas em
   tempos de, 192-5
pensamento anticonvencional,
   19-22
Pense Diferente (campanha
   publicitária da Apple), 43
perfeição
   da cultura, 151
   da sua cultura, 208
   e as decisões, 195
   e como lidar com quem viola a
      cultura, 220-1
   e os Profetas da Fúria, 185-6
perfis que se buscam na
   contratação
   e a inclusão, 147-50
   e o projeto da cultura, 160-3
perguntas
   fazer as perguntas erradas, 99
   feita depois de ouvir uma
      informação nova, 93-4
   e as más notícias, 205
   e o projeto da cultura, 158-9,
      163-4
   e qualidade de vida, 133
   Ver também por quê?
personalidade
   dos CEOs, 195
   e a cultura, 3-4, 17
   e sua cultura, 197, 207
   e a tomada de decisões, 194-5
perspicácia, 7-8
pertencer a um grupo e a cultura
   dos presídios, 102
pessoas que violam a cultura:
   como lidar com elas, 181-7
Phat Startup, 149

phishing, 63, 65
Pickering, Thomas, 27
Pinterest, 173
poder. *Ver* autonomia/poder
Podesta, John, 63-6
polidez: e a cultura dos samurais,
   83-7, 208
pontualidade e a cultura dos
   samurais, 85-7
por quê?
   e a cultura dos samurais, 87-9
   e a ética, 75-7
   fazer a coisa certa, 87-9
   importância de ressaltar o
      porquê, 77
   como meio de programação da
      cultura, 30
   das regras, 29-30, 44-6, 178,
      207
   e as regras chocantes, 178, 207
Powell, Colin, 62
Prática de parar e pensar (PPP,
   programa oferecido na prisão),
   106
precisão das decisões, 189-91
Prêmio do Presidente,
   McDonald's, 137-8
presídios
   conflitos nos, 105-6
   consequências não intencionais
      da cultura dos, 101-4
   construção da cultura nos,
      95-104
   e a cultura como fator de
      mudança nas pessoas,
      109-11
   Drogas nos, 102
   gangues nos, 98-104
   liderança nos, 98-104

como modelo cultural, 5-6, 14, 16
mudança da cultura nos, 14, 103-7
orientação nos, 95-7
Senghor nos, 93-107, 109-11
união nos, 106
uso do código como arma nos, 114-5
Ver também Senghor, Shaka
Princípio de Incerteza da Gestão, 111
princípios
  colapso dos, 169-95
  e a construção da cultura, 110
  e a definição de cultura, 109
  de Gengis Khan, 126-32
  de Senghor, 100-3
  série de, 17
  universalidade dos, 101
  violação dos, 169-95
  Ver também princípio específico
prioridades, 58-62, 208
produtos/serviços
  e a cultura como força poderosa, 7
  descritos de forma honesta, 198
  e as empresas fracassadas, 17
  e a evolução da cultura, 31
  e os objetivos das empresas, 31-2
  e o que faz uma cultura funcionar, 15
  e as técnicas de Louverture, 41-3
  Ver também empresa ou produto/serviço específico

Profetas da Fúria (pessoas que violam a cultura), 184-7
projetar sua cultura
  aplicando o seu jeito de ser, 155-6
  especificando como devem ser os funcionários, 160-3
  estratégia para, 156-7
  e as falhas de personalidade, 154-5
  identificação da sua cultura, 151
  e o que você faz, 163-5
  sendo você mesmo, 152-4
  e as subculturas, 157-60
  e as virtudes, 157, 160-1, 165-8
promessas, violação de, 174-6
promoção, políticas de, 170-3
provas de conceito, 55-6
PTC (empresa), 53
Public Enemy (grupo de rap), 169, 184
Purdue University: Thompson na, 135-6
Pure Software, 59

qualidade: e a cultura dos samurais, 80
qualidade de vida: questões referentes à, 133
Qualidyne, 9
quatro Cs, 55
queixas: nas culturas problemáticas, 176-8
quem você é
  e a criação de uma cultura, 16-8
  e a cultura como algo contagioso, 112

e a cultura como força
 poderosa, 7-12
e a cultura dos samurais, 80
e a inclusão, 150
como mudar, 107
e o que faz uma cultura
 funcionar, 13-5
e o que você faz, 3-18, 80,
 150
como questão fundamental da
 organização, 18

raça/cor
 e caráter, 26-7
 e comportamento, 23
 e a inclusão, 133-41, 147-50
 e a teoria e as táticas de
  Louverture, 26, 31
 Ver também Revolução
  Haitiana; Thompson, Don
rapidez: na tomada de decisões,
 189-90
Rational Software, 59
Raynal, Abade, 23-4
Raytheon Semiconductor, 9
recessão: quando a obsessão pelo
 cliente leva à, 169-70
recompensas para funcionários,
 177
regras
 chocantes, 29-30, 44-50, 178,
  207
 e a confiança, 29-30
 e sua cultura, 207
 e a cultura dos samurais, 81
 devem ser memoráveis, 44-5
 efeitos colaterais das, 59
 impacto das, 44
 de Louverture, 29-30, 44-50

por quê? das, 30, 44-6, 178,
 207
regras para escrever, 44
e a tomada de decisões, 189,
 194
ver-se diariamente diante de,
 44-5
violar as suas próprias, 170-3
Ver também regras ou
 empresa/organização
 específica
relacionamentos
 e lealdade, 205-7
 Ver também tipo de
  relacionamento
religião: e a cultura de Gengis
 Khan, 131
República Dominicana, 25
Research In Motion (RIM), 170
respeito
 e sua cultura, 206, 208
 e a cultura dos samurais, 84-7,
  208
responsabilidade
 e a cultura dos presídios,
  100-1
 e as decisões, 189
 e as más notícias, 202
 opiniões de Senghor sobre o,
  100, 107
 poder e, 100
 e o projeto da cultura, 162
responsabilidade: e as más
 notícias, 202-3
retidão: e a cultura dos samurais,
 83
retiro: dos líderes de inclusão do
 McDonald's, 141
reuniões

na Amazon, 47-8
diárias, 194
e a inclusão, 134-5
como um jogo, 134-5
e as más notícias, 204
e ser você mesmo, 155
e a tomada de decisões, 194
Revolução Haitiana
e a cultura como algo contagioso, 112
e Dessalines como imperador, 37-8
durabilidade da, 38
e a economia, 32-3
e a Espanha, 20, 25, 39, 58
financiamento da, 32-3
e a França, 20, 23-7, 31-2, 35-9, 58, 66
e as fraquezas de Louverture, 37-8, 66
impacto histórico da, 38-9
e a Inglaterra, 20, 25-7, 36, 39
justificativa da, 26
e o legado de Louverture, 38-9
Louverture, seu papel na, 24-6
primórdios, 24-6
e a programação da cultura dos escravos por parte de Louverture, 20-2, 26-36
e as questões de raça/cor, 26
como uma revolta de escravos bem sucedida, 19-20
Ver também Louverture, Toussaint
Rigaud, André, 34
Ritz-Carlton, 169
Robbins, Tony, 133
Roberts, Lenny, 7-8
Roger (irresponsável), 183
Rússia: os e-mails de Podesta e do Partido Democrata, 62-6

Saint-Domingue
abolição da escravatura em, 25-6
comércio americano com, 27
constituição de, 25-6
impacto histórico de, 38-9
revolução em, 24-6
e a transformação da cultura dos escravos, 26-36
Ver também Revolução Haitiana; Louverture, Toussaint
Salesforce.com, 166
samurais
aplicação da cultura dos, 85-91, 208
e a durabilidade da cultura, 87-9
e a história das pulgas, 83
impacto dos, 91
juramento dos, 80
como modelo de cultura, 13-4, 16
e a morte, 80-2, 91
e as regras, 80
significado da cultura para os, 79-80
virtudes dos, 13-4, 83-5
Ver também bushidô
Schiltz, Shannon, 56-7
Schmidt, Eric, 195
Scully, John, 157
The Secret History of the Mongols, 120, 123
Secure Sockets Layer (SSL), 91

Senghor, Shaka
   aplicação da cultura de, 109-18
   suas conversas com Horowitz, 95
   e a cultura de Gengis Khan, 128
   entrevista de Oprah com, 94
   estratégia de, 156
   história pessoal, 93-4
   inclusão de, 156
   como modelo cultural, 5, 14, 16
   e a mudança cultural, 103-7, 116-8
   mudanças de nome, 99
   e a mudança pessoal, 116-7
   no presídio, 94-107, 109-11, 116-7, 207
   princípios, 100-3
   realizações de, 95
   e ser você mesmo, 157
   surgimento de, 94
   sua vida após a prisão, 107
   viver o código, 112-3
   Ver também presídios
   ser você mesmo, 152-4
Sheila (executiva de marketing), 173
Siebel Systems, 45
Signetics, 9
Silício, Vale do
   cultura do, 9
   cultura natural do, 110
   sistema de castas no, 141
   Ver também pessoa ou empresa específica
sinceridade/franqueza
   e a atribuição de novos significados, 199-200
   e sua cultura, 158-9, 197-205
   e a cultura de Senghor, 116-7
   e a cultura dos samurais, 85
   no hip-hop, 8
   objetivo, 34-5
   Ver também integridade; mentira; confiança
sinceridade: e a cultura dos samurais, 83, 85
sindicato, 143-5
Slack, 6, 115, 160-2
Smith, Judy, 149
solicitude, 148-50
Soma, Lorde: história da família de, 89-90
Sony, 147, 167
Ssu-ma Ch'ien (historiador), 178
Starkey, Chip, 56
Stoney (presidiário), 102-3
Stoute, Steve, 147
streaming, 60-2
Stripe, 160, 206
subculturas, 157-60
sucesso e cultura, 18
Sun Tzu (antigo general chinês), 178-81, 208
Symbolics Inc., 58-9

T Man, 98
T-Mobile, 74
talento
   e a cultura de Gengis Khan, 132, 145-8
   e a inclusão no mundo moderno, 145-50
Target, 135
tática
   de Gengis Khan, 126-32, 134, 145-6

de guerrilha, 28
imposição de, 36
de Louverture, 28-36, 41-77
Ver também princípios; táticas específicas
Tayichiud, tribo, 120-1
tecnologia. *Ver* pessoa, empresa ou ideia específica
Templo da Ciência Moura da América (gangue de presidiários), 98
tempo: e a regra do "Horário de Coughlin", 44-5
Temujin. *Ver* Gengis Khan
Thiel, Peter, 19
Think and Grow Rich (Hill), 100
Thompson, Don, 17, 134-41, 145
Thorston (gerente da LoudCloud), 4, 177-8
Time Warner, 62
todos se manifestam e eu decido, estilo de decisão, 188
todos têm voz, estilo de decisão, 188
trabalhadoras, pessoas: e o projeto da cultura, 161-2
trabalhar em casa, regra, 49
trabalho: deve fazer sentido, 82
trabalho voluntário, 148-9
Trump, Donald, 62-3, 80
Twitter, 84, 155
Tyson, Bernard, 149

Uber
e a cultura de Senghor, 114-5
e a cultura dos samurais, 87
decisões na, 194
novo código de ética na, 76-7
e as técnicas de Louverture, 16, 68-77
Uberversity, 70
uigures, 130
união: na prisão, 106

valores
comparação com virtudes, 115
e sua cultura, 209
e a cultura de Senghor, 114-5
e a cultura dos samurais, 79-80
definição, 13-4, 79-80
e a explicitação da ética, 69-74, 77
e fazer o que se prega, 33-4
liderança e, 33-4, 116-7
e o projeto da cultura, 160
e quem você é e o que você faz, 3-4, 18
na Uber, 68-70
Ver também valor específico
Vaublanc, Vincent de, 26
"vazamento de memória", 59
vencer: e a ética, 75-6
vendas
como esporte de equipe, 55
como subcultura, 157-60
e as técnicas de Louverture, 53-5
veracidade: e a cultura dos samurais, 83, 85
verdade. *Ver* sinceridade/franqueza; integridade; mentira; confiança
Verizon, 144
vestimenta, código de
e a construção da cultura, 110
E as táticas de Louverture, 30-1, 50-2

viés de sobrevivência, 15
vingança: e as táticas de Louverture, 32, 34, 38
violar as próprias regras, 170-3
violar promessas, 173-6
virtudes
Visions for Black Men (Akbar), 100
VMware, 46
vudu, 28

Wall Street Journal, 45
Walmart, 12, 60
Waymo (divisão da Alphabet), 71
Weatherford, Jack, 121, 126, 130
Welch, Jack, 153
Western Union, 11
What Happened (Clinton), 64, 66

White, James. *Ver* Senghor, Shaka
Wikipedia, 11
Wilderotter, Maggie, 17, 141-3, 145
Winfrey, Oprah, 93-4
Wired, 42
Wolfe, Tom, 9-10
Wozniak, Steve, 42

Xerox, 191

Yahoo!, 49-50
Yesugei (pai de Gengis Khan), 120-2
YouTube, 60, 191

Zhengfei, Ren, 75
Zuckerberg, Mark, 48-9

SOBRE O AUTOR

Ben Horowitz é cofundador e sócio da Andreessen Horowitz (a16z), uma firma de investimento de risco que investe em empreendedores, construindo a nova geração de empresas líderes no setor de tecnologia. Também é o autor do best-seller *O lado difícil das situações difíceis*. Antes da a16z, Horowitz foi cofundador e CEO da Opsware (a antiga LoudCloud), adquirida pela Hewlett-Packard por 1,6 bilhão de dólares em 2007. Horowitz é mestre em ciências da computação pela UCLA e bacharel em ciência da computação pela Universidade de Colúmbia. Mora na região de San Francisco com a esposa e três filhos.

GRÁFICA PAYM
Tel. [11] 4392-3344
paym@graficapaym.com.br